BAEDEKER SMART

Vietnam

MAIRDUMONT – www.baedeker.com

Wie funktioniert der Reiseführer?

Wir präsentieren Ihnen Vietnams Sehenswürdigkeiten in sechs Kapiteln. Jedem Kapitel ist eine spezielle Farbe zugeordnet. Um Ihnen die Reiseplanung zu erleichtern, haben wir alle wichtigen Sehenswürdigkeiten jedes Kapitels in drei Rubriken gegliedert: Einzigartige Reiseziele sind in der Liste der »TOP 10« zusammengefasst und zusätzlich mit zwei Baedeker Sternen gekennzeichnet. Ebenfalls bedeutend, wenngleich nicht einzigartig, sind die Sehenswürdigkeiten der Rubrik »Nicht verpassen!«. Eine Auswahl weiterer interessanter Ziele birgt die Rubrik »Nach Lust und Laune!«.

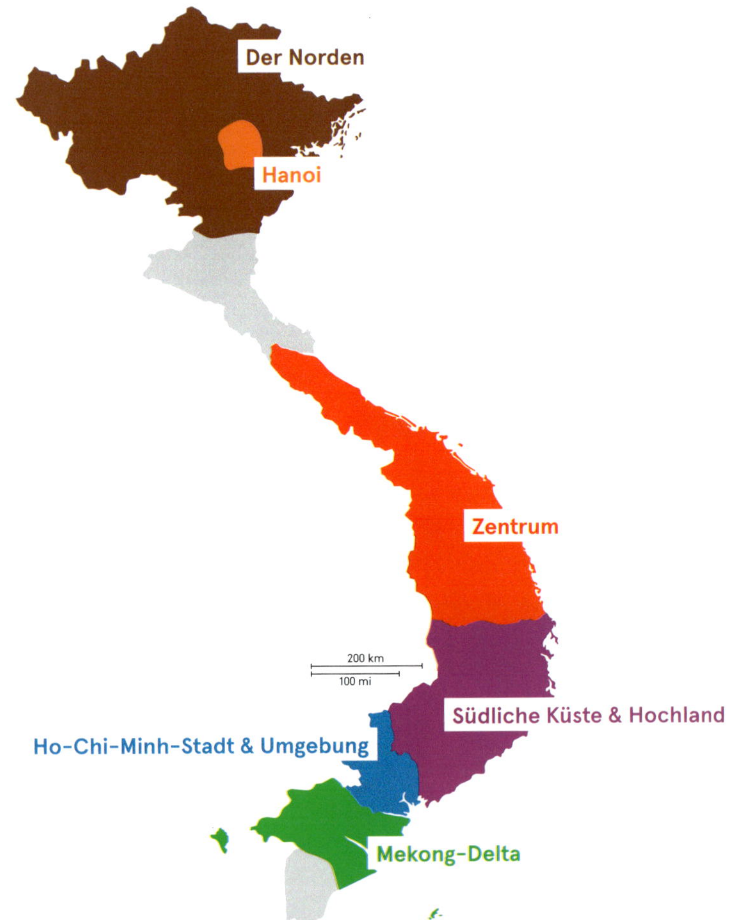

Hanoi

Der Norden

Wanderungen

Praktische Informationen

Anhang

Magische Momente

Kommen Sie zur rechten Zeit an den richtigen Ort und erleben Sie Unvergessliches.

Der wunderschöne Tempel Chua Xu auf dem Berg Nui Sam bei Chau Doc ist nur einer von Hunderten, die einen Besuch lohnen.

Die Bergdörfer in Vietnams Norden sind gute Ausgangspunkte für Trekkingtouren – und mit Souvenirs kann man sich dort auch eindecken.

1

2

3

4

5

6

7

8

9

10

★★ Baedeker Topziele

Unsere TOP 10 helfen Ihnen, von der absoluten Nummer eins bis zur Nummer zehn, die wichtigsten Reiseziele einzuplanen.

❶ ★★ Ha-Long-Bucht
Wild überwucherte Karstberge ragen teils wolkenkratzerhoch aus dem Meer. Am besten erkunden Sie die an Legenden reiche Landschaft an Bord einer Dschunke (S. 180).

❷ ★★ Französisches Viertel (Saigon)
Durch das alte Viertel von Saigon, der einstigen Hauptstadt des französischen Kolonialreiches, flanieren Sie im Schatten der Tamarinden an prachtvollen Häusern vorbei (S. 42).

❸ ★★ Hoi An
Die alte Hafenstadt versprüht zwischen Pagoden, traditionellen Handelshäusern, Schneiderboutiquen und Souvenirläden einen Hauch von China (S. 126).

❹ ★★ Hue
Auf den Spuren der Kaiser und Könige geht es durch Paläste und Grabanlagen mit Gärten und Teichen. Bei Theater und Tanz wird die Kaiserzeit wieder lebendig (S. 129).

❺ ★★ Sa Pa
Grün leuchtende Reisterrassen, Kegelberge und verschiedene Bergstämme – hier lässt es sich von Dorf zu Dorf wandern wie in einem Landschaftsgemälde (S. 183).

❻ ★★ Trockene Ha-Long-Bucht
Im Kanu gleitet man staunend durch diese Märchenlandschaft aus in allen Grüntönen glitzernden Reisfeldern, die von Karstriesen eingerahmt werden (S. 187).

❼ ★★ Phu Quoc
Die größte Insel Vietnams ist ein Badeparadies: Endlos lange Sandstrände erstrecken sich vor tropischem Dschungel. Unter Wasser gilt es, Tauchgründe voller farbenprächtiger Fauna zu erkunden (S. 72).

❽ ★★ Cu-Chi-Tunnel
Hier wird der Vietnamkrieg und der Vietcong-Widerstand »erlebbar« – für einen winzigen Bruchteil, ein paar Minuten und ein paar Meter im Untergrund (S. 44).

❾ ★★ Phan Thiet & Mui Ne
Die Halbinsel mit 16 km langem Strand lockt Urlauber aus allen Himmelsrichtungen zum Baden, Surfen oder Kiten an (S. 98).

❿ ★★ Altstadt & Hoan-Kiem-See (Hanoi)
Lassen Sie sich treiben im Gassengewirr der Altstadt mit ihren Handwerksläden, Eckkneipen und Cafés, Boutiquen und Galerien (S. 156).

Ein Gefühl für Vietnam bekommen …

Erleben, was das Land ausmacht, und sein einzigartiges Flair spüren. So, wie die Vietnamesen selbst.

Tempel-Oase

Wenn Saigon seinen Besuchern mal wieder laut tosend auf allen Sinnen herumtrampelt, dann ist der Besuch in einer Pagode wie religiöses Wellness: aufatmen, endlich ein Ort ohne Mofa-Geknatter und Hupen, ein Ort zum Innehalten, zum Zwiegespräch mit Buddha. Die zeitlose Atmosphäre dieser von Weihrauch vernebelten Welt liegt oft nur ein paar wenige Schritte vom unablässigen Verkehrschaos der Stadt entfernt, beispielsweise im abgelegenen Le-Van-Duyet-Tempel (126 Dinh Tien Hoang, Binh Thanh, ⊹221 nördl. D5).

Kaffeepause

Am besten schnappt man sich einen der herumstehenden Plastikschemel, setzt sich in irgendeine Ecke und bestellt anschließend einen *ca phe sua nong*. Und schaut dann zu, wie der Kaffee duftend, dick und bitter allmählich durch den verbeulten Blechfilter in ein Glas tropft und sich mit der süßen Kondensmilch mischt. Das ganze Prozedere läuft wirklich im Zeitlupentempo ab – und hilft auf diese Weise enorm, Vietnams rasenden Alltag zu entschleunigen, auch wenn es letztlich doch nur ein paar Minuten sind.

Kommunismus live

Schrittweise geht es ehrfürchtig am Sarkophag des Revolutionsführers vorbei, Soldaten in blütenweißer Uniform scheuchen Trödler weiter. An diesem Ort ist kein Wort erlaubt, nicht einmal ein leises Flüstern. Die Hände haben hier nichts in den Hosentaschen verloren, Sonnenbrille und Hut nichts auf Nase und Kopf! Durch das geschliffene Glas wirkt es fast ein bisschen so, als würde »Onkel Ho« wehmütig den Kopf nach jedem Besucher verdrehen (Ho-Chi-Minh-Mausoleum, S. 161).

Der frühe Vogel …

Ganz Vietnam ist früh auf den Beinen. In der Morgenfrische zwischen

Anhalten im Großstadttrubel – in der Giac-Lam-Pagode in Saigon gelingt dies im Angesicht von Quan Am, der Göttin der Barmherzigkeit.

Gymnastik und Thai Chi stehen rund um den Hoan-Kiem-See in Hanoi hoch im Kurs.

Angesichts so mancher auf Nachtmärkten angebotenen Delikatessen läuft einem das Wasser im Mund zusammen.

5.30 und 7 Uhr kann man an jedem Morgen den Frühsportlern am Hoan-Kiem-See in Hanoi (S. 156) zusehen und natürlich auch selbst mitmachen: das eigene Yin und Yang beim Schattenboxen ausbalancieren, Gymnastik zu Cha-Cha-Cha-Rhythmen machen oder Federball spielen.

Homestays

Homestays sind in Vietnam immer für Überraschungen gut. Mal übernachten Sie in einem Schlafsaal unterm Dach und ein anderes Mal haben Sie im Wohnzimmer eines Stelzenhauses unmittelbaren Familienanschluss. Bei den Vietnamesen zu Hause wohnt man beispielsweise in den Städten, in den Bergen (Sa Pa, S. 183), im Mekong-Delta (S. 65), in Nationalparks (Cuc Phuong, S. 191) und auf einigen Inseln, die bisher noch wenig touristisch erschlossen sind.

Beim Wahrsager

Ein Blick in die Zukunft kostet nur wenige Euro: Vor allem in den Bergen kann man einem Schamanen beim Wahrsagen zuschauen. Seine Utensilien sind einfach: ein abgegriffenes Buch mit chinesischen Zeichen, zwei Stück gespaltener Bambus, ein Stein, der in der Glut der Feuerstelle erhitzt wird, und ein Faden, den er um den Stein herum wickelt – fertig ist sein »Telefon«, mit dem er zu den Geistern Kontakt aufnehmen kann.

Auf dem Nachtmarkt

Erleben Sie einen Gaumenschmaus der besonderen Art. Den Anfang macht eine dampfende Suppenschüssel mit Nudeln, Rindfleisch und Zwiebeln, Sojabohnensprossen und Bananenblütenstreifen *(pho)* – schlürfen Sie ruhig! Für den zweiten Gang folgen Sie z. B. den Rauchschwaden in ein BBQ-Lokal, wo der Tintenfisch am Spieß brutzelt, dazu tunkt man Minze- und Basilikum-Blätter in einen Dip aus Salz, Pfeffer, Chili und Zitrone. Die Krönung kommt zum Schluss: *diep nuong mo hanh* (Jakobsmuscheln) garniert mit Frühlingszwiebeln und fein gehackten Erdnüssen – glibberig-weich und obendrein spottbillig!

Zeitloses Vietnam

Im legendären Luxushotel Metropole (S. 169) in Hanoi, das in einem wundbaren neoklassizistischen Kolonialgebäude untergebracht ist, kann man sich in der Graham Greene Suite lebhaft vorstellen, wie hier der namensgebende Autor in den 1950er-Jahren sein tägliches Schreib-Pensum wie ein Uhrwerk abgespult hat. Oder wie Joan Baez einen Krieg später im Bunker unter dem Swimmingpool »We Shall Overcome« anstimmte. Und im Mekong-Delta wandeln Sie auf den Spuren der französischen Schriftstellerin Marguerite Duras durch Sa Dec (S. 79) oder in Saigons Alleen unter Tamarinden wie einst William Somerset Maugham.

Die leuchtende und vielgestaltige Skyline Hanois am Truc-Bach-See erhebt sich vor dem violett schimmernden nächtlichen Himmel.

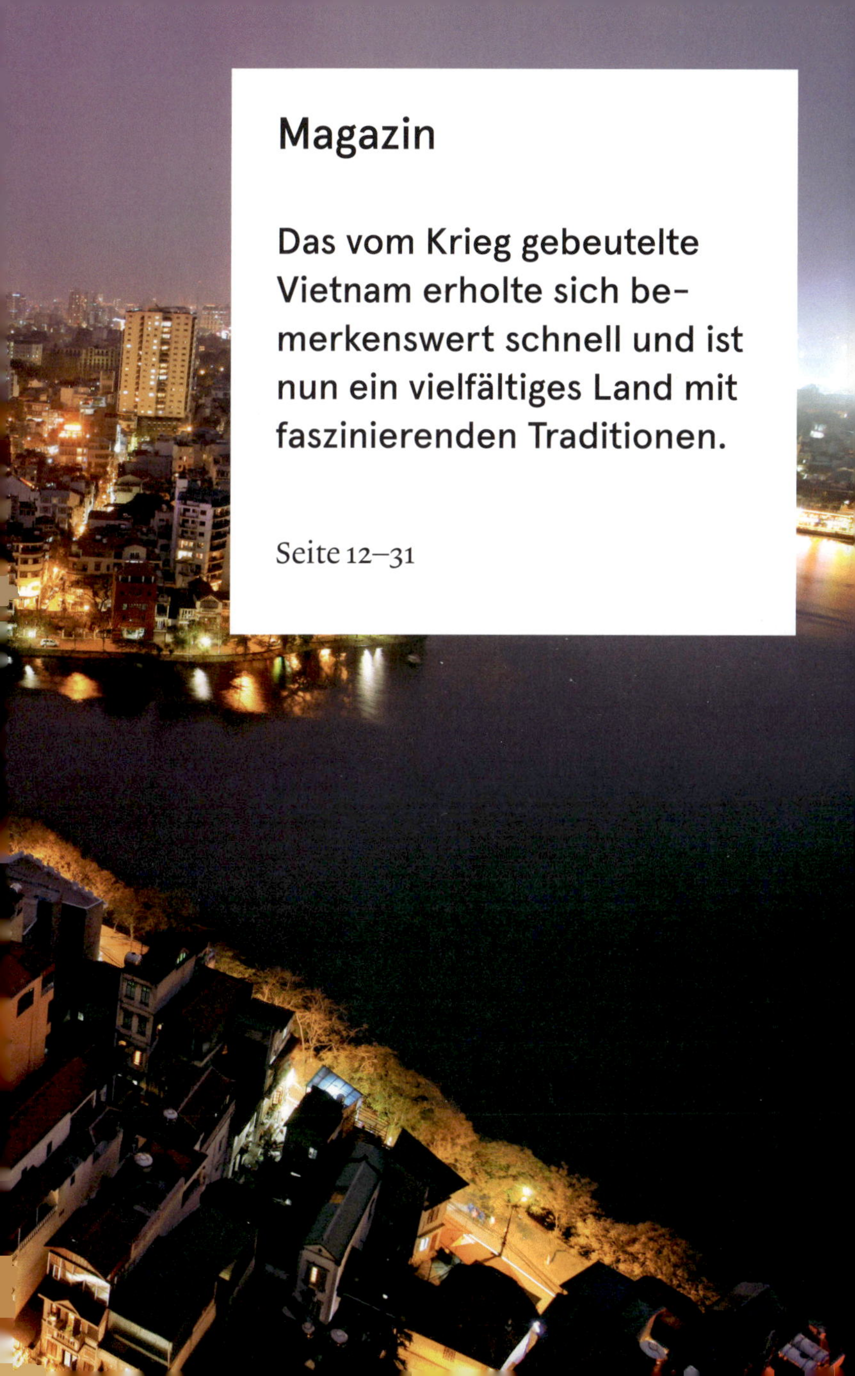

Magazin

Das vom Krieg gebeutelte Vietnam erholte sich bemerkenswert schnell und ist nun ein vielfältiges Land mit faszinierenden Traditionen.

Seite 12–31

Vietnams Volksgruppen: Ein buntes Kaleidoskop

»Where you from?«, ruft die zehnjährige Sung im Bergdorf Ta Van einer Touristin als Begrüßung zu. Die kleine Geschäftsfrau gehört den Roten Dao an. Der Bergstamm ist nur eines von 54 verschiedenen Völkern in Vietnam, einem der ethnisch vielfältigsten Länder der Erde!

Jede ethnische Gruppe pflegt eigene Feste und Trachten – hier: Blumen-Hmong in Cau Cau.

Allein im Norden Vietnams gibt es 27 verschiedene Bergvölker, viele leben jedoch heute einen »vietnamisierten« Lebensstil – so wie rund 90 % der Einwohner Vietnams (insgesamt 97 Mio.), die sich als ethnisch-»echte« Vietnamesen (Viet, Kinh) bezeichnen. Die Viet sind hervorgegangen aus einer Vermischung austro-indonesischer Völker mit mongolischen Ethnien, die von Norden eindrangen und zunächst im Delta des Roten Flusses siedelten.

Insgesamt rund 10 Mio. Menschen zählen zu den 54 Völkern und Minderheitengruppen, die vor allem in den Bergen und im zentralen Hochland leben und oft noch in einer Übergangsphase zwischen alter Tradition und Moderne verharren.

Die Ethnien des Tieflands

Die größte ethnische Minderheit bilden die Chinesen (Hoa), die vor allem in Südvietnams Städten Wirtschaft und Handel beherrschen. Nach den Enteignungen ab 1978 flüchteten viele Familien als »Boat People« übers Südchinesische Meer oder über Land nach China.

Bis zu 900 000 buddhistische Khmer aus Kambodscha leben vor

Verhaltenstipps

Wer das Haus eines Bergstammangehörigen betritt, sollte die Schuhe ausziehen und nicht den Hausaltar berühren, fotografieren oder mit dem Finger darauf zeigen. Wo ein Bündel aus Bambus, Hühnerfedern oder Blättern über dem Eingang hängt, darf man nicht eintreten – hier gab es Ehekrach, Krankheit oder einen Todesfall. Vor dem Fotografieren einer Person stets um Erlaubnis fragen!

Amerasier …

… sind meist Kinder von vietnamesischen Frauen und GIs oder westlichen Alliierten. Viele sind in den 1990er-Jahren im Rahmen des »Orderly Departure Program« legal in die USA ausgewandert.

allem im seit dem 18. Jh. zu Vietnam gehörenden Mekong-Delta. Pfahlhäuser, Khmer-Tempeltürme sowie Bewohner mit kariertem *krama*-Schal und sarongartigem Rock gehören hier zum Landschaftsbild.

Zentralvietnam war bis ins 15. Jh. das Siedlungsgebiet der Cham. Die Herrschaft des einst mächtigen indisierten Volkes erstreckte sich rund 1400 Jahre lang mit rund 250 Tempelstätten bis ins heutige Kambodscha. Lange dem Hinduismus angehörend, sind heute fast alle 100 000 Cham (sehr gemäßigten) muslimischen Glaubens.

Völker des Hoch- und Berglands

Die Minderheiten im südlichen zentralen Hochland, etwa rund um Da Lat (S. 103) unterscheiden sich heute kaum von den ethnischen Vietnamesen; allenfalls die etwas dunklere Hautfarbe und Traditionen wie das Zähnefeilen sind noch Unterscheidungsmerkmale. Die Jarai (auch: Gia Rai) bilden mit ca. 250 000 Angehörigen den größten Volksstamm. Wie ihre malaiisch-polynesischen Ahnen auf Borneo bauen sie Langhäuser und befolgen gewisse matriarchalische Regeln.

Im Lauf der Jahrhunderte wanderten die Bergstämme aus China, Thailand und Laos als Nomaden nach Nordvietnam ein. Die 5 Mio. Angehörigen der Bergvölker halten noch immer an ihren teils archaischen Traditionen fest: Sie errichten Pfahlhäuser und kauen Betelnuss, geschwärzte Zähne gelten als Schönheitssymbol. Die farbenprächtigen Trachten und Silberschmuck ziehen meist nur noch die Frauen und Mädchen zu Marktttagen und Festen an.

Ein Schwarzer Hmong mit traditionellem Turban und Blasinstrument. Die Frauen der Roten Dao tragen mächtige rote Kopfbedeckungen.

Viele Stammesangehörige leben noch als Halbnomaden und Sammler, auf brandgerodeten Flächen bauen sie Gemüse, Bergreis, Kaffee, Tee und Tabak an. Doch das Ackerland wird knapp, die Böden sind ausgelaugt. Bis heute herrscht in den entlegensten Bergdörfern ein Mangel an sauberem Trinkwasser und medizinischer Versorgung, die Kinder leiden oft an Mangelernährung und helfen ihren Eltern auf dem Feld, statt in die Schule zu gehen.

Zu den größten Gruppen zählen mit jeweils mehr als 1 Mio. Menschen die Tay und die Thai, unterteilt in Schwarze, Rote und Weiße Thai, je nach Farbe ihrer Kleidung. Sie leben in den Tälern meist von Nassreisanbau und immer seltener in Pfahlbauten, tragen aber noch die typische Kleidung. Trotz eigener Tänze, Schriftsprache und Musik gelten sie heute größtenteils als vietnamisiert. Die Dao praktizieren noch Geisterrituale mit Tieropfern. Die Dao-Frauen kleiden sich mit roten Turbanen, geschmückt mit Perlen und Münzen. Die Hmong wanderten erst im 19. Jh. aus Südchina nach Vietnam ein. Blaue Röcke und turbanartige Kopfbedeckungen charakterisieren ihre Kleidung. Lang galten sie als die eifrigsten Opiumbauern des Landes, seit 1992 aber versucht die Regierung, die Opiumproduktion einzudämmen.

Handel und Wandel in den Bergen

Fast immer und überall in den Bergen findet ein Markt statt, meist ist er recht bunt und ermöglicht den Völkern wie den Schwarzen Dao ihre Traditionen zu pflegen. Aber die »Moderne« ist hereingaloppiert in die Bergdörfer nahe der chinesischen Grenze – auch wenn Heranwachsende der Dao doch noch den Wahrsager Hühnerknochen deuten lassen, bevor sie heiraten.

Buddha, Konfuzius & Co.

Windspiele klimpern im Luftzug durch die heiligen Hallen. Ein greiser Mönch beugt sich nur mit Mühe herab, wie in Zeitlupe, und zieht die rote Wollmütze vom kahlen Kopf. Tausend Tempel und Pagoden, Kirchen und Gotteshäuser gibt es allein in Saigon. Oft gleichen sie Oasen in Vietnams Boomtown.

Vietnamesen nehmen es mit der Trennung der Religionen nicht so genau. Sie können gleichzeitig Buddhisten und Christen sein. Kein Wunder, dass die Gotteshäuser bunt und heillos überfüllt sind mit unzähligen Vertretern aus Religion, Mythologie und Animismus: eine weihrauchverräucherte und paukentönende Welt in Rot und Blattgold mit Volkshelden, Göttern und Dämonen, Buddhas und Schutzgeistern, Höllenfürsten und martialischen Wächtern, Drachen, Phönix und anderen Fabelwesen.

Konfuzianismus und Taoismus

Konfuzius (um 551–479 v. Chr.) kümmert sich um die meisten Vietnamesen, um das streng

Buddhistische Mönche beten für die Seele eines Verstorbenen.

Schon gewusst?

Cao Dai ist eine weltweit einzigartige Mischreligion aus Buddhismus, Konfuzianismus, Taoismus, Christentum und Islam mit einem eigenen »Papst« und kunterbunt gekleideten Priestern, herrlich kitschigen Tempeln, okkulten Praktiken und »Heiligen« aus Politik und Weltliteratur wie Shakespeare, Lenin und Churchill (weitere Infos S. 60).

Bei einer Trauerfeier gilt Weiß als Trauerkleidung. Eine Ausnahme machen die Enkel und Urenkel, die meist in rote bzw. gelbe Kleidung gehüllt sind.

Die in Tempeln geopferten Obstsorten haben eine symbolische Bedeutung, entsprechend der Wünsche, die die Opfernden damit verbinden. So steht z. B. die Kokosnuss für Genügsamkeit, die Papaya für Vergnügen, der stachlige Zimtapfel für Wunscherfüllung, die Pflaume für hohes Alter, die Drachenfrucht für Macht und Stärke und die »Augen des Drachen«, die Longans, für Entspannung.

Viele westliche Besucher wundern sich über das Hakenkreuz in (buddhistischen) Tempeln: Die Swastika, von den Nazis seitenverkehrt dargestellt und missbraucht, ist ein uraltes indisches Symbol und soll den Vietnamesen Glück und ein langes Leben bescheren.

Am heftigsten qualmen die Räucherstäbchen und Opferkerzen am 1. und 15. eines Monats in den taoistischen Tempeln in Cholon, dem alten Chinatown Saigons (S. 58).

hierarchische Miteinander im Hier und Jetzt. Er gibt Verhaltensregeln vor, in der Familie und der Gesellschaft, ob zu Kaiserzeiten oder im Kommunismus: Jüngere ordnen sich Älteren unter, Frauen den Männern, Untertanen dem Herrscher. Die fünf wichtigsten Tugenden eines »edlen« Menschen sind Menschlichkeit oder auch Liebe, Rechtschaffenheit, Gewissenhaftigkeit, Ehrlichkeit und Sittenhaftigkeit.

Der auf dem Wasserbüffel reitende Laotse (6. Jh. v. Chr.) ist der Begründer des Taoismus, seine wichtigsten Vertreter auf Erden sind der Jadekaiser und seine Gehilfen: In seinem gut besuchten Saigoner Tempel (S. 48) entscheidet dieser als oberster Weltenherrscher über Leben und Tod, Sieg und Niederlage seiner Untertanen. Die esoterisch-mystische Naturlehre stellt die Harmonie in den Mittelpunkt, symbolisiert durch das Yin-Yang-Zeichen, das männliche und weibliche Ur-Element.

Buddhismus

Verwirrend ist die Darstellung von meist fünf Buddhas aus drei Generationen bzw. in drei Erscheinungsformen: Der Sakyamuni (vietnamesisch: Thich Ca) ist der »Buddha der Gegenwart« und steht für den historischen Buddha und Prinzen Siddharta Gautama (vermutlich 563–483 v. Chr.); meist wird er dargestellt in Meditationspose auf einem Lotos-Thron oder als Kind mit himmelwärts zeigendem Finger. Der Amitabha (A Di Da) ist der »Buddha der Vergangenheit« und des »unermesslichen Lichts«, der in Vietnam meist stehend in segnender Position zu sehen ist. Der dritte im Bunde ist Maitreya (Di Lac, chin.: Mile Fo), der schelmisch lachende und dicke »Buddha der Zukunft«.

Dazu kommen die Bodhisattvas, die erleuchteten Wesen, die im Mahayana-Buddhismus auf der Erde bleiben, um anderen Gläubigen den richtigen Weg, den »edlen achtfachen Pfad« zur Erleuchtung zu zeigen, wie Quan Am, die Göttin der Barmherzigkeit, die ebenfalls verschieden dargestellt wird (meist stehend in Weiß, sitzend mit »1000 Armen« oder als Thi Kinh mit Kind auf dem Arm). Das Karma der Anhänger entscheidet letztlich, ob am Ende der Wiedergeburten die Erlösung von allem Leiden im Nirwana steht.

Ahnenkult, Wahrsager, Aberglaube

Fast in jedem vietnamesischen Haushalt steht ein Ahnenaltar. Damit die Geisterseele nicht zum bettelnden Poltergeist mutiert, versorgen die Hinterbliebenen ihre Verstorbenen meist an Feier- und Todestagen mit Reis, Gemüse und Suppen. Kleine Papp-Geschenke werden in den Pagoden verbrannt: Puppenhäuschen, Autos, täuschend echt aussehendes Papiergeld – was man eben im Jenseits so gebrauchen könnte. Die Toten revanchieren sich mit Ratschlägen bei allen wichtigen Lebensentscheidungen der Angehörigen, die mittels Wahrsager übermittelt werden. Andere verlassen sich auf götter- und geisterunabhängigen Aberglauben: Man wirft *xin-keo*-Holzklötzchen in die Luft, wobei man drei Versuche hat: Bei richtiger Lage können sie die Antwort auf die im Geist gestellte Frage geben.

Räucherstäbchen vermögen von überall her die Bitten an die Götter zu übermitteln.

Asiens Galápagos

Für Tierforscher ist Vietnam dank seiner Artenvielfalt ein Eldorado, manch einer spricht sogar von einem »Galápagos in Südostasien«: Tiger, Bären, Gibbons, Elefanten und eine kunterbunte Vogelwelt haben sich hier behauptet.

Wo Bomben und Napalm ganze Landstriche zerstört hatten, eroberte sich die Fauna mit insgesamt 280 Säugetierarten in den letzten Jahrzehnten ihr Reich zurück. Wissenschaftler entdeckten einige ausgestorben geglaubte Arten, z. B. die Delacour-Languren, die Grauen Kleideraffen und eine 450 Exemplare zählende Kolonie von Weißwangen-Schopfgibbons.

Zoologische Exoten

Auch die Antilopen ähnelnde Art Saola (auch: Vu-Quang-Ochse) und der Muntjak, eine Hirschspezies, gehören zu den weltweit sechs neu entdeckten großen Säugetierarten im 20. Jh. Unter den jüngsten Funden, entdeckt 2023 im Zentralen Hochland, ist auch ein Krokodilmolch mit farbenprächtigem Muster auf dem Rücken.

Insgesamt gibt es in Vietnam 30 Nationalparks und über 130 Na-

Der Krokodilmolch wurde erst 2005 in Vietnam »entdeckt«. Zwei bedrohte Arten Vietnams: Indochina-Tiger und Delacour-Languren

Domestizierte Elefanten

In Vietnam werden die Dickhäuter seit Jahrhunderten domestiziert (heute ca. 500), auch auf dem Ho-Chi-Minh-Pfad dienten sie den Vietcong-Soldaten als Transportmittel. Im zentralen Hochland bei **Buon Ma Thuot** (S. 107) werden Elefanten gezüchtet. Im Frühjahr veranstalten die Bewohner ein mehrtägiges Volksfest mit Trachten, Tänzen und Elefanten-Rennen – die Tiere erreichen dabei problemlos fast 40 km/h! Das Reiten auf Elefanten ist seit 2018 verboten.

turschutzgebiete. Als besonders wertvolle UNESCO-Biosphärenreservate stehen u. a. Cat Ba (S. 189), die Ha-Long-Bucht (S. 180), der Phong Nha-Ke Bang National Park (S. 136), das Delta des Roten Flusses bei Hanoi und die Mangroven von Can Gio bei Saigon unter besonderem Schutz. Im Cuc-Phuong-Nationalpark (S. 191) im Norden betreuen deutsche Wissenschaftler ein Primatenschutzprojekt, und im Cat Tien National Park (S. 110) im Süden Vietnams streifen die meisten der schätzungsweise letzten 120 wild lebenden Elefanten durch dichte Wälder und Grassavannen. Noch bis vor wenigen Jahrzehnten wurde bei Großjagden auf Indochina-Tiger geschossen, deren Population liegt heute bei maximal 50 Tieren.

In der Vogelwelt haben Forscher rund 800 Arten aufgelistet, davon elf endemische (z. B. Halsbandhäherling). Ornithologen erfreuen sich an einer Vielzahl von Kranichen, Kormoranen, Fasanen, Pfauen, Nashorn-Vögeln und Schlangenadlern.

Tierschutz und Aberglaube

Aberglaube ist fest im chinesischen »way of life« verwurzelt, so leider auch in Vietnam: Da isst Mann »potenzsteigernden« Tiger-Penis und Schildkröteneier für ein langes Leben. Pulverisierter Tigerknochen wird zu Rheumasalbe, Rhinozeros-Horn »hilft« gegen Nasenbluten, Fieber, Schlaflosigkeit und sogar Epilepsie. Nicht zu vergessen Delikatessen wie gekochtes Affenhirn, Schlangenfleisch, Zibetkatzen usw. Tierschutz ist eine Sisyphusarbeit.

Denn leider sind die Profite verlockend: Wie die seit 2010 endgültig in Vietnam ausgerotteten Java-Nashörner sind auch die letzten Elefanten extrem bedroht, wird doch der weltweit höchste Preis für Elfenbein in Vietnam gezahlt: 1500 US$/kg! Zwar ist es seit 1994 verboten, Elfenbein zu verkaufen, doch gilt das nicht für älteres Elfenbein – und der Nachweis von Alter und Herkunft ist kaum möglich. Rhinozeroshorn bringt sogar einige 10 000 US$, Tigerknochen über 6500 US$/kg.

David gegen Goliath

Der Vietnamkrieg beendete zwar die Spaltung des Landes, doch es sollte viele Jahre dauern, bis Nord- und Südvietnamesen tatsächlich zusammenfanden. Für die USA war die Niederlage gegen die Dschungelkrieger in politischer und gesellschaftlicher Hinsicht eine traumatische Erfahrung.

Als die Franzosen nach der Niederlage im Indochinakrieg Vietnam sich selbst überließen, hinterließen sie ein zerrissenes Land. Im Norden des auf Beschluss der Genfer Indochina-Konferenz 1954 »provisorisch« geteilten Landes regierten die Kommunisten unter der Führung von Ho Chi Minh in Hanoi, im prowestlichen Süden in Saigon der Antikommunist und Katholik Ngo Dinh Diem, der sich als Diktator entpuppte und hart gegen Buddhisten und politisch Andersdenkende vorging, bis er mithilfe der CIA und mit dem Wissen von US-Präsident John F. Kennedy 1963 gestürzt und erschossen wurde.

Zwei Jahre später kam es zu den ersten Kampfhandlungen des Vietnamkriegs. Eine offizielle Kriegserklärung der USA an Nordvietnam gab es nicht: »Rolling Thunder« (»rollender Donner«) lautete das Einsatzkommando, mit dem die ersten US-Soldaten im März 1965 an der vietnamesischen Küste bei Da Nang landeten – ihre Zahl erhöhte sich in den nächsten vier Jahren von 25 000 auf über 500 000.

US-Soldaten nahe der Demilitarized Zone (Juni 1969)

»Dschungelkrieger«, »Charlie« und der Vietcong

Mit schweren Waffen, Panzern und Bombardements sollten die kommunistischen Soldaten aus dem Süden vertrieben und der von der Sowjetunion und China unterstützte Norden besiegt werden. Doch die Nationale Front für die Befreiung

Südvietnams, als Vietcong bekannt, kämpfte mit unglaublicher Disziplin und Guerillataktik auf ihm vertrauten Terrain. Wegen der Repressionen und der Opfer unter der Zivilbevölkerung liefen auch viele Südvietnamesen zu den Kommunisten über. Schließlich wurden große Teile der Landbevölkerung in sogenannte Wehrdörfer und in die Städte umgesiedelt, um dem Vietcong seine Versorgungsquelle zu nehmen.

»Charlie«, wie die US-Truppen die südvietnamesischen Guerillasoldaten bald nannten, sorgte mit Tretminen, Tigerfallen, Überraschungsangriffen und Sabotage für große Verluste auf Seiten der Amerikaner. Die heute für Touristen geöffneten Tunnel von Cu Chi (S. 44) machten den Vietcong quasi unsichtbar, sodass es den Kämpfern gelang, sich in einem weit verzweigten Tunnelsystem sogar der südvietnamesischen Hauptstadt Saigon zu nähern. Tagsüber schienen die US-Truppen die Oberhand zu haben, nachts jedoch schlug der Vietcong zurück und brachte der Weltmacht empfindliche Niederlagen bei. Ein Gesamtsieg der kommunistischen Partisanen war wegen der Übermacht aus amerikanischen, südvietnamesischen und alliierten Soldaten jedoch unmöglich: Mehr als 600 000 Alliierte kämpften gegen die rund 200 000 Mannen Ho Chi Minhs.

Kampf mit Napalm und Dioxin

US-Oberbefehlshaber General Westmoreland befahl schließlich den Einsatz der dioxinhaltigen Chemikalie »Agent Orange«. Großflächige Gebiete wurden zur »Feuer-frei-Zone« für die B-52-Bomber erklärt. Bevorzugtes Ziel der Entlaubungsaktionen mit Napalmbomben und Sprengstoff war der Ho-Chi-Minh-Pfad (S. 141), ein etwa 16 000 km langes und weit

Das Grauen in Zahlen

Opfer: Man kann nur schätzen – die Zahlen schwanken zwischen 1,7 und 3,5 Mio. Toten, darunter auch Laoten und Kambodschaner und ca. 58 000 gefallene US-Soldaten. 10 Mio. Menschen trieb der Krieg zeitweise oder dauerhaft in die Flucht, Hunderttausende wurden verkrüppelt.
Bomben: 7,5 Mio. t aus der Luft, die gleiche Menge am Boden (mehr als dreimal so viel wie im Zweiten Weltkrieg).
Natur & Umwelt: 80 Mio. t der Entlaubungsmittel Agent Orange, Agent White und Agent Blue kamen zum Einsatz, 2,6 Mio. ha Wald und Ackerland wurden verwüstet und verseucht, ebenso fast die Hälfte der Städte und Dörfer mitsamt Fabriken, Schulen, Krankenhäusern, Verkehrswegen.
Kriegskosten aufseiten der USA: rund 150 Mrd. US$.

Eine Anti-Vietnamkriegs-Demonstration in Los Angeles im Juni 1967

verzweigtes Straßen- und Wegenetz, das sich zum Teil auf südlaotischem und kambodschanischem Grenzterritorium befand.

Die Wende beim Tet-Fest

Die Wende im Kriegsgeschehen trat zum vietnamesischen Neujahrsfest Tet am 31. Januar 1968 ein. Trotz des Waffenstillstands für diesen Feiertag griffen die Kämpfer Ho Chi Minhs und des Vietcong landesweit die Stellungen der amerikanischen und südvietnamesischen Verbände an – zwar mit geringem militärischen Erfolg und hohen Verlusten (schätzungsweise 30 000–50 000 Tote), aber auch mit verheerenden Folgen für die US-Regierung: Die Fernsehbilder zeigten einige Vietcong-Soldaten sogar auf dem Gelände der US-Botschaft in Saigon. Die Bilder lösten einen Schock in der amerikanischen Öffentlichkeit aus, im Lauf des Jahres schlug die Stimmung in den USA endgültig um: Immer mehr Kriegsveteranen und als Invaliden zurückgekehrte GIs schlossen sich der Antikriegsbewegung an. In den USA und Westeuropa gingen Millionen Menschen auf die Straße, um die Beendigung des Vietnamkriegs zu fordern.

US-Präsident Lyndon B. Johnson kündigte im gleichen Jahr Friedensverhandlungen an, die im Mai in Paris begannen. Der Waffenstillstand, eine der Voraussetzungen für die Verhandlungen, dauerte nur kurz. Der Krieg wurde schon bald fortgesetzt und sogar offiziell auf Laos und Kambodscha ausgeweitet, deren Bevölkerung schon seit Jahren durch das geheime Bombardement des Ho-Chi-Minh-Pfads betroffen war. Unter Präsident Nixon wurde die »Vietnamisierung« des Konfliktes ab Juli 1969 vollzogen: der schrittweise Abzug der US-Armee.

Erst am 27. Januar 1973 unterzeichneten die Kontrahenten das Pariser Abkommen über die Beendigung des Krieges und den Abzug der US-Amerikaner. Doch Nordvietnam trieb die Eroberung des Südens nach dem Abzug der US-Truppen voran, Anfang 1975 folgte der Generalangriff. Am 30. April 1975 zogen die nordvietnamesischen Truppen in Saigon ein und eroberten den Präsidentenpalast, ohne auf nennenswerte Gegenwehr zu stoßen. Die Republik Südvietnam kapitulierte bedingungslos, das Land war geeint. Was blieb, waren Wunden, die nur langsam heilten.

Wie Phönix aus der Asche

Mit Improvisationskunst und Pragmatismus haben die Vietnamesen nicht nur den Krieg gegen einen Goliath, sondern auch die Hungerjahre danach überstanden, haben Bombenschrott in Löffel und Werkzeuge, 40-Millimeter-Kartuschen in Blumenvasen und Bombenkrater in Fischteiche verwandelt.

Ihr Fleiß hat den Vietnamesen den Ruf eingebracht, die »Deutschen Asiens« zu sein. Tatsächlich muss sehr viel Fleiß vonnöten gewesen sein, um aus einem napalmverbrannten Land einen der führenden Reisexporteure (Platz 2) zu machen. Und nicht nur das: Nach zwei Jahrzehnten mit fast zweistelligen Wachstumsraten stieg Vietnam zum größten Produzenten von schwarzem Pfeffer und zweitgrößten Kaffee-Exporteur auf. Außerdem versorgt Vietnam den Weltmarkt mit Cashewnüssen, Tee, Meeresfrüchten, Kautschuk, Textilien und Schuhen. Dabei zählte die Weltbank das Land noch Mitte der 1990er-Jahre zu den elf ärmsten Ländern der Welt, weshalb kaum übertrieben sein dürfte, von einem Wirtschaftswunder zu sprechen: Die Armutsquote wurde halbiert, zumindest in den

Vietnam gehört zu den weltweit größten Reisproduzenten.

Falsche Hilfe

So eifrig die Kinder auch betteln: Geben Sie ihnen kein Geld! Spenden Sie am besten den karitativen Vereinen und NGOs, die sich um Behinderte und Straßenkinder kümmern, etwa der **Berliner Kinderhilfe Hyvong** (www.kinderhilfe-hyvong.de). Weitere Infos erteilt **Terre des Hommes** (www.tdh.de).

Städten (das Stadt-Land-Gefälle klafft immer weiter auseinander, Monatsverdienste liegen zwischen 200 und weit über 1000 US$!). Der jährliche Durchschnittsverdienst eines Vietnamesen ist von 200 US$ (1993) auf derzeit rund 4000 US$ gestiegen.

Turbokapitalismus & Touristenboom

Die vietnamesische Gesellschaft ist mitten in einem rasenden Wandel von einer Agrarnation zur Dienstleistungsgesellschaft; in den kommenden Jahren will Vietnam den Status eines Industrielands erreichen. Mit regelrechtem »Turbokapitalismus« katapultieren sich die Vietnamesen vom Mittelalter in die Neuzeit und überholen dabei sogar mitunter die »Erste Welt«. Kein Wunder, dass Jugendliche eher Bill Gates als Ho Chi Minh als Vorbild sehen. Ein Katalysator des Aufstiegs ist das touristische Potential Vietnams, das nicht zuletzt dank seiner 3200 km Küste unerschöpflich scheint. Mit rund 18 Mio. Besuchern jährlich vor der Pandemie (2019) war der Tourismus eine der wichtigsten Devisenquellen. Trotz des massiven Einbruchs aufgrund der zweijährigen Abschottung während des Lockdowns trauen Experten Vietnam weiterhin eine Zukunft als eine der am stärksten wachsenden Destinationen weltweit zu – mit Massentourismus aus ganz Asien.

Schattenseiten

Aber es zeigen sich auch die Schattenseiten einer Boom-Wirtschaft, die wenig Rücksicht auf Mensch und Umwelt nimmt. So kämpft man mit Problemen bei Abwasser- und Müllentsorgung, Korruption, Landflucht, einer wachsenden Diskrepanz zwischen Arm und Reich und der Auflösung der seit rund 1000 Jahren konfuzianisch geprägten Familienverbände.

Vietnam ist in rasantem Tempo dabei, sich zu einem Industrieland zu entwickeln.

Die traditionellen Klebreiskuchen gehören beim Tet-Fest dazu.

Von allen guten Geistern verlassen

Eine Woche lang herrscht Ausnahmezustand in Vietnam: beim Tet Nguyen Dan, dem vietnamesischen Neujahrsfest im Januar bzw. Februar. Die wichtigste Feier des Jahres ist eine Mischung aus buddhistischen, taoistischen und konfuzianischen Bräuchen, aus animistischem Glauben und Ahnenverehrung.

Bereits eine Woche vor dem Neujahrstag beginnen die Feierlichkeiten des Tet-Festes: Am 23. Tag des 12. Monats wird eine Zeremonie abgehalten, bei der Opfergaben wie Früchte, Blumen, Speisen und Papiergeschenke auf dem Hausaltar präsentiert werden. Dadurch gütig gestimmt, verlässt der Küchengott Tao Quan, der Gott des Herdes, das Haus und zieht in den Himmel, um dem dortigen Herrscher, dem Jadekaiser, seinen Jahresbericht über die irdischen Zustände zu erstatten. Erst am Neujahrsabend kehrt er zurück. In dieser Woche, in der die Vietnamesen also von allen guten Geistern verlassen sind, müssen sie sich selbst um den Schutz ihres Hauses vor bösen Geistern kümmern!

Mondkalender

Die traditionellen Feste Vietnams werden nach dem Stand des Mondes berechnet: Das Mondjahr hat zwölf Monate – in einigen Jahren kommt ein Schaltmonat hinzu – und beginnt variierend im Zeitraum zwischen Mitte Januar und Mitte Februar (12. Febr. 2024; 29. Jan. 2025; 17. Febr. 2026). Jedes Jahr ist durch eines der zwölf Tiere aus dem Tierkreis gekennzeichnet (ab 2024 in dieser Reihenfolge: Drache, Schlange, Pferd, Ziege, Affe, Hahn, Hund, Schwein, Ratte, Büffel, Tiger, Katze/Hase). Mittels des ca. 4600 Jahre alten chinesischen Mondkalenders errechnen die Astrologen zudem noch glücks- und unheilsbringende Tage.

Dazu schmücken sie die Wohnhäuser mit Lichterketten und die Straßen mit roten Bannern mit der Aufschrift »Chuc Mung Nam Moi – Glückliches Neues Jahr«, die Wohnstuben mit rot-goldenem Dekor, Blumen, Pfirsich- und Aprikosenbaumblüten und Orangenbäumchen. Glück wünschen auch die auf rotes Seidenpapier gemalten chinesischen Schriftzeichen, die im Haus oder an der Tür angebracht werden.

Leckere Klebreiskuchen

Das Tet-Fest ist auch die Zeit, in der die Vietnamesen Kleidung kaufen und Glückwunschkarten verschicken, ihre Schulden begleichen und in der Familien kleine Geschenke austauschen. Nicht fehlen dürfen *banh chung* (im Norden) bzw. *banh day* und *banh tet* (im Süden): Die mit Schweinefleisch und Sojabohnen gefüllten Klebreiskuchen sind in Bananenblätter gewickelt und symbolisieren die Erde.

In den Tempeln herrscht Hochbetrieb, besonders zum mitternächtlichen Jahreswechsel des Mondjahres: Viele Gläubige ehren die Ahnen und heißen die guten Geister mit Speisen und Räucherstäbchen wieder auf der Erde willkommen.

Wenn die Eule schreit

Auch der Aberglaube hat jetzt Hochkonjunktur: Das erste wahrnehmbare Geräusch im Neuen Jahr bringt Aufschluss über den Verlauf des Jahres: Ein Hahnenschrei bedeutet z. B. viel Arbeit und eine schlechte Ernte. Hundegebell dagegen verheißt Vertrauen und Zuversicht. Sehr schlecht wird es dem ergehen, der eine Eule schreien hört – dies kündigt Epidemien und Unglück für die gesamte Gemeinde an. Unglück bringt es auch, wenn zu dieser Zeit Glas bricht, Wäsche gewaschen, geflucht oder unanständig geredet wird. Aber wer will schon die bösen Geister anlocken?

Buntes aus dem Wok

Keine Sorge: Vietnams Küche ist zwar exotisch, aber kein Tourist muss befürchten, unwissentlich gebratenen Hund, rohes Affenhirn oder Geckos am Spieß aufgetischt zu bekommen. Solcherlei Delikatessen verschwenden die Vietnamesen nicht an *tay,* an unwissende »Langnasen«! Und verglichen mit der explosiven Schärfe der thailändischen oder indischen Currys sind die Speisen hier harmlos. Frische Kräuter beherrschen die Küche Vietnams.

Sagte man früher in Vietnam »Guten Appetit« *(moi ong xoi com),* dann wünschte man damit wortwörtlich: »Lassen Sie sich den Reis schmecken!« Die Bedeutung des Reis belegen Fakten und viele Legenden. Reis kommt in etlichen Variationen auf den Tisch, z.B. als purer weißer Reis *(com),* als Reissuppe *(com pho),* Reisnudeln (dicke *banh* bzw. dünne *bun),* Reispapier zum Einwickeln von Frühlingsrollen *(cha gio* bzw. *nem* im Norden), Reis-Pfannkuchen *(banh xeo),* als Gebäck, Kuchen und Süßspeisen.

Vermutlich schon vor über 1000 Jahren braute man zudem aus der Getreideart Bier und Wein. Und der im Dampfbad gegarte Klebreis wird in Vietnam zum 50-prozentigen Reisschnaps verarbeitet *(ruou de, ruou gao, can).*

Allgegenwärtig: die mit Reis- oder Weizennudeln zubereitete *pho*

Heißes im kalten Norden

Aufgrund der geografischen Ausdehnung Vietnams haben sich auch in der Küche regionale Eigenarten entwickelt. Im kühleren Norden isst man eher Geschmortes, Frittiertes, Pfannengerichte und Reisbrei.

Bekanntester Export aus dem Norden ist die würzige Nudelsuppe *pho*, die selbst zum Frühstück genossen wird. Sie hat sich inzwischen zur Nationalspeise gemausert, mit der man auf T-Shirts mit dem markanten Apfelsymbol stolz »iPho – made in Vietnam« bekundet: Reis- oder Weizennudeln werden mit hauchdünnen Rindfleisch-Scheiben oder Huhn und ein paar Sojabohnensprossen versehen, darüber wird die heiße Fleischbrühe gegossen. Das Aroma der *pho* ergibt sich aus der Würze von Pfeffer, Koriander, zerstoßenem Chili, Minze und Limettensaft sowie den stets bereitstehenden Kräutern.

Auch den Feuertopf (Hot Pot, *lau*) sollte man nicht versäumen. Bei dem vietnamesischen Fondue werden in einem Tontopf Zutaten wie Fisch, Meeresfrüchte, Rindfleisch und Glasnudeln in den brodelnden Suppensud gegeben und am Tisch vor den Augen der Gäste gegart. Dazu werden Zwiebeln, Knoblauch, Tomaten, Gurken, Pilze, Bohnen, Sojabohnen- und Bambussprossen, Auberginen und Möhren gereicht. *bun cha* heißen die bekannten Grillfleischgerichte: Hackfleischbällchen oder Filetscheiben vom Holzkohlengrill, serviert mit langen dünnen Reisnudeln, rohem Gemüse und Kräutern. Entscheidend ist aber die Sauce. Und die soll in Hanoi die beste des Landes sein.

Zentrum: Essen wie die Kaiser

Was in Europa en vogue war, dem konnten auch die Kaiser in Hue vor 200 Jahren nicht widerstehen, etwa Kartoffeln, Spargel und Blumenkohl. Alles wurde für die Hochwohlgeborenen prächtig garniert und

Mondkuchen und Drachenaugen

Bei Süßigkeiten hat man die Qual der Wahl: Man kann z. B. *bot loc* bzw. *troi nuoc* probieren, eine geleeartige Süßspeise mit Sesamkörnern, oder »Pudding aus süßen Drachenaugen« *(che long nhan* mit Longanfrüchten). Oder die etwas käsige Süßspeise aus der berüchtigten, weil stinkenden Durianfrucht *(sau rieng)*. Nicht zu vergessen Leckereien wie Joghurtspeisen, Karamellpudding und Kokosnussdesserts, frittierte Bananen oder mit Reiswein flambierte Ananas. Zu den Vollmondfesten gibt es die goldgelben *banh nuong* und *banh deo*, kleine »Mondkuchen« aus gebratenem Klebreis, Reismehl und Zuckerwasser, je nach Geschmacksrichtung mit Kokosmilch, Sesamkörnern, Mandeln, Cashew- und Erdnüssen.

Eine Spezialität aus dem Süden Vietnams sind die leckeren frittierten Frühlingsrollen.

scharf gewürzt – auch die für Hue typischen Schweinswürste durften nicht fehlen. Der gastronomische Hit in Hue ist jedoch *banh khoai:* knusprige Pfannkuchen mit Krabben, Schweinefleisch und Sojabohnensprossen, dazu eine Tunke aus Erdnüssen und Sesam. Bei Da Nang wähnt man sich hingegen in Japan. Als vietnamesisches Sushi kommt hier *goi ca* auf den Tisch, rohes Fischfilet in leckerer Sauce mariniert und paniert. Im Fischerstädtchen Hoi An schwört man auf *cao lau* (sprich: ko lau), eine Nudelsuppe mit Schweinefleischstreifen, Minz-Aroma, Röstzwiebeln und knusprigem Reispapier.

Scharfes aus dem Süden

Im Süden kommt mehr Exotik und Feuer in Topf und Pfanne: Man rührt schnell, sautiert flink und nicht zu lang, grillt und würzt deftig – vorzugsweise mit Koriander, süßem Basilikum, vietnamesischer Petersilie, Zitronengras, Chili, Pfeffer, Sternanis, Ingwer, Safran und Tamarindenpaste. Currys gehören zum Standardrepertoire wie die Shrimpspaste *man tom* und die Fischsauce *nuoc mam* in jede gute Küche.

Eine Besonderheit des Südens sind die kleinen, pikanten Frühlingsrollen als Vorspeise: die frittierten *cha gio nam* bzw. die nicht frittierten durchsichtigen »Glücksrollen« (Sommerrollen) *goi cuon* oder *banh cuon.* So wickelt man z. B. Schweinefleischscheiben, Garnelen, Gurke, Sternfruchtscheiben und die üblichen Kräuter in einen Bogen hauchdünnes Reispapier und tunkt das kleine Paket in den bereitstehenden Dip.

Alt und Neu treffen in Ho-Chi-Minh-Stadt an jeder Ecke aufeinander – hier das alte Rathaus und ein Wolkenkratzer, in dem sich die Shoppingmall Vincom Center befindet.

Ho-Chi-Minh-Stadt & Umgebung

Willkommen in einer Stadt, die zwischen Tempeln, Kolonialbauten und Hochhäusern den Weg in die Zukunft sucht.

Seite 32–63

Erste Orientierung

Ein Besuch von Ho-Chi-Minh-Stadt (Saigon) gleicht einer Zeitreise mit allen Sinnen durch weltbewegende Epochen.

Saigon ist eine dieser typisch asiatischen »Boomtowns« mit viel Gehupe und Gewusel, aber auch Verführungen, beispielsweise in zahllosen Tempeloasen und Pagoden. Auch wer auf den Spuren von Graham Greene oder Marguerite Duras durch den französischen Stadtteil pilgert, findet noch immer die monsunverwitterten oder frisch herausgeputzten Kolonialvillen.

Die franko-koloniale Vergangenheit ist allgegenwärtig mit ihren prächtigen Bauwerken. Der Vietnamkrieg kommt nur noch im Museum vor. Derweil wächst die Skyline der Neun-Millionen-Metropole mit jedem Wimpernschlag. Doch auch wenn die Saigoner in Fahrstuhlraketen in den Himmel schießen, so endet doch jede Art von ebenerdiger Fortbewegung in einer fernöstlichen Variante vom Auto-Scooter: Millionen motorisierte Zweiräder bahnen sich wie kleine Schlachtschiffe erbarmungslos ihren Weg. Wer schließlich mit Taxi, als Mofa-Sozius oder in der »Cyclo«-Dreiradtaxe (»xich lo«, am besten organisierte Touren) heil und sicher vom alten französischen Stadtkern in das einstige Chinesenviertel Cholon gelangt ist, begibt sich in den Pagoden in eine weihrauchverräucherte Welt in Rot und Blattgold – für Nicht-Eingeweihte ein Tohuwabohu aus Volkshelden, Göttern und Dämonen.

Bleibt noch die Frage nach dem Namen der Stadt: Auch wenn die Kommunisten die größte Metropole Vietnams mit dem Namen Ho Chi Minh betitelten, hat kein Einwohner je aufgehört, den alten Stadtkern am Hafen so zu nennen, wie er seit Jahrhunderten heißt: Saigon.

TOP 10

2 ★★ Französisches Viertel
8 ★★ Cu-Chi-Tunnel

Nicht verpassen!

11 Chua Ngoc Hoang (Jadekaiser-Tempel)
12 Palast der Wiedervereinigung (Reunification Palace)
13 Museum für Kriegsrelikte (War Remnants Museum)
14 Ben-Thanh-Markt

Nach Lust und Laune!

15 Historisches Museum
16 Bitexco Financial Tower
17 Ho-Chi-Minh-Museum
18 Chinatown
19 Chua Xa Loi (Xa-Loi-Pagode)
20 FITO Museum
21 Chua Giac Lam & Chua Ho Dat (Giac-Lam-Pagode & Giac-Vien-Pagode)
22 Tay Ninh

Mein Tag in Chinatown

In Cholon, dem Chinatown von Ho-Chi-Minh-Stadt, haben längst Smartphones den Abakus und Abgase die Opiumschwaden abgelöst. Alte chinesische Pagoden bilden Oasen im Getümmel. Machen Sie einen Spaziergang auf den Spuren von Schutzgeistern und Traditionen der chinesischen Ahnen.

7 Uhr: Eintauchen ins Alltagsgewusel

Wagen Sie sich frühmorgens zum Binh-Tay-Markt (S. 41), den ockergelben Zentralmarkt der 18 Chinatown (S. 58) mit mehr als 2300 Ständen. Chaotisch und eng geht es draußen zu auf dem *wet market* mit viel lebendigem Getier, Menschen und Mofas. Ob Berge aus Hüten oder Obst (in der Phung Hung), Süßigkeiten und Snacks (in der Phan Van Khoe, vor allem *banh mi*, leckere Baguette-Sandwiches), Blumen oder Töpfe – hier kaufen die Saigoner kiloweise ein. Seien Sie gefasst auf eine Überdosis von Gerüchen, Gewimmel und Gewusel.

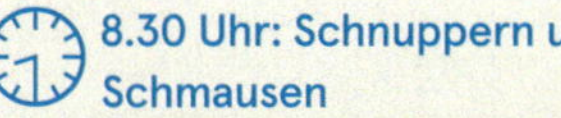

8.30 Uhr: Schnuppern und Schmausen

Auf der Hai Thuong Lan Ong geht es immer der Nase nach: Folgen Sie dem Duft der traditionellen chinesischen Apotheken – er strömt aus Säcken voller Kräuter, Wurzeln, Blätter, Rinden und undefinierbaren Ingredienzen. Hier wird z. B. immer noch ein Pulver aus getrockneter Plazenta verkauft, das seit Jahrtausenden als Heilmittel aus China eingeschmuggelt wird. Sie spazieren unter roten Lampions, Girlanden und glücksbringenden Spruchbannern der Geschäfte für chinesische Hochzeitsdekoration hindurch – bis sich eine Ver-

12 Uhr: Zeitreise in die alte Heilkunst der Chinesen
12 Uhr
20
FITO Museum
Su Van Hanh
Le Hong
Phong
Ly Thai To
7 Uhr: Eintauchen ins Alltagsgewusel
Ba Thang Hai
Ngo Gia Tu
11 Uhr: Heiß auf Reis
18 Uhr: Preisgekrönte Genüsse
Ly Thuong Kiet
400 m
400 yd
9.30 Uhr: Besuch bei den Göttinnen
Nguyen Chi Thanh
An Dong Plaza
18 Uhr
Cho An Dong
Windsor Plaza Hotel
CHINATOWN
An Duong Vuong
Hong Bang
18
9.30 Uhr
Quan Am
Chua Ba
Ende
Nguyen Trai
11 Uhr
Com Ga Dong Nguyen
Chau Van Liem
Phuoc An Hoi Quan
Nghia An Hoi Quan
Nguyen Tri Phuong
Start
Chua Ong Bon
Pho An Cho Lon
Hai Thuong Lan Ong
Tam Son Hoi Quan
14 Uhr
Tran Van Kiet
Cat Dang Coffee
Post Office
15 Uhr
Binh-Tay-Markt
8.30 Uhr
14 Uhr: Zeit für einen Snack
7 Uhr
Ben-Nghe-Kanal
8.30 Uhr: Schnuppern und Schmausen
15 Uhr: Weiter im Tempelrausch

Das Angebot auf dem großen, von Menschen wimmelnden Binh-Tay-Markt in Chinatown ist äußerst vielfältig – hier wird beispielsweise getrockneter Fisch verkauft.

schnaufspause im Cat Dang Coffee bei erfrischendem Eiskaffee oder Fruchtshakes anbietet.

9.30 Uhr: Besuch bei den Göttinnen

Biegen Sie nun am Post Office links ab in die Chau Van Liem: In der Pagode Quan Am (Chua Quan Am, S. 41) trifft Taoismus auf Buddhismus, und auch der Jadekaiser Ngoc Hoang und andere Wesen sind vertreten. Die meterlangen Räucherspiralen an der Decke und die Räucherstäbchen vor den Altären tragen die Wünsche der Gläubigen zur Göttin der Barmherzigkeit Quan Am.

Gleich um die Ecke steht das wohl schönste Beispiel südchinesischer Tempelarchitektur: In der Chua Ba (S. 58), der Thien-Hau-Pagode, werden die Meeres- und Schutzgöttin Thien Hau und die Fruchtbarkeitsgöttin Kim Hue verehrt. Man kann mit allen Sinnen eintauchen in eine Welt voller Sandelholzschwaden, chinesischen Schriftzeichen und rot-goldenem Dekor.

11 Uhr: Heiß auf Reis

Eine frühe Mittagspause à la Vietnam kann man bei Com Ga Dong Nguyen (S. 41) einlegen (etwa 300 m auf der Nguyen Trai an der Ecke zur Chau Van Liem). Hier gibt es Reis mit Huhn, aber auch Ingwer-Reis, Lotossuppe, gebratenen Tofu, Krebsfleisch und Schweinebraten … lecker!

Das Sortiment traditioneller chinesischer Apotheken mag auf Besucher manchmal etwas befremdlich wirken (ganz oben). Das leckere Essen im Com Ga Dong Nguyen lockt zur frühen Mittagspause (oben).

9.30 Uhr

In der Chua Ba wird zu Ehren der Verstorbenen Räucherwerk entzündet.

12 Uhr: Zeitreise in die alte Heilkunst der Chinesen

Am besten, Sie nehmen nun ein Taxi nach Nordosten (ca. 2 km) zum 20 FITO Museum (S. 59), wo Sie eine Stunde lang einmal buchstäblich in die traditionelle vietnamesische Medizin »reinschnuppern« können. Ob Pfefferminz oder leicht Modriges, ob tierische Ingredienzen oder andere Pülverchen – die rund 3000 Exponate aus der traditionellen Medizin, die seit mindestens 2000 Jahren auch in Vietnam praktiziert wird, haben es in sich. Man wandelt zwischen antiken Waagen und Schnitzereien, Kannen, Gemälden, Skulpturen, Kräutern und alten Büchern durch das verwinkelte Haus mit 18 kleinen Räumen. Zum Abschluss serviert die charmante Miss Hao einen gesunden Tee aus Ling-Zhi-Pilzen (den es auch zu kaufen gibt). Wer möchte, streift fürs Souvenirfoto hinter der Theke einer echten alten China-Apotheke die Doktoren-Robe über.

Das Museum für vietnamesische traditionelle Medizin (FITO Museum) gibt einen guten Überblick über die jahrtausendealte Medizin des Landes.

14 Uhr: Zeit für einen Snack

Zurück im Herzen Chinatowns: Mischen Sie sich unter die Vietnamesen auf Plastikschemeln für einen Snack in der Pham Don, wo sich die Gar- und Suppenküchen des Pho An Cho Lon (Cholon Best Food Town, S. 41) mit einer großen Auswahl an leckerem und spottbilligem Street Food verbergen.

15 Uhr: Weiter im Tempelrausch

Lassen Sie sich treiben – abseits der Touristenpfade: Wer von Göttergewimmel und Weihrauchschwaden immer noch nicht genug hat, findet in Cholon auf Schritt und Tritt weitere interessante, weniger besuchte Pagoden, viele entlang der Nguyen Trai, etwa die Pagoden Tam Son Hoi Quan, Chua Ong Bon, Phuoc An Hoi Quan und Nghia An Hoi Quan (S. 41). Cyclofahrer bieten diese Tempeltour auch per Radtaxe an, was gerade bei Regen sinnvoll ist (man kann sich einen Cyclo-Taxista übers Hotel vermitteln lassen, dann muss man nicht lange feilschen).

18 Uhr: Preisgekrönte Genüsse

Gleich neben dem untouristischen Cho An Dong, einem klobigen Gebäude mit Großmarkt, und der An Dong Plaza mit ihren Souvenirs (Achtung, überhöhte Preise!) erhebt sich weithin sichtbar das Windsor Plaza Hotel: Lassen Sie sich doch einfach hinfahren und genießen Sie dann ein chinesisches Verwöhnprogramm: im 5. Stock im preisgekrönten Ngan Dinh (S. 41) mit kantonesischen Gerichten.

15 Uhr

Die Chua Ong Bon gehört zu den nur selten von Touristen besuchten Pagoden Chinatowns.

Binh-Tay-Markt
✉ 57A Thap Muoi
☎ 028 8 57 15 12
🌐 www.chobinhtay.gov.vn
🕐 tgl. 6–19.30 Uhr, Wet Market bis ca. 9 Uhr
🎟 frei
🚌 Linie 20 (ab Touristenviertel), am Busbahnhof aussteigen

Cat Dang Coffee
✉ 279 Hai Thuong Lan Ong
🌐 http://catdangcoffee.vn

Quan Am (Chua Quan Am)
✉ 12 Lao Tu
🕐 tgl. 6–18 Uhr 🎟 frei

Com Ga Dong Nguyen
✉ 87–91 Nguyen Trai, an der Ecke zur Chau Van Liem und 801 Nguyen Trai
☎ 028 55 76 62
🌐 www.comgadongnguyen.vn
🕐 tgl. ca. 6–22 Uhr

Pho An Cho Lon (Cholon Best Food Town)
✉ 2 Pham Don

Tam Son Hoi Quan
✉ 118 Trieu Quang Phuc

Chua Ong Bon
✉ 264 Hai Thurong Lan Ong

Phuoc An Hoi Quan
✉ 184 Hung Vurong

Nghia An Hoi Quan (Chua Ong)
✉ 676 Nguyen Trai

Ngan Dinh (im Windsor Plaza Hotel) €€–€€€
✉ 18 An Duong Vuong
☎ 028 38 30 88 88

❷ ★★ Französisches Viertel

Was?	Ein Ausflug in die Kolonialära der 1950er-Jahre
Warum?	Zeitreise zwischen dem alten und dem mondänen Saigon
Wann?	Wann immer Sie Lust auf Bummeln & Shoppen haben
Wie lange?	2 Stunden
Resümee	Nostalgie mit einem Hauch von Graham Greene

Einst, in den 1950er-Jahren, ließen sich die Herren in ihren weißen Sommeranzügen in der Rikscha auf der eleganten Flaniermeile Rue Catinat (nun: Dong Khoi) am Alltag der Saigoner vorbeikutschieren. Heute kreist ein endloser Strom von Mofas durch die umliegenden Boulevards und die Uferpromenade am Saigon River. Lassen Sie sich mittreiben!

Beginnen Sie Ihren Rundgang am nördlichen Ende des Nguyen Hue Boulevards, wo sich mit dem 1901–1908 erbauten Hôtel de Ville (Rathaus) eines der Wahrzeichen Saigons erhebt: In dem gelb-weißen Gebäude mit rotem Ziegeldach, Säulen, Stuckverzierung und Balkonen tagt heute das Volkskomitee. Über den mit Bonsai-Bäumchen geschmückten Platz vor dem Rathaus wacht eine Statue Ho Chi Minhs.

Das Saigoner Hauptpostamt ist ein kolonialzeitliches Juwel.

Hotellegenden

Gleich zur Linken liegt das legendäre Hotel Rex mit seinem beliebten Dachgarten und auffälliger Krone im fünften Stock: In seinem Theatersaal fanden im Vietnamkrieg die täglichen Pressekonferenzen, die »Five o'clock Follies«, der US-Armee statt, wie man im Roman »Der stille Amerikaner« von Graham Greene nachlesen kann. Ebenfalls berühmt als Roman-Schauplatz ist das Hotel Continental. Im Verandalokal ließen die Romangestalten Greenes das vietnamesisch-französische Leben an sich vorbeiziehen. Und hier traf der britische Journalist Fowler erstmals den »stillen Amerikaner«.

Kolonialer Glanz

Mitten im Geschehen liegt am Lam-Son-Platz die 1899 erbaute Oper (Old Opera House). Bis 1975 tagte hier die südvietnamesische Nationalversammlung. Unter kommunistischer Ägide diente das Haus dann ab 1976 wieder als Stadttheater, heute finden hier Opern, Ballette, Konzerte u.a. statt (S. 63).

Am nordwestlichen Ende der Dong Khoi wartet ein weiteres schönes Kolonialbauwerk, die neoromanische Kathedrale Notre-Dame (1877–1883). Hochzeitspärchen in weißen Gewändern und Anzügen dient sie das ganze Jahr über als Kulisse. Rechts daneben sticht das gelb getünchte Hauptpostamt (General Post Office, 1886–1891) hervor.

Flaniert man auf der Dong Khoi südostwärts Richtung Fluss, passiert man ein Nobel-Geschäft nach dem anderen. Die Luxusmarken verdrängen die alten Krämerläden und bezahlbaren Schneider, ja selbst die historischen Lokale.

KLEINE PAUSE

In einem der Cafés von **Highlands Coffee**, z.B. nahe der Kathedrale Notre-Dame, kann man dem Getümmel zusehen.

Highlands Coffee: z.B. 34 Le Duan (Diamond Plaza), www.highlandcoffee.com.vn, tgl. 7–ca. 23 Uhr

Hotel Rex
221 E2 141 Nguyen Hue Ecke Le Loi 028 38 29 21 85
www.rexhotelsaigon.com

Hotel Continental
221 E3 132–143 Dong Khoi
028 38 29 92 01
www.continentalsaigon.com

Kathedrale Notre-Dame
221 E3 Dong Khoi, Platz der Pariser Kommune
tgl. 7 bis ca. 20 Uhr frei

Hauptpostamt
221 E3 Dong Khoi, Platz der Pariser Kommune, mit Wechselstube
tgl. 7–20 Uhr

❽ ★★ Cu-Chi-Tunnel

Was?	Einen Eindruck von den Vietcong-Tunneln bekommen
Warum?	Den Vietcong und die Vietnamesen etwas besser verstehen
Wann?	Möglichst früh individuell anreisen – vor den Reisebussen
Wie lange?	Einen halben Tag
Resümee	Jeder Krieg ist schrecklich!

Kein Vietnam-Besuch ist vollständig ohne den Besuch der berühmt-berüchtigten Vietcong-Tunnel. Schulklassen, ehemalige Partisanen und US-Veteranen, ja selbst Staatsgäste gehen hier ein und aus. Die ersten Tunnelbauer waren 1934 Widerstandskämpfer gegen die Franzosen.

Das Gebiet um Cu Chi gehört zu den im Vietnamkrieg am meisten mit Pestiziden und Napalm bombardierten Gebieten. Heute sind die Tunnelanlagen Ben Duoc und Ben Dinh, ca. 35 bzw. 60 km nordwestlich von Saigon gelegen, Gedenkstätten, aber auch touristische Rummelplätze mit Souvenirbuden und Schießstand, Panzern und Helikoptern.

Feldküchen und Lazarette, Falltüren und überwachsene Bombenkrater sind ebenfalls zu sehen. Die Touristenpfade führen schließlich durch »Minenfelder« – mit Platzpatronen! In den getarnten Tunneleinstiegen in der Größe von etwa 20×40 cm verschwinden die schmächtigen vietnamesischen Guides zur Demonstration. Für die Touristen aus dem Westen wurden die Tunnel auf einem 50 m langen Stück vergrößert, teils schwach beleuchtet und mit Notausstiegen versehen.

Die Anfänge

Die ersten unterirdischen Räume und Erdgräben, in den 1930er- und 1940er-Jahren von antikolonialen Widerstandskämpfern als Waffenlager gegraben, wurden erst allmählich durch Gänge verbunden. Bis Ende der 1960er-Jahre war so ein 250 km langes Tunnelsystem entstanden. Ursprünglich waren die Tunnel nur so breit, dass zwei (vietnamesische!) Menschen aneinander vorbeikamen. Die Partisanen lebten in drei Etagen in bis zu 10 m Tiefe unter der Erde, 16 000 sollen es gegen Ende des Vietnamkrieges insgesamt gewesen sein.

Falltüren über Gräben, in denen angespitzte, teils mit Gift präparierte Bambusrohre lauerten, gehörten zu den Abwehrmaßnahmen der Vietcong (links). Auf Touristengröße erweiterter Beispieltunnel (unten).

Schüsse aus dem Nichts

Die US-Truppen hatten 1966 das Hauptquartier der 25. Infanterie-Division in der Nähe der Tunnel in Cu Chi aufgeschlagen. Die Amerikaner konnten sich zuerst die mysteriösen nächtlichen Überfälle auf das Militärcamp nicht erklären – bis sie die Tunnel entdeckten. Die Gegend um Cu Chi wurde daraufhin zur »Feuer-frei-Zone« erklärt: Millionen Liter an Giften und unzählige Bomben gingen auf das Gebiet herab.

Etwa 50 000 US-Soldaten durchstreiften das Gelände auf der Suche nach den Eingängen ins Tunnelreich, was die Vietcongs mit grausamer Gegenwehr konterten. Als »Tunnelratten« setzten die US-Truppen schließlich zierliche alliierte Soldaten aus Thailand und den Philippinen ein. Die Zahl der Toten war hoch: Allein auf vietnamesischer Seite kamen 12 000 Widerstandskämpfer in den Tunneln ums Leben.

KLEINE PAUSE

Bei Ben Duoc gibt es einige **Flusslokale.** Auf dem Weg nach Ben Dinh liegt das **HCM Villages Restaurant** nahe der N22.

225 E4 · an der N 22 nach Tay Ninh
tgl. 7.30–17.30 Uhr
100 000 VND
Bus 13 ab Saigoner Park 24/9 nahe Pham Ngu Lao, an Endstation umsteigen in Bus 79 nach Ben Duoc oder Bus 94 ab Cholon bis Bus-Bhf. Cu Chi und weiter per Mopedtaxi

Das Tunnelreich der Vietcong

In den 1930er- und 1940-Jahren dienten unterirdische Räume und Erdgräben als Verstecke und Waffenlager der Guerillas, die gegen die Franzosen kämpften. Allmählich wurden diese durch Gänge miteinander verbunden und für den Kampf gegen die US-Amerikaner weiter ausgebaut.

Ausdehnung: Das unsichtbare, 250 km lange Tunnelnetz reichte am Ende des Vietnamkriegs von der kambodschanisch-vietnamesischen Grenze, an der der Ho-Chi-Minh-Pfad entlangführte, bis zu Saigons Chinatown Cholon.

❶ Eine Stadt unter der Erde: Die Partisanen lebten in drei engen Etagen in bis zu 10 m Tiefe unter der Erde. Sogar Kinder kamen im Tunnelreich zur Welt, die erst Jahre später das Tageslicht erblickten. Die Schächte weiteten sich zu einem unterirdischen Labyrinth aus Schlaf- und Versammlungsräumen, Krankenstationen mit Operationstischen, Küchen, Gebetsräumen mit Schreinen, Werkstätten sowie Lager- und Bombenschutzräumen. Die Nahrung der Tunnelbewohner war einfach, meist Maniok mit Salz, Pfeffer und gehackten Erdnüssen. Alle unterirdischen Räume wurden mit Tunneln von ca. 80 cm Breite verbunden. (Für westliche Touristen wurde ein Abschnitt extra auf 1,20 m Höhe und 80 cm Breite vergrößert.)

❷ Eingänge: Winzige Klapptüren, die mit Laub und Gras bewachsen waren, führten in die Außenwelt. Alle waren durch primitive, aber wirkungsvolle Fallen gesichert. Manche Tunnelgänge sollen auch in einem Fluss geendet haben, was die Flucht bei Verfolgung oder Bombardierung einfacher machte.

❸ Perfekte Tarnung: Die Belüftung war über unauffällige Bambusrohre gewährleistet, der Rauch aus den unterirdischen Kochecken wurde kilometerweit umgeleitet. An den

Lüftungsschächten baute man Pfeffer und Chili an, um die Suchhunde zu verwirren. Mit der Zeit konnten die Hunde Vietnamesen nicht mehr von US-Amerikanern unterscheiden, da der Vietcong angefangen hatte, amerikanische Seife, Rasierwasser und die Kleidungsstücke seiner Gefangenen zu benutzen.

4 Tödliche Fallen: Versuche, die Vietcong aus den Tunneln zu vertreiben, konterten diese mit vielen Tricks, z. B. Falltüren über Gräben, in denen angespitzte Bambusrohre eingelassen waren. Es gab Scheintunnel oder Eingänge, die Eindringlinge in Sprengfallen lockten. Auch Bomben und Minen unter der Grasnarbe wurden gelegt.

⓫ Chua Ngoc Hoang (Jadekaiser-Tempel)

Was?	Ein Meisterwerk chinesischer Tempelbaukunst
Warum?	Kein Herrscher ist mächtiger, kein Gott weiß mehr über Sie
Wann?	Jederzeit
Wie lange?	1 Stunde hält man den verräucherten Götter-Trubel gut aus
Resümee	Ein tolles religiöses Tohuwabohu

Der Jadekaiser, Ngoc Hoang, gehört zu den meist verehrten Gestalten der taoistischen Philosophie. Er steht in der Rangfolge über allen Göttern, Heiligen und Königen, ist der Weltenherrscher. Ihm ist dieser Tempel geweiht.

Der Besucher gelangt zunächst in den Vorhof des 1906 erbauten Tempels: In den Teichen tummeln sich kleine Schildkröten, die man vor dem Eingang von Händlerinnen kaufen und hier in die »Freiheit« entlassen kann – die Tiere werden als Symbol für ein langes Dasein auf Erden betrachtet. Nahe dem Eingang zum Altarbereich wachen die zwei überdimensionalen Generäle des Jadekaisers: Bach Ho links auf einem Tiger, Thanh Long rechts in Siegerpose auf einem Drachen.

Das schlichte Äußere des Tempels lässt nicht auf die Fülle an Gottheiten und Gestalten in seinem Inneren schließen.

Im Reich des Jadekaisers

Der Tempel vereint eine Vielzahl von Göttern, Wächtern, Helden und buddhistischen Bodhisattvas. Im hinteren Raum herrscht aber unbestritten der Jadekaiser in seinen prächtigen Gewändern, vor seinem Altar sind die Spenden aufgetürmt: Obst, ein Sack Reis für die Mönche, zudem stehen drei riesige Safes als Spendenboxen bereit. Die meisten Gläubigen zünden hier ihre Räucherstäbchen an, beten im Stehen oder auf Knien, verbeugen sich kurz dreimal und führen inmitten der religiösen Geschäftigkeit und des Qualms murmelnd ein inniges

Zwiegespräch mit dem Mann aus angemalten Pappmaché. Diesem leisten sechs weitere lebensgroße Gestalten Gesellschaft: Die beiden mittleren, die Himmelsgötter Nam Tao und Bac Dau, entscheiden über das Schicksal der Lebenden und der Toten, über Sieg oder Niederlage. Phat Mau Chuan De, die 18-armige Göttin mit ihren drei Gesichtern, wird als Mutter der Buddhas der fünf Himmelsrichtungen verehrt.

Im linken Raum betritt der Besucher die Hölle und erfährt einiges über das Schicksal der Verstorbenen. Hier sind die Götter zu Hause, die gute Taten belohnen und schlechte bestrafen. Auf einem Altarpodest wacht der Höllenkönig Than Hoang –

Der Jadekaiser (links) mit einigen seiner Wächter und Schüler

man tut gut daran, seinen Altar im Uhrzeigersinn zu umkreisen. Links sitzt der Finanzgott Than Tai vor einer weiteren Spendenbox. Und während Holzschnitzereien Folterszenen aus der Hölle illustrieren, kann der Gläubige an der Wand gegenüber dem Altar wieder Hoffnung schöpfen, wo Thi Kinh als Göttin der allumfassenden Gnade ihren Segen erteilt.

KLEINE PAUSE

Das **Cuc Gach Café** in einer Villa mit Vintage-Möbeln serviert vietnamesische Hausmannskost, auch Vegetarisches.

Cuc Gach Café: 79 Phan Ke Binh, Da Kao, 1. Bezirk, Tel. 028 39 11 01 20, tgl. 7–20 Uhr

---

221 D5 73 Mai Thi Luu, 1. Bezirk
028 38 20 31 02
tgl. 6–18 Uhr
frei 18 ab Bus-Bhf. Ben Thanh

⓬ Wiedervereinigungspalast (Reunification Palace)

Was?	4500 m², 100 Räume und Säle auf vier Etagen!
Warum?	Ein wichtiger Schauplatz in der bewegten Geschichte des Landes
Wann?	Nicht zum Siegestag (geschl. am 29. und 30. April)
Wie lange?	Eine gute Stunde und mehr, wenn man sich für den Prunk und Pomp der 1960er-Jahre begeistern kann
Resümee	Ganz schön protzig, diese vietnamesischen Herrscher, damals wie heute!

Am Morgen des 30. April 1975 konnte die Weltöffentlichkeit am Fernsehgerät zusehen, wie ein nordvietnamesischer T-54-Panzer das Eisentor niederwalzte und kommunistische Soldaten das Gebäude besetzten. Auf dem Dach wurde die Fahne der Demokratischen Republik Vietnam gehisst.

Der »Palast der Einheit« (Dinh Thong Nhat, auch: Wiedervereinigungshalle) wurde 1966 auf den Grundmauern des Palais Norodom von 1868 errichtet; der Palast des gefürchteten Diktators Ngo Dinh Diem (reg. 1955–1963) war bei einem Bombenangriff vier Jahre zuvor stark beschädigt und schließlich abgerissen worden.

Der moderne Neubau beherbergt ganze 100 Räume auf vier Etagen, auf dem Dach befindet sich ein Hubschrauberlandeplatz. Bis 1975 diente das Gebäude als Präsidentenwohnsitz, nach dem Sieg der Kommunisten fanden hier im Winter 1975 die Verhandlungen über die Wiedervereinigung statt. Über dem Gebäude flattert die rote Fahne mit gelbem Stern, davor stehen ausgediente Panzer des Siegers.

Rundgang durch den Palast

Im Innern des Gebäudes dominiert ein funktionaler 1960er-Jahre-Stil mit riesigen Versammlungs- und Konferenzsälen. Reichlich pompös wirken die Banketthallen, einer der schönsten Räume ist der Empfangssaal für die Botschafter. Im ersten Stock befinden sich die ehemaligen Empfangs- und Wohnräume des Präsidenten, außerdem gibt es noch

Tanzsäle (4. Stock), ein kleines Privat-Kino (3. Stock) und zahlreiche opulent ausgestattete Räume mit roten Teppichen und wallenden Vorhängen, Kronleuchtern, ledernen Sesseln und antikem Mobiliar. Im Treppenhaus fallen die schattenspendenden Fassadenelemente vor den raumhohen Fenstern im Stil Le Corbusiers auf, der den Architekten Ngo Viet Thu offenbar inspiriert hat.

Im zweistöckigen Keller kann man einen unterirdischen Fluchttunnel und eine Art Kommandozentrale besichtigen, zu der auch ein Notfall-Bett des Präsidenten und zwei Telefone auf dem Nachttisch gehören. Im angeschlossenen Museum illustrieren Fotos und Dokumente die Geschichte des Norodom Palasts und der Kämpfe am 30. April 1975.

Der Palast der Wiedervereinigung ist ein nüchterner Zweckbau (oben). Selbst in den pompösen Versammlungshallen herrscht Funktionalismus vor (links).

KLEINE PAUSE

Auf dem Dach (4. Stock, Fahrstuhl) gibt es einen **Imbiss- und Getränkestand** mit schöner Aussicht. Lokale für ein ausgiebigeres Mittagessen finden sich in der nördlich parallel verlaufenden Pasteur Street, beispielsweise das **Nha Hang Ngon** (120 Pasteur St., Tel. 028 38 27 71 31, tgl. 8–22.30 Uhr).

221 D3
135 Nam Ky Khoi Nghia, 1. Bezirk
028 08 50 37
www.dinhdoclap.gov.vn
tgl. 8–15.30 (letzter Einlass) Uhr
40 000 VND

⑬ Museum für Kriegsrelikte (War Remnants Museum)

Was?	Kriegsmuseum, das schockierende Fotos zeigt und die »Wahrheit« aus Sicht der Vietnamesen präsentiert
Warum?	Weil hier Zahlen und Fotos für sich sprechen: gegen den Krieg und Unmenschlichkeit
Wann?	Jederzeit
Wie lange?	1–2 Stunden, je nach Andrang und Durchhalte-Vermögen
Resümee	Kein einfaches Reiseziel – aber ein wichtiges

Das Museum für Kriegsrelikte hieß bis in die 1990er-Jahre noch »Museum der amerikanischen Kriegsverbrechen«. Es wurde umbenannt, um die immer häufiger auftauchenden US-Veteranen bei ihrem Besuch nicht zu beleidigen. Die Bilder sind nichts für schwache Nerven. Und – wenig überraschend – auch hier kommt die Propaganda nicht zu kurz.

Das bereits 1975 eröffnete Museum (vietn.: Bao Tang Chung Tich Chien Tranh) stellt auf der Freifläche vietnamesische Panzer, Kampfflugzeuge der U.S. Air Force und Abwehrgeschütze aus, vor oder auch auf denen die größtenteils

Vor dem klobigen Museumsgebäude stehen einige Kampfjets, die im Vietnamkrieg eingesetzt wurden.

asiatischen Besucher gern fürs Foto posieren – Schilder mit der Aufschrift »do not climb« werden dabei ignoriert.

Die ungeschminkte Wahrheit

Im Inneren des dreistöckigen Gebäudes gibt es indes nicht mehr viel zu lachen: Auf vielen, teils grausamen Fotografien wird mit Zahlen und Fakten das Kriegsgeschehen dokumentiert. Die Abteilung im ersten Stock trägt den Titel »Historische Wahrheiten« – selbstverständlich aus der Sicht der Vietnamesen und entsprechend einseitig, so die Kritik vieler westlicher Besucher. Was könnte man aber auch »objektiv« an einem Massaker darstellen? So wurden z. B. am 16. März 1968 in My Lai (S. 139) 504 Dorfbewohner von den US-Marines ermordet, vor allem Frauen, Kleinkinder und Alte. Die Bilder dieser Gräueltat stammen, wie fast alle im Museum, größtenteils von amerikanischen Fotografen wie Larry Burrows.

Auch die längerfristigen Kriegsfolgen werden dargestellt, sowohl in Vietnam als auch der Kampf der verwundeten US-Veteranen um Anerkennung als »Agent-Orange-Opfer« in den USA. In einigen Einweckgläsern sind die durch chemische Mittel missgebildeten Föten konserviert. Ferner sind diverse Waffen zu sehen, während im letzten Raum an die vietnamesischen Kriegshelden erinnert wird. Nahe dem Ausgang befindet sich die Ausstellung zur Gefängnisinsel Con Dao (S. 86), wo Modelle der berüchtigten, als »Tigerkäfig« bezeichneten Zellen (2,70 × 1,50 × 3 m) sowie eine originale Guillotine aus der französischen Kolonialzeit aufgebaut sind – die letzte Hinrichtung damit fand 1960 statt!

In den Souvenirshops folgt ein Kontrastprogramm. Besucher können u. a. vermeintlich echte Feuerzeuge, Uhren und Patronenhülsen der US-Soldaten erwerben.

KLEINE PAUSE

In der Nähe liegt das **Hum**, ein vegetarisches Lokal und eine ruhige Oase mit schönem Innenhof (32 Vo Van Tan, Tel. 089 918 92 29, https://la-hum.vn/en/home).

---

221 D3 · 28 Vo Van Tran, 3. Bezirk
028 39 30 21 12
http://warremnantsmuseum.com

tgl. 7.30–17 Uhr
40 000 VND
14 und 28

⓮ Ben-Thanh-Markt

Was?	Ein riesiger Markt zum Stöbern, Feilschen und Einkaufen
Warum?	Weil man hier einem Kaufrausch am nächsten kommt
Wann?	Wann immer Sie möchten
Wie lange?	Mindestens eine Stunde, es gibt viel zu sehen, viel zu verhandeln (30 bis 50 % und mehr …)
Was noch?	Ein Süppchen auf dem umliegenden Nachtmarkt schlürfen
Resümee	Nach dem Besuch braucht man einen zusätzlichen Koffer

Ein unübersehbarer Mittelpunkt der Stadt ist das markante Marktgebäude mit dem auffälligen Uhrturm, der seit 1914 eines der Wahrzeichen der Stadt ist. Neben den beliebten Fotos von Obst- und Gemüsebergen, den Fisch- und Fleischständen, in denen es noch zappelt, kreucht und fleucht, sind vor allem die Souvenirs und berüchtigten Fälschungen von Markenartikeln Objekte der Begierde.

Es herrscht Geschiebe und Gedränge (Achtung: Taschendiebe!) in den engen Gassen des Touristenmarkts (Cho Ben Thanh), ein Schild wirbt unübersehbar mit »Genuine Fake Watches« – »echt gefälschten Uhren«. Fast alles ist billiger Schrott mit plumpen Ziffern und Zeigern, weit entfernt vom Original, dafür schon für 5 US$ zu haben. Seine wahren, meist versteckten Schätze zeigt der Ladeninhaber nur »Kennern«: Die »Rolex Daytona Quartz« liegt deutlich schwerer in der Hand, sie soll 250 US$ kosten – und ist immer noch ein Fake, wie 90 % der »Markenartikel« auf dem Markt.

Alles nur geklaut …

Schließlich ist Vietnam einer der Hauptumschlagplätze für Produktpiraterie in Asien. Uhren, Taschen, Elektronik, ja sogar Picasso-Gemälde für 50 US-Dollar und Honda-Motorroller werden dreist kopiert. Betroffen sind mit Vorliebe Sportschuhe von US-amerikanischen Firmen, die nach dreimaligem Tragen aus dem Leim gehen, und die erstaunlich echt wirkenden Schweizer Luxus-Chronometer, die nach drei Tagen ihren Betrieb einstellen. Aber auch ungenießbaren »Johnny Walker«-Whiskey und »Hennessey«-Cognac, täuschend ähnlich blau verpackte »Tampro«-Taschentücher oder gar Medikamente wie Viagra bieten die Händler an. Und oft genügt ein flüchtiger Blick, um die Fälschung zu erkennen, etwa wenn die noble Bluse überstehende Fäden aufweist oder der schicke Sneaker nach Chemie riecht!

... oder doch echt?

Vietnam ist aber auch einer der weltweit führenden Textilfabrikanten für Luxus-Marken, ob Jeans von Diesel oder schicke Burberry-Klamotten. Daher kann der Nike-Treter tatsächlich auch preiswert »und« echt sein – wenn er zweite

Vor dem Ben-Thanh-Markt herrscht rund um die Uhr hektische Betriebsamkeit (li.) und »Mädchen mit dem Perlenohrring“ für kleines Geld? In Vietnam kein Problem.

Wahl oder auch zwischen vietnamesischer Schuhfabrik und Ausfuhr-Hafen »vom Laster gefallen« ist.

Die klassischen Souvenirs von Lackwaren über konische Hüte und T-Shirts bis Kaffee und Tees findet man vor allem nahe dem Westeingang, wo es auch Stoffe am laufenden Meter gibt – doch auch hier ist nicht alles Seide, was glänzt. Spaß macht ein Bummel über den Markt aber auf alle Fälle!

KLEINE PAUSE

Pho 2000, eine legendäre Suppenküche, liegt nahe dem Hinterausgang (208–210 Le Thanh Ton, Tel. 9430002, www.pho2000.vn, tgl. 7–22 Uhr). Abends brutzelt es an vielen **Imbissständen und Garküchen** rund um den Markt mit authentischer und preiswerter Kost.

---

221 D2 · Le Loi und Le Lai, 1. Bezirk · tgl. 6–18 Uhr
www.ben-thanh-market.com · frei

Mittendrin – im Cyclo

Auch wenn das Gewühl auf den Straßen dichter und dichter wird und deshalb immer mehr Straßen im Zentrum für die dreirädrigen Radtaxen gesperrt werden, sollte man den Versuch wagen und eine durchaus abenteuerlich anmutende Cyclo-Tour unternehmen: Sitzt man erst mal drin im Gefährt, steuert der Fahrer hinter einem mit Sicherheit gleich direkt in das Knäuel auf der nächsten – natürlich verstopften – Kreuzung zu. Aber keine Angst! Wie von Geisterhand tut sich immer eine Schneise in der Blechlawine auf, und man scheint förmlich durch das Chaos auf den Straßen zu schweben …

Nach Lust und Laune!

15 Historisches Museum

Das Historische Museum (Bao Tang Lich Su) ist in einem schönen Kolonialgebäude beheimatet. Es präsentiert in 16 Räumen die größten Schätze des Landes und lohnt vor allem dann einen Besuch, wenn man tiefer in die (Kunst-)Geschichte Vietnams eintauchen will.

Zu den Highlights der Ausstellung zählen die Dong-Son-Trommel aus der Bronzezeit (Raum 2) und die fast 4 m hohe Kopie der Quan Am, des »Lady Buddha mit tausend Armen« (Raum 7) – das vergoldete Original aus der But-Thap-Pagode stammt von 1656. Beachtung verdienen ferner der fast 2000 Jahre alte bronzene Dong-Duong-Buddha aus der frühen Cham-Epoche (3. Jh.), eine elegante ca. 1,2 m hohe Statue (Raum 12), sowie die farbenfrohen Trachten und Alltagsgegenstände ethnischer Minderheiten (Raum 15).

Bei den Aufführungen des Wasserpuppentheaters im Erdgeschoss (Raum 11) spielen sagenhafte Tiere wie Drachen, Löwen, Phönix und Fuchs die Hauptrolle. Drei Spieler, die hinter der Bühne bis zum Bauch im Wasser stehen, bewegen die Figuren an einer Bambusstange.

221 E/F4
2 Nguyen Binh Khiem, 1. Bezirk
028 38 29 02 68
www.baotanglichsutphcm.com.vn
Di–So 8–11.30, 13.30–17 Uhr
30 000 VND

Unübersehbar: der Bitexco Financial Tower

16 Bitexco Financial Tower

Das futuristische Bauwerk ist nicht zu übersehen und zeugt von dem neuen Zeitalter in Ho-Chi-Minh-Stadt: Seit 2010 erhebt sich der erste echte Wolkenkratzer Vietnams im ersten Bezirk und verschafft einen Überblick aus rund 200 m Höhe: 68 Etagen mit Skydeck (49. Stock), Restaurants, Bars, Shopping Center und Hubschrauberlandeplatz auf 265 m Höhe. Vom Einkaufszentrum kann man den Fahrstuhl ins Café im 50. Stock nehmen – so spart man den Eintritt, auch wenn Bier oder Cappuccino stolze Preise haben.

221 E2 zw. Ngo Duc Ke & Hai Trieu
028 39 15 61 56 (Hotline)
www.bitexcofinancialtower.com
tgl. 9.30–21.30 Uhr
Skydeck 240 000 VND

17 Ho-Chi-Minh-Museum

Das Ho Chi Minh Museum (Bao Tang Ho Chi Minh; nicht zu verwechseln mit dem Ho Chi Minh City Museum!) liegt am Ende der Uferstraße Bach Dang am Saigon-Fluss – eine Brücke führt über den Ben-Nghe-Kanal auf die andere Seite zum Museum im hübschen arkadengeschmückten Drachenhaus (Ben Nha Rong).

Am 5. Juni 1911 begann an dieser Stelle des Hafens für den jungen Nguyen Tat Thanh auf dem Dampfschiff »Admiral Latouche Tréville« seine Reise als Küchenjunge um die Welt. Rund 30 Jahre danach kehrte er in seine Heimat zurück und wurde schließlich zum heute noch allseits verehrten Präsidenten: Ho Chi Minh (1890–1969, reg. 1945–1969).

Das Museum zeigt in fünf Räumen viele Fotos, Dokumente und Zeitungsartikel, persönliche Gegenstände wie Sandalen, Rattankoffer, Gehstock oder die Schreibmaschine von »Onkel Ho«. Im zweiten Stock sind bunt-poppige Propaganda-Poster zu bestaunen, draußen steht ein Peugeot von Ho Chi Minh von 1964 und eine originale Dreirad-Rikscha.

»Onkel Ho« in Gold: Ho-Chi-Minh-Museum

221 F1
1 Nguyen Tat Thanh, 4. Bezirk
028 39 40 20 60, 028 39 40 10 94
Di–So 7.30–11.30, 13.30–17 Uhr
25 000 VND

18 Chinatown

Vor ca. 300 Jahren ließen sich in Cholon, dem ältesten Stadtteil Saigons im Südwesten des französischen Viertels, erstmals aus Südchina geflüchtete Chinesen nieder. Hier stehen die meisten der mehr als 180 Pagoden und Tempel der Stadt; viele säumen die Nguyen Trai.

Geld- und Sachspenden sorgen für gute Geschäfte, zu aller erst in der Chua Ba (auch: Thien-Hau-Pagode). Der »Tempel der himmlischen Frau« ist der Göttin des Meeres gewidmet und gilt als schönstes Beispiel südchinesischer Tempelarchitektur aus dem frühen 19. Jh. Thien Hau ist auf einem Wandgemälde zu sehen und wird als Schutzpatronin der Seefahrer und Fischer verehrt. Auf dem Hauptschrein sieht man drei goldbemalte Thien-Hau-Statuen, die mittlere Figur wird beim Umzug am 23. Tag des dritten Mondmonats durch die Straßen getragen. Am linken Schrein beten oft Ehepaare mit Kinderwunsch die Fruchtbarkeitsgöttin Kim Hue an.

Mönche und Gläubige am beeindruckenden Hauptaltar der Chiac-Lam-Pagode

220 B1

Chua Ba
710 Nguyen Trai tgl. 6–17.30 Uhr
frei
1 (ab Busbhf. Ben Thanh Market)

19 Chua Xa Loi (Xa-Loi-Pagode)

Das 1956 erbaute buddhistische Gotteshaus mit dem siebenstöckigen Turm und der glückbringenden Swastika auf dem Dach war in den frühen 1960er-Jahren ein Zentrum des Widerstandes gegen den Diktator Ngo Dinh Diem. 400 Mönche und Nonnen hatten sich hier zum Schutz vor den Repressalien seines Regimes versammelt, einige verbrannten sich in Protestaktionen selbst, so auch der Mönch Thich Quang Duc, dessen Denkmal heute unweit der Pagode steht: Die Verzweiflungstat erregte weltweit Aufsehen und schwächte das Ansehen des Präsidenten. Die Pagode wurde im August 1963 von Soldaten gestürmt, die Mönche und Nonnen festgenommen.

Im Innern sitzt ein 5 m hoher vergoldeter Sakyamuni-Buddha auf dem Lotospodest. 14 Wandbilder schildern die wichtigsten Stationen im Leben des Erleuchteten. Ein kleiner Schrein hinten wurde zum Gedenken Thich Quang Ducs errichtet.

220 C3
89 Ba Huyen Thanh Quan, 3. Bezirk
028 39 30 01 16
tgl. 6–11, 14–21 Uhr frei

20 FITO Museum

Eine pharmazeutische Firma zeigt in einem alten Haus ca. 3000 Exponate der traditionellen vietnamesischen Medizin, die seit mindestens 2000 Jahren in Vietnam praktiziert wird: Mörser und antike Waagen, Teeservices und Kräuterbehälter, alte Dokumente und Bücher.

Natürlich kann man Tees und Mittelchen gegen Kopfschmerz oder Husten im angeschlossenen Laden kaufen.

220 A2 41 Hoang Du Khuong, 10. Bezirk 028 38 64 24 30 www.fitomuseum.com.vn tgl. 8.30–17 Uhr 180 000 VND

21 Chua Giac Lam & Chua Ho Dat (Giac-Lam-Pagode & Giac-Vien-Pagode)

Die Chua Giac Lam (1744) ist das älteste buddhistische Gotteshaus in Saigon. Bekannt ist sie für die 118 teils sehr alten Buddhastatuen. Der von einem schönen Holzrahmen und Säulen umgebene Hauptaltar links vom Eingang beeindruckt mit einer Ansammlung von hölzernen Buddhas, Heiligen (Bodhisattvas) und Wächtern: In der Mitte hinten thront der Amitabha (Buddha der Vergangenheit), eingerahmt von seinen Lieblingsschülern Ananda und Kasyapa, in der mittleren Reihe erkennt man den Sakyamuni-Buddha aus Bronze (Buddha der Gegenwart) und den dicken, lachenden Di-Lac-Buddha (der zukünftige Buddha). Neben Di Lac thront der bronzene Jadekaiser. Im Eingangsraum versteckt sich ein Altar mit der ältesten Figur des Tempels, dem ca. 300 Jahre alten hölzernen Sakyamuni-Buddha.

Die Chua Ho Dat ist der Giac-Lam-Pagode sehr ähnlich und liegt in derselben Straße (etwa 2 km südwestlich). Zu dem verträumten Holzbau gehört auch ein Garten mit Grab-Stupas für verstorbene Äbte.

Chua Giac Lam
220 westl. A4
163 Lac Long Quan, Tan-Binh-Bezirk
028 38 65 39 33
tgl. 7–12, 14–18 Uhr frei 27 ab Cong Vien 23/9-Park, Pham Ngu Lao

Chua Ho Dat
220 westl. A4 Lac Long Quan, am Dam Sen Water Park tgl. 7–18 Uhr

22 Tay Ninh

Nahe der Provinzhauptstadt Tay Ninh hat die 1926 gegründete Cao-Dai-Sekte ihren Hauptsitz, zu dem ein farbenfroher Haupttempel (1933–1955) gehört. Der Glaube der Sekte verkörpert eine bunte Mischung aus Buddhismus, Konfuzianismus, Taoismus, Christentum und Islam. Die 1–2 Mio. Mitglieder weltweit bedienen sich noch heute okkulter Praktiken. Nur wer die Prinzipien der Humanität, Liebe und Gerechtigkeit befolgt, wird im Nirwana Erlösung finden. Strenggläubige Caodisten sind meist Vegetarier, die Priester leben oft im Zölibat.

Der Synkretismus spiegelt sich in den Malereien wider, die z. B. Buddha, die hinduistische Dreieinigkeit von Brahma, Shiva und Vishnu oder Jesus darstellen. Das große Auge symbolisiert das göttliche Auge (Zeichen der Gerechtigkeit).

225 D5 99 km nordwestlich von Saigon einstündige Messen tgl. um 6, 12, 18 und 24 Uhr frei

Wohin zum ... Übernachten?

Preise für ein Doppelzimmer pro Nacht:
€ unter 1 Mio. VND (unter 40 €)
€€ 1–2,4 Mio. VND (40–92 €)
€€€ über 2,4 Mio. VND (über 92 €)

EMM €€–€€€
Schick-stylishes Etablissement: Die neue Hotelkette mit hilfsbereitem Personal bietet zwar nur zwölf kunterbunte Zimmer, Suiten und ein Appartement, die aber sind alle günstig und mitten im Herzen der Stadt. Verlockend ist auch die hübsch-lauschige Lounge-Bar im 11. Stock und der Fitnessraum. Man sollte nicht direkt auf der Hotelwebsite buchen – um die Hälfte billiger bekommt man die Zimmer über Buchungsportale wie Booking.com. WLAN verfügbar.
⊕ 221 D4 ✉ 157 Pasteur Street, 3. Bezirk
☎ 028 39 36 21 00 ⊕ www.emmhotels.com

Prächtig nicht nur von außen: Grand Hotel

Grand Hotel €€€
Perfekte Lage an der Dong Khoi: Die Zeitreise beginnt, wenn man im alten Flügel in die herrliche Lobby des zweistöckigen Originalhotels von 1930 schreitet: Insgesamt gibt es hier und im Neubau 230 edle, mit viel Holz ausgestattete Zimmer. Der Pool liegt im großen Innenhof des alten historischen Gebäudes, der Neubau bietet aus 20 Etagen Blick über Fluss und Stadt. Die Cafébar auf dem Dach eignet sich bestens für einen Sundowner. Gute Online-Angebote auf der Website.
⊕ 221 E2 ✉ 8 Dong Khoi, 1. Bezirk
☎ 028 39 15 55 55
⊕ www.hotelgrandsaigon.com

Majestic €€€
Ein Klassiker aus alten Tagen, wo man etwas Kolonialatmosphäre schnuppern kann: Die 1925 eröffnete Herberge am Saigon-Fluss beeindruckt mit einer pompösen Lobby mit Kronleuchtern und viel Marmor, die 175 elegant-koloniale Zimmer haben teils einen Balkon zum Fluss (ziemlich laut), teils zur ruhigeren Dong Khoi. Am ruhigsten wohnt man im Innenhof mit Blick zum kleinen Pool. Das Frühstück auf der Terrasse ist gut.
⊕ 221 E2 ✉ 1 Dong Khoi, 1. Bezirk
☎ 028 38 29 55 17 ⊕ www.majesticsaigon.com

Ma Maison €€
Diese familiäre Privatpension von Natasha Long entpuppt sich als Boutiquehotel in einem typischen, etwas abgelegenen Wohnviertel, eine halbe Stunde zu Fuß vom Touristenzentrum entfernt. Die französisch angehauchte Oase bietet zwölf kleine, aber kuschelige Zimmer in einer Villa aus den 1940er-Jahren (kein Lift!) – inklusive alter Dielen oder Bodenmosaiken, WLAN und Garten. Und: Man spricht Deutsch.
⊕ 220 westl. A4 ✉ 656/52 Cach Mang Thang Tam, 3. Bezirk
☎ 028 38 46 02 63 ⊕ www.mamaison.vn

Prince Saigon €€–€€€
Geschäftsleute und Touristen mögen das zentral gelegene Vier-Sterne-Hotel. Nicht nur in den vier zweistöckigen Luxusapartments kann man sich wie zu Hause fühlen, auch die restlichen 200 Zimmer sind äußerst komfortabel. Am Morgen gibt es ein üppiges Frühstücksbuffet und zum Nachmittagstee Kuchen und Süßes. Nicht zu vergessen: WLAN, Mini-Pool, Spa und Fitnesscenter.
⊕ 221 E2 ✉ 63 Nguyen Hue, 1. Bezirk
☎ 028 38 22 29 99
⊕ www.saigonprincehotel.com

Saigon Cozy Hotel €
Trubel muss man hier mögen: Das preiswerte Hotel liegt mitten im Backpacker-Ausgeh-Viertel, wo auch viele Busse halten – aber

die schmale Gasse ist vergleichsweise ruhig, v. a. die Zimmer im 4. Stock. Koffer muss man allerdings selber hochschleppen, dafür ist das Frühstück inklusive und der Preis ohnehin nicht der Rede wert,
221 D1 241/22 Pham Ngu Lao, 1. Bezirk
035 370 87 32 auf Facebook

Tan Son Nhat Saigon €€
Das ruhige zwölfstöckige Hotel liegt nahe dem Flughafen, die »Fünf Sterne« sind zwar etwas verblichen, aber das Preis-Leistungs-Verhältnis stimmt. Schicke Lobby, 400 geräumige Zimmer, Kinderspielplatz, Fitnesscenter, Wellness mit Finnischer Sauna – und an zwei Pools wird nach dem Sightseeing ausgeruht. Für Kurzaufenthalte, Familien und Reisegruppen gut geeignet, die meisten Attraktionen Saigons sind 3–4 km entfernt.
221 E2 202 Hoang Van Thu, 9.Bezirk
028 39 99 16 12
www.tansonnhathotelgroup.com

Villa Song Saigon €€€
Wie wäre es mal mit einer Villa? Die Oase mit nur 23 Zimmern liegt in einem Kolonialbau außerhalb Saigons, aber direkt am Fluss; mit dem Gratis-Shuttle-Boot geht es flott in nur zehn Minuten in die Stadt. Garten-Pool, ein hervorragendes Private-Dining-Restaurant und ein kleines Spa lassen erahnen, dass das exklusive Niveau seinen Preis hat.
221 nordöstl. F5 197/2 Nguyen Van Huong, Thao-Dien-Bez. (2. Bezirk)
028 37 44 60 90 www.villasong.com

Wohin zum … Essen und Trinken?

Preise für ein Hauptgericht ohne Getränke:

€	unter 130 000 VND (unter 5 €)
€€	130 000–250 000 VND (5–10 €)
€€€	über 250 000 VND (über 10 €)

Bun Bo Hue Dong Ba €
In der Suppenküche gibt es nur ein Gericht: Bun Bo Hue. Die dampfende Nudelsuppe kommt riesig portioniert mit Rindfleischstreifen und Zwiebeln auf den Tisch.
221 D2 110 Nguyen Du
028 62 73 75 89, 09 89 39 39 67
tgl. ca. 8–22 Uhr

Hoa Tuc €€–€€€
Das angesagte Lokal liegt im hübschen Hof einer alten Opiumfabrik. Hier wird zeitgenössische vietnamesische Küche serviert, allerdings auch zu gehobenen Preisen (preiswerteres Lunch-Menü).
221 E3 74/7 Hai Ba Trung
028 38 25 16 76
www.hoatuc.com tgl. 11–23 Uhr

The Olive Steakhouse €€€
Für alle, die vor lauter Nudelsuppen Heimweh haben: Saftige Steaks (aus Australien importiert), Schweinerippchen und leckeres Seafood werden hier aufgetischt, auch die Salate können sich sehen lassen. Die Preise sind gesalzen, dafür speist man auf der berühmten Dong Khoi nahe der Alten Oper.
221 E2 151 Dong Khoi, 1. Bezirk
090 941 71 99 auf Facebook
tgl. 15–23 Uhr

Wrap & Roll €
Finger-Food-Fans aufgepasst: Die populäre Imbisskette bietet zig Variationen von Frühlingsrollen mit Dips. Abends auch Hot Pots.
221 E3 62B Hai Ba Trung, 1. Bezirk
(+84) 19 00 10 84 auf Facebook
tgl. 10–21 Uhr

Wohin zum … Einkaufen?

MÄRKTE

In der **Phan Van Khoe** gibt es vor allem Lebensmittel, wozu viel kreuchendes und fleuchendes Getier gehört. Der **Cho An Dong** (An Duong Vuong; 5. Bezirk; Chinatown) ist der größte Markt Saigons, nicht so touristisch und daher etwas billiger als Ben Thanh (S. 54). Auf dem **Cho Nguyen Dinh Chieu** (1 Le Tu Tai; 3. Bezirk), einem preiswerten Open-Air-Markt, gibt es ein buntes Sortiment von Kleidung bis zu Gold oder Tees.

KUNSTHANDWERK & GALERIEN

Nahe dem Kunstmuseum und in der Nguyen Van Troi sind viele Galerien zu Hause. Antiquitäten-Fans werden in den Läden der Gasse **Le Cong Kieu** fündig. (Antiquitäten dürfen nicht ohne Ausfuhrbescheinigung ausgeführt werden!) Nicht versäumen sollte man die **»Painting Streets«** (Tran Phu; Bui Vien), wo es gefakte Meister zum Spottpreis gibt!

SOUVENIRS

Die meisten Läden für Mitbringsel liegen in der Dong Khoi (teuer), Hai Ba Trung und Le Loi (Lederwaren), sowie in den Gassen rund um die Backpackermeile Pham Ngu Lao.

Mekong Quilts (85 Pasteur, 1. Bezirk; https://mekongquilts.com, tgl. 10–18 Uhr) verkauft hübsche Mitbringsel aus Pappmaché, Bambus, Rattan oder Wasserhyazinthen: z. B. Hüte, Textilien, Taschen oder Steppdecken – angefertigt von benachteiligten Frauen.

Wohin zum ... Ausgehen?

Über das Nachtprogramm informieren Magazine wie What's on Vietnam, Time out Vietnam, Asia Live HCMC und Metro, die in den Hotels und Bars ausliegen.

THEATER

In der Alten Oper/Stadttheater (7 Lam Son Platz, www.hbso.org.vn) tritt das Sinfonie-Orchester auf; sehr touristisch, aber dennoch sehenswert ist die dortige **AO Show** (www.luneproduction.com); eine amüsante Mischung aus Zirkus und Folklore.

Das **Rong Vang Golden Dragon Water Puppet Theatre** (55B Nguyen Thi Minh Khai; 1. Bezirk; Reservierung: http://goldendragonwaterpuppet.vn, Shows tgl. 17, 18.30 Uhr) hält Legenden und uralte Traditionen am Leben: Bei den bunten Aufführungen spielen mythologische Wesen die Hauptrolle. Nur 200 Zuschauer finden Platz – rechtzeitig erscheinen!

SKY-BARS

Hoch hinaus geht es im luftigen **Chill SaiGon Skybar & Restaurant** im 23. Stock des AB Tower (76 Le Lai; 1. Bezirk, www.chillsaigon.com, tgl. 17–1 Uhr). Das 360-Grad-Panorama entschädigt für die happigen Preise. Ähnlich gut chillen lässt es sich im **Level 23 Wine Bar** (88 Dong Khoi, www.marriott.com) im 23. Stock des Sheraton Tower.

FESTIVALS

Das chinesische Neujahrsfest **Tet Nguen Dan** verwandelt Teile Saigons im Januar/Februar in ein Blumenmeer.

Die Chill SaiGon Skybar bietet einen sagenhaften Ausblick.

Eine Frau gießt Reispflänzchen im Mekong-Delta – der Reis muss zwar ständig bewässert werden, zu viel Wasser würde ihn aber verrotten lassen.

Mekong-Delta
Das riesige Delta ist nicht nur die »Reiskammer der Nation«, sondern auch ein faszinierendes Reiseziel, dessen Entdeckung lohnt.
Seite 64–89

Erste Orientierung

Das Mekong-Delta ist etwa so groß wie die Schweiz, aber topfeben. Dafür durchzieht es ein 5000 km langes, verzweigtes Netz aus Wasserstraßen! Wo sich der Fluss auf seinen letzten 200 km auf acht Arme, einen Schifffahrtskanal und Tausende von Kanälen verteilt, gleitet und tuckert alles durch sein Delta.

Grüntöne in allen Schattierungen dominieren entlang der unendlich vielen Wasserwege des Song Cuu Long, des »Flusses der neun Drachen«, wie der Mekong in Vietnam genannt wird. Es geht durch die »Reiskammer der Nation« – mit drei Ernten im Jahr! – endlos weite Reisfelder, Bambus- und Palmenwälder umgeben den Reisenden. Das Delta macht zwar nur 10 % der Landesfläche Vietnams aus, liefert aber die Hälfte der vietnamesischen Reisernte. Dabei ist das fruchtbare Schwemmland rund um die Provinzhauptstadt Can Tho nicht nur die Heimat der Reisbauern, sondern auch der Fischer, Garnelenfarmer und Obstbauern. In Chau Doc, nahe der Grenze nach Kambodscha, sind die Fischzüchter zu Hause: Im »Keller« unter dem Hausboot zappeln und gedeihen die Fische tonnenweise.

Lassen Sie sich also auf den Kanälen durch Dörfer, Obstgärten und Mangrovensümpfe treiben und erkunden Sie die Schwimmenden

Märkte, rollen Sie mit dem Fahrrad durch idyllische Alleen oder genießen Sie nach Herzenslust das Strandleben auf den Inseln Phu Quoc und Con Dao – eine Reise durchs Mekong-Delta wird sicher nicht langweilig.

TOP 10

7 ★★ Phu Quoc

Nicht verpassen!

23 My Tho & Ben Tre
24 Cai Rang & Cai Be
25 Sa Dec
26 Can Tho
27 Chau Doc

Nach Lust und Laune!

28 Dong Tam Snake Farm
29 Tra Vinh
30 Ha Tien
31 Con Dao

Mein Tag mitten im Delta

Tauchen Sie ein ins amphibische Treiben des Mekong-Deltas! Bei einer Radtour können Sie die Inselwelt des Deltas hautnah erleben – hier schwimmen ganze Märkte auf den Wasserwegen! Am besten erobern Sie das Delta mit einem Guide – die folgende Beispieltour führt Sie zu einigen möglichen Zielen.

10 Uhr: Auf dem Schwimmenden Markt

Nach der Ankunft in ㉔ Cai Be (S. 71, S. 77) geht es gleich aufs Wasser des Mekong. Abseits der Märkte und Touristenstopps ist das Delta eine vor sich hindösende Wasserwelt. Aber hier brodelt es: Barken voller Kokosnüsse, Rambutans und Reis, anmutig und doch kraftvoll paddelnde Fährschifferinnen mit Kegelhut oder Wohn-Sampans mit aufgemalten wachsamen Augen am Bug.

11 Uhr: Aufsitzen und losradeln durchs grüne Delta!

Nun geht es mit einem Boot hinüber nach An Binh Island (S. 76) und anschließend kreuz und quer mit dem Rad über die Insel (je nachdem, welche Strecke Ihr Guide im Programm hat bzw. gerade anbieten kann). Ein Glück: das Mekong-Delta ist flach wie ein Bügelbrett! Bei rund 12 km Fahrtstrecke geht es meist unter einem grünen Dach über kleine und große Brücken, die sich über die zahllosen Kanäle und Wasserwege zwischen den Reisfeldern und Obstgärten, Bananenstaudenblättern, Kokospalmenalleen und Bambuswäldern beugen. Und immer wieder bietet sich ein Small Talk mit den Obstbauern an. Kostprobe inklusive: Je nach Saison gibt es Rambutan, Litschi, Mango, Ananas und

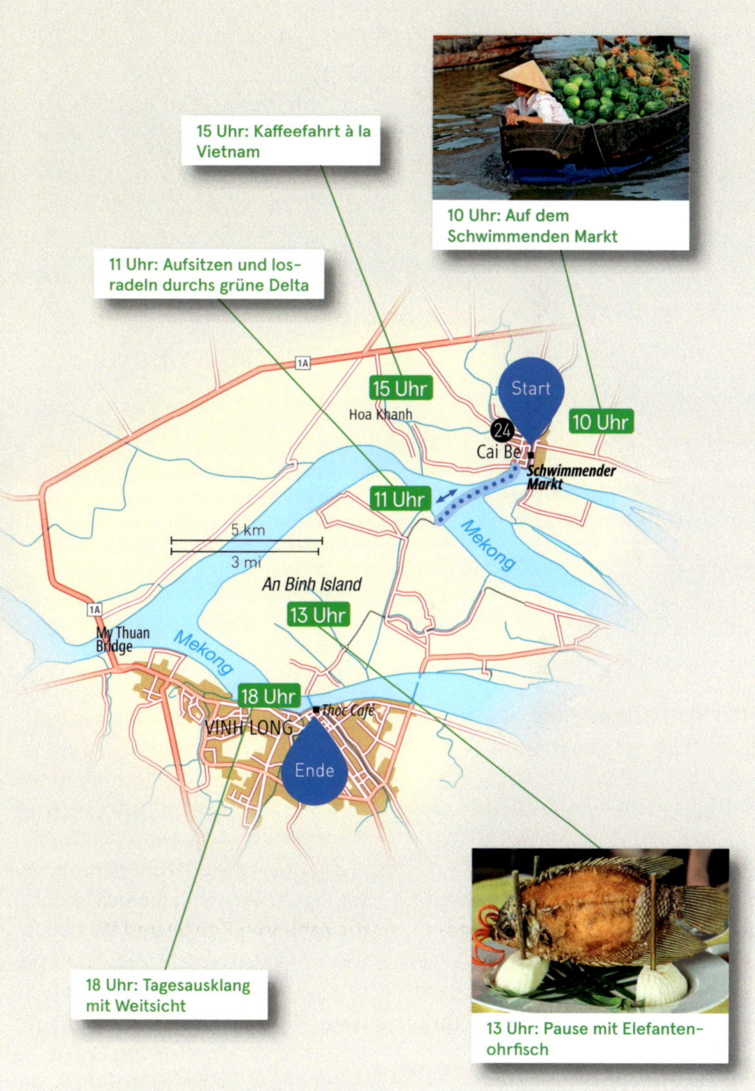
15 Uhr: Kaffeefahrt à la Vietnam
10 Uhr: Auf dem Schwimmenden Markt
11 Uhr: Aufsitzen und losradeln durchs grüne Delta
1A
15 Uhr
Start
10 Uhr
Hoa Khanh
24
Cai Be
Schwimmender Markt
11 Uhr
5 km
3 mi
Mekong
An Binh Island
13 Uhr
1A
My Thuan Bridge
Mekong
18 Uhr
Thoc Café
VINH LONG
Ende
18 Uhr: Tagesausklang mit Weitsicht
13 Uhr: Pause mit Elefantenohrfisch

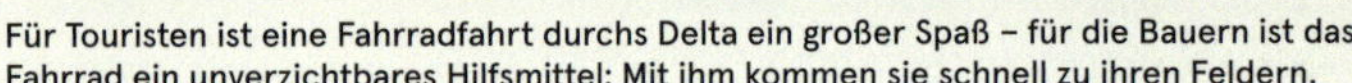

Für Touristen ist eine Fahrradfahrt durchs Delta ein großer Spaß – für die Bauern ist das Fahrrad ein unverzichtbares Hilfsmittel: Mit ihm kommen sie schnell zu ihren Feldern.

andere erfrischende Köstlichkeiten am Wegesrand zu probieren.

13 Uhr: Pause mit Elefantenohrfisch

Irgendwo auf An Binh Island wartet man in einem der vielen Garten-Lokale schließlich erschlafft nach dem gebratenen Elefantenohrfisch (einer lokalen Spezialität) mit Frühlingsrolle und dem Schlangenschnaps in der Hängematte auf die Rechnung. Es bleibt Zeit für ein kleines Nickerchen.

15 Uhr: »Kaffeefahrt à la Vietnam«

Für die Rückkehr nach Cai Be besteigen Sie wieder das Boot über einen der zahllosen Mekong-Arme und Kanäle. Wieder an Land könnten Sie im winzigen Nachbardorf Hoa Khanh eine Ziegel-Brennerei besichtigen. Wie wäre es nun mit einem Abstecher in eine Reispapier-Fabrik? Oder zur Bonsai-Pflanzerei? Zum Räucherstäbchen- oder Kokosbonbonhersteller? Die Familienbetriebe der rund 20 Mio. Delta-Bewohner sind Ausdruck des Unternehmergeists, der allerorten in Vietnam zu spüren ist. Eine Art asiatische Wirtschaftswundertüte oder auch: »Kaffeefahrt à la Vietnam«.

Sie können dies mit Ihrem Guide je nach Vorlieben abstimmen. Überall gibt es etwas zu naschen, immer einen gastfreund-

Das Angebot an frischen tropischen Früchten auf dem Schwimmenden Markt von Cai Be ist schlicht unglaublich (links).
Zu Besuch bei einem Räucherstäbchen-Hersteller (oben).

lichen Jasmintee und eine Drachenfrucht zu genießen. Und natürlich – Sie sind unter verkaufstüchtigen Vietnamesen – immer auch ein Pröbchen, eine Kokosöl-Massage-Seife oder ein Poster zu kaufen.

18 Uhr: Tagesausklang mit Weitsicht

Lassen Sie sich mit dem Bus/Auto oder per Boot zurückbringen nach Vinh Long. Ein gelungener Abschluss bietet sich im bei Vietnamesen beliebten Uferlokal Thoc Café an. Am besten nehmen Sie einen Tisch auf der Veranda direkt am Wasser mit Blick aufs Delta-Treiben – wo sonst könnte dieser Tag besser ausklingen?

Anfahrt nach Cai Be
Entweder per Tour-Bus 7.30 Uhr ab Saigon oder z. B. von Vinh Long aus per Taxi.

Thoc Café €
✉ 19 Le Lai, Vinh Long
☎ 0270 399 39 39 🌐 www.facebook.com/thoccafevinhlong ◑ tgl. 8–ca. 22.30 Uhr

Veranstalter
Angeboten wird eine vergleichbare Tour ab einen Tag (ca. 10 Std. ab/nach Saigon, ca. 12 km per Rad; pauschal ca. 2,6 Mio. VND pro Pers. bei 2 Pers.), auch buchbar für 2–3 Tage (ca. 80 km) mit Homestay-Übernachtung z. B. von:
Sinhbalo AdventureTravel
✉ 283/20 Pham Ngu Lao, Saigon
☎ 028 38 37 67 66 🌐 www.sinhbalo.com
www.cycling vietnam.net

Individualreisende
Auch Individualreisende brauchen für das Wegegewirr einen Guide. Touristenbüros und Hotels/Homestays vermitteln diese (ab ca. 500 000 VND/Tag).

7 ★★ Phu Quoc

Was?	Die größte (und schönste) Insel des Landes
Warum?	Weil sich Vietnams Trauminsel rasant wandelt
Wann?	Wer tauchen und viel Sonne tanken will, kommt besser im November bis April
Wie lange?	Eine (weitere) Woche lässt es sich hier gut aushalten …
Resümee	Schnell besuchen, bevor es hier voll wird

Aus der größten Insel Vietnams soll das vietnamesische Phuket werden – mit 5 Mio. Urlaubern im Jahr! Noch herrscht Ruhe vor dem Sturm an insgesamt 40 km Strand mit Kokospalmen vor dschungelartiger Kulisse.

Phu Quoc (sprich: Fu Kwok) schwimmt im tiefen Süden nahe der kambodschanischen Grenze im Golf von Thailand. Die 586 km² große »Insel der 99 Berge« steht zu zwei Dritteln als Nationalpark unter Schutz und ist Teil eines Biosphärenreservats der UNESCO. Das Eiland, das noch vor 20 Jahren als Geheimtipp galt, besitzt inzwischen einen internationalen Flughafen, diverse Luxusherbergen und Hotelanlagen, ein menschenleeres Luxus-Casino und einen 27-Loch-Golfplatz. Klotzen, nicht kleckern heißt die Devise in der »Special Economic Zone«: Geplant sind in den nächsten Jahren u. a. ein Pier für Luxusliner und weitere Golfplätze.

Das Vergnügungsangebot orientiert sich an der asiatischen Klientel mit Kind und Kegel, wie auch beim jüngst eröffneten Safari-Park mit importiertem Großwild aus Afrika und einem asiatischen Disneyland, dem riesigen Vinpearl Land, mit Märchenschloss und Achterbahnen. Nicht zu vergessen: die Seilbahn auf die vorgelagerte Insel Hon Thom.

Strände en masse

An den langen und schönsten Stränden im Westen und Süden ist das Terrain mit zahlreichen Baustellen mittlerweile fest abgesteckt. Der populärste Hauptstrand, Bai Truong bzw. »Long Beach«, ist ein von Palmen bestandener Sandstreifen, der von Bungalowanlagen, mehrstöckigen Hotels und Strandlokalen gesäumt wird. Er erstreckt sich über

Auf Phu Quoc gibt es traumhafte Strände – zum Sonnenbaden, Schnorcheln, Tauchen …

20 km bis zum kleinen Fischerhafen An Thoi an der Südspitze der Insel, unterbrochen nur von Felsen und Fischerdörfern. Abwechslung vom Faulenzen ermöglicht ein buntes Freizeitangebot: von Kiting über Tennis und Billard bis »Jungle Yoga«. Im Hinterland hat sich das Long Beach Village mit allem ausgebreitet, was das Urlauberherz begehrt.

Geradezu karibisch-schön ist der Bai Sao (Star Beach) im Süden bei An Thoi, wo sich weißer Pulversand und Palmen zwischen die bewaldeten Hügel schmiegen – der einst menschenleere Strand ist heute gut bevölkert von Tagesbesuchern. Bis 2014 militärisch genutzt, ist der Bai Kem an der Südspitze nun auch für Fischer und Touristen geöffnet. Fürs Sonnenbaden eignet er sich aber kaum, trüben doch Fischmarkt am frühen Morgen, Hütten und Müll das Ambiente.

Der geschwungene Bai Ong Lang an der nördlichen Westküste verheißt über einige Kilometer noch immer Ruhe zwischen felsigen Abschnitten. Der etwas nördlichere Bai Vung Bau bietet gute Schnorchel-Konditionen, der benachbarte, lang gezogene, aber schmale Bai Dai gehört mit seinen Kasuarinen zum Vinpearl-Golfplatz. Auch der schöne, etwa 500 m lange Bai Ganh Dau beim gleichnamigen Dorf am äußersten Nordwestzipfel und die Cua Can Peninsula im Norden warten auf Sonnenanbeter, die von einigen Strandlokalen versorgt werden. Der naturbelassene Bai Thom versteckt sich im äußersten Nordosten; u. a. kann man hier die Phu Hai Crocodile Farm mit rund 2500 Krokodilen besichtigen.

Insel-Sightseeing

Die »Attraktionen« in der Inselmetropole Duong Dong (ca. 60 000 Einw.) konzentrieren sich rund um den Hafen: ein Heimatmuseum, Fischsaucenfabriken, drei Pfefferplantagen, ein Leuchtturm und die kleine Dinh-Cau-Pagode zu Ehren der Thien-Hau-Meeresgöttin.

Längst gibt es an den Stränden Phu Quocs auch die entsprechende Infrastruktur mit Bars usw.

Bei kurzen Wanderungen lassen sich im Südosten von Duong Dong kleinere Wasserfälle wie der Suoi Tranh erkunden. Der Nationalpark im Norden besteht aus bis zu 600 m hohen Bergen, Buschland, Baumriesen und Grassavanne sowie Mangroven an der Küste. 1000 Pflanzenarten, darunter 23 Orchideengattungen, über 100 Vogelarten und 28 Säugetierspezies wie Languren, Makaken und Zibetkatzen bilden eine vielfältige Flora und Fauna. Zwar ist diese Wildnis größtenteils militärisches Sperrgebiet, doch führen einige bis zu 5 km lange Pfade durch den Park – gute Startpunkte liegen nahe der Dörfer Ganh Dau, Rach Vem oder Rach Tram und am Highway zwischen Duong Dong und Bai Thom.

Auf dem Weg zum Bai Sao im Süden liegt das Phu Quoc Coconut Tree Prison Museum, eine eher skurrile Anlage: Zwischen Wachtürmen, Baracken und Stacheldraht stehen lebensgroße Figuren, die Soldaten, Wächter und die einst 40 000 hier inhaftierten Vietcongkämpfer darstellen.

KLEINE PAUSE

Auf dem **Dinh-Cau-Nachtmarkt** (Vo Thi Sau St.) in Duong Dong wählt man täglich ab 17 Uhr frischestes Seafood aus.

224 A3
Tragflächenboote ab Rach Gia und Ha Tien regelmäßig Flüge ab Saigon, an Tho und Rach Gia

Vinpearl Land
224 A3 Ganh Dau
19 00 66 77 tgl. 9–21 Uhr
Vergnügungspark: 500 000/400 000 VND (Erw./Kind); Vergnügungspark & Vinpearl: Safari 850 000/700 000 VND

Phu Hai Crocodile Farm
224 A3 Da Chong, nahe Bai Thom und Pier tgl. ca. 8–16 Uhr
ca. 20 000 VND

Phu Quoc Coconut Tree Prison Museum (Cay Dua Prison):
224 A3
ca. 5 km nördl. von An Thoi
http://phuquocprison.org
tgl. 7–17 Uhr frei

㉓ My Tho & Ben Tre

Was?	Startpunkt ins Delta & beliebtes Touristenziel
Warum?	Von hier aus schippert man von Flussinsel zu Flussinsel
Wann?	Wann immer es in die Reiseplanung passt
Wie lange?	Ein Tagesausflug – oder Sie lassen sich länger treiben
Resümee	Sightseeing und Marktbesuche

In My Tho schlägt das touristische Herz des Mekong-Deltas. Die meisten Tagesausflügler aus Saigon sehen von der aufstrebenden Handelsstadt am Ufer des Tien Giang nur das Pier zum Umsteigen in die zahllosen Ausflugsboote an der Uferpromenade, bevor sie in die Alltagswelt des Deltas und seiner zahllosen Flussinseln eintauchen.

Die reich verzierte Vinh-Trang-Pagode gehört zu den beliebtesten Zielen in My Tho (oben). Unterwegs auf den Wasserwegen des Deltas (links).

Sind die Tagestouristen am Nachmittag verschwunden, kehrt etwas Ruhe ein. Nun können Sie auf der Uferpromenade an alten Villen vorbeiflanieren oder auch den Markt am Bao-Dinh-Kanal erkunden. Sehenswert ist die auf der anderen Kanalseite, ca. 3 km östlich gelegene Vinh-Trang-Pagode (Chua Vinh Trang). Der rund 200 Jahre alte Bau wird von Bäumchen und Lotosteichen eingefasst. Zu den vielen Statuen gehören drei riesige Buddhas bzw. Bodhisattvas: ein liegender Buddha beim Übergang ins Nirwana, ein »Happy Buddha«, wie die Reiseleiter meist den wohlgenährten und zufrieden lächelnden Di Lac (Mile Fo) nennen, und eine stehende Quan Am, die Göttin der Barmherzigkeit.

Ausflugsziele in der Umgebung

Ein Boot kann man für etwa 100 000 VND pro Stunde für zwei Personen mieten, ein ganzer Tag schlägt mit ca. 600 000 VND zu Buche.

In laut knatternden Booten geht es vom Pier an der Uferpromenade über den Fluss zu den Flussinseln der Umgebung. Dicke, halbrunde Barken, Sampans mit aufgemalten wachsamen Augen am Bug, kreuzen den Weg, sie sind beladen mit Kokosnüssen, Rambutans, Grapefruits und Reis. Irgendwann steigt man in kleinere Boote um, die von Frauen am Heck im Stile eines Gondoliere gerudert werden. Durch schmale Kanäle gleitet man vorbei an einer üppig tropischen Szenerie aus Plantagen. Hier und da ragen Märkte und Tempelchen aus dem Dickicht heraus. Ein nahes Ziel ist z. B. die »Dracheninsel« Tan Lon, die sich für einen Spaziergang im Schatten von Palmen und Obstbäumen anbietet.

Ziel der meisten Tagesausflügler ist aber die 12 km südlich von My Tho gelegene Nachbarprovinz Ben Tre. »Wir mussten die Stadt vernichten, um sie zu retten.« Dieser vom ap-Korrespondenten Peter Arnett zitierte (und wahrscheinlich erfundene) Satz eines US-Majors über den Angriff auf den Ort Ben Tre 1968 macht die Absurdität des Vietnamkriegs deutlich. Die Region rund um My Tho galt mit ihren dichten Urwäldern als eine Hochburg des Vietcong – und war damit eines der Hauptziele der »Entlaubungsaktionen« mit Napalm und Agent Orange.

Zum Pflichtprogramm gehören ferner Ausflüge zu den Flussinseln An Binh und Thoi Son mit ihrem geschäftigen Treiben, für das Puffreis-, Kokosbonbons- und Räucherstäbchenfabriken, Bonsai- und Lycheefarmen und Ziegelbrennereien sorgen. Beim Besuch der Handwerksdörfer bietet sich immer Gelegenheit für eine Kokos-Nascherei oder Kostprobe eines Reisschnapses oder Tees. Zudem können Mitbringsel wie Kegelhut, Schlangenschnaps oder Ingwermarmelade auf den vietnamesischen »Kaffeefahrten« erworben werden.

KLEINE PAUSE

Der **Nachtmarkt** in My Tho beim Fluss (Le Thi Hong Gam, 17–22 Uhr) bietet an zahllosen Garküchen Leckereien.

---

i 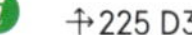 225 D3

Vinh-Trang-Pagode in My Tho
Nguyen Trung Truc ☎ 0273 387 34 27
tgl. 7.30–12, 14–17 Uhr frei

24 Cai Rang & Cai Be

Was?	Zwei großartige Schwimmende Märkte
Warum?	Schwimmende Märkte sind Pflichtprogramm im Delta
Wann?	So früh wie möglich, frühstücken können Sie auch im Boot
Wie lange?	1–2 Stunden oder bis der Fotospeicher voll ist
Was noch?	Ruhigere Märkte sind Phong Dien und Phung Hiep
Resümee	Das ist Vietnam – trotz der vielen Touristenboote

Die Schwimmenden Märkte im Mekong-Delta waren einst das wirtschaftliche Rückgrat der Region. Zwei der schönsten Märkte finden sich in den rund 70 km auseinander liegenden Städten Cai Rang und Cai Be. Hier können Sie dem farbenfrohen Treiben zusehen – Frühaufsteher sind dabei eindeutig im Vorteil! Wer zu spät kommt, sieht manchmal nur noch die anderen Touristenboote.

In den Kanälen erstrecken sich endlos weite Reisfelder und Obstplantagen, auf denen exotische Früchte wie Longans, Bananen, Apfelsinen, Mangostanen, Mangos, Zibetfrüchte (Durians), Papayas, Melonen und Ananas wachsen und gedeihen. Noch vor Sonnenaufgang geht das Gewusel der Marktboote los. An langen Bambusstangen ist zu erkennen, was gerade im Angebot ist: In luftiger Höhe baumelt eine Kokosnuss oder Ananas, eine Gurke oder Taro.

Auf dem Schwimmenden Markt von Cai Be kann man sich problemlos mit exotischen Früchten eindecken.

Die Marktfrauen von Cai Rang verkaufen frische Früchte, die direkt von den Obstplantagen der Umgebung stammen.

Cai Rang

Der Schwimmende Markt von Cai Rang bei Can Tho ist der größte seiner Art in Südvietnam und zugleich der größte Touristenmagnet in der Region: Auf den Booten, Wohnschiffen und hoffnungslos überladenen Handelsbarken werden Obst und Gemüse, Nudelsuppen und allerlei Haushaltswaren feilgeboten – man sollte möglichst früh ein Boot am Ninh-Kieu-Pier in Can Tho mieten und 30 Minuten Hinfahrt einkalkulieren, um den vielen anderen Touristen-Booten zuvorzukommen. Denn ab 8 Uhr wird es voll – dann schwenken die Handykameras im Rhythmus der Megaphonansagen der Reiseleiter von Backbord nach Steuerbord.

Cai Be

Auch der kleinere Schwimmende Markt von Cai Be bei Vinh Long bietet einen guten Einblick in das amphibische Handelstreiben. Auch hier sollte man möglichst früh dran sein. Und vielleicht kann man den Guide oder Bootsmann überreden, im Anschluss noch einen Abstecher in die Obstplantagen und Reisnudelfabriken zu machen.

KLEINE PAUSE

Angesichts der frühen Aufstehzeit kommt ein **Frühstück an Bord** wie gerufen: An frischem Kaffee und Obst mangelt es nicht – die Marktfrauen freuen sich, wenn sie nicht immer nur als Statisten rangezoomt werden, sondern auch an den Touristen verdienen können.

Schwimmender Markt von Cai Rang
225 D3 Da-Sau-Brücke, 7 km südwestlich von Can Tho
tgl. ca. 5–13 Uhr

Schwimmender Markt von Cai Be
225 D3
Vinh Long
tgl. ca. 5–17 Uhr

25 Sa Dec

Was?	In dem Dorf kann man dem Roman »Der Liebhaber« von Marguerite Duras nachspüren
Warum?	Um etwas Romantik im schnelllebigen Vietnam zu erfahren
Wann?	Wann immer man in romantisch-melancholischer Stimmung ist
Wie lange?	Eine halbe Stunde reicht, es sei denn, man will hier auch übernachten
Was noch?	Auch der Blumenmarkt ist schön
Resümee	Nostalgie pur

Auf den Spuren des Romans »Der Liebhaber« (1984) von Marguerite Duras kann man durch das kleine Sa Dec wandeln – vor allem Franzosen zieht es zu dem Schauplatz der autobiografischen Erzählung. Auch die gleichnamige Verfilmung von Jean-Jacques Annaud wurde in dem Städtchen gedreht.

Duras, die in Vietnam geborene Tochter einer französischen Lehrerin, lebte zwischen 1928 und 1932 in Sa Dec, als sie sich unglücklich in einen 13 Jahre älteren Sohn aus einer reichen chinesischen Handelsfamilie verliebte. Erst im Jahr 1971 meldete sich der einstige »Liebhaber« Huynh Thuy Le als alter Mann während einer Paris-Reise bei Duras am Telefon und gestand ihr seine lebenslange Liebe.

Das 1895 erbaute Haus des Chinesen, der 1972 verstarb, liegt am Fluss und wurde lange Zeit als Regierungsgebäude von der Anti-Drogenbehörde genutzt. Seit 2007 ist die imposante elegante Villa als Museum geöffnet (das Huynh Thuy Le Ancient House). Architektonisch vereint sie fernöstliche und westlich-französische Stilelemente, im Innern dominiert chinesisches Dekor in Rot und Gold mit Schreinen und Antiquitäten.

Auch der Rest von Sa Dec ist durchaus sehenswert: Besichtigen Sie bei einem Bummel einige der letzten einstöckigen chinesischen Ladenhäuser und die wuseligen Märkte. Ein Besuchermagnet sind vor allem die vielen Blumenmärkte des Ortes, den die Kolonialherren einst als »Garten Cochinchinas« bezeichneten.

Viele Leser des Buches von Marguerite Duras besuchen die Huynh-Thuy-Le-Villa, die von einer Stuckfassade geprägt wird.

KLEINE PAUSE

Beliebt ist das **Thuy** (439 Hung Vuong, Tel. 27 73 86 16 44, tgl. 8–20 Uhr), das vietnamesische und auch einige westliche Speisen serviert. Am Flussufer gibt es abends Hot Pots *(lau)*, die in Liege- und Plastikstühlen genossen werden können.

✢ 225 D3

Museum in der Huynh-Thuy-Le-Villa
✉ 225 A Nguyen Hue
🕐 tgl. ca. 10–17 Uhr ✦ 30 000 VND

㉖ Can Tho

Was?	Die größte Stadt im Delta
Warum?	Um das Delta von seiner aufstrebenden Seite kennenzulernen
Wann?	Eigentlich immer
Wie lange?	1 Tag, 2 Tage, 3 Tage … – hängt von den von hier aus geplanten Ausflügen ab
Resümee	Hier überholt ein junges Vietnam das alte

Die Universitätsstadt Can Tho ist eine gute Drehscheibe für Ausflüge in den hiesigen Alltag. Besuchen Sie von hier die schwimmenden Märkte oder unternehmen Sie Abstecher in die Mangroven und ins Sumpfland. Oder Sie brechen gleich auf zu einer mehrtägigen Radtour. Zuvor aber lockt auch die Stadt selbst mit einigen Sehenswürdigkeiten.

Im Heimatmuseum wird eine Sammlung mit über 5000 Ausstellungsstücken präsentiert: von der Oc-Eo-Periode und naturkundlichen Exponaten bis zu landwirtschaftlichen Geräten, traditioneller Medizin und Folklore- und Alltagsgegenständen. Es werden Waffen aus beiden Vietnamkriegen gezeigt und die Can-Tho-Institute mit ihrer Forschungsarbeit zu Reisanbau und Aquakulturen im Delta vorgestellt.

Auf derselben Straße Richtung Zentrum betritt der Besucher den 1946 erbauten Munirangsyaram-Tempel (auch: Munirensay-Tempel) durch ein imposantes Angkor-Wat-Tor: Das buddhistische Gotteshaus ist Treffpunkt der hiesigen Khmer-Gemeinde. Im oberen Stockwerk des Hauptgebäudes ist eine Sakyamuni-Buddhastatue zu sehen.

»Onkel Ho« beobachtet das bunte Treiben an der Uferpromenade.

Auch die farbenprächtige kleine Ong-Pagode aus dem Jahr 1894, die nahe der Uferpromenade steht, ist ein lohnendes Ziel. Die Schwaden riesiger Räucherspiralen umhüllen die vielen konfuzianisch-chinesischen Statuen.

Großstadtleben

Am Abend tobt der Bär an der Uferpromenade: Am mit Lichterketten geschmückten Ninh-Khieu-Park laden Lokale und Cafés zur Einkehr ein, während eine riesige Statue Ho Chi Minhs über das Treiben am Fluss wacht. Mit den dröhnend-blinkenden Restaurant- und Partyschiffen kann man ab 18 Uhr eine Runde auf den umliegenden Wasserwegen drehen.

Der deutsche Veranstalter Mekong Eyes Cruise (www.mekongeyes.com) bietet Delta-Ausflüge auf mehreren umgebauten Reisbarken an.

Tagesausflüge

Zu den touristischen Top-Attraktionen gehören die Bootstouren auf den Mekong-Armen. Hobbyornithologen können per Boot oder Moped-Taxi zu Tagesausflügen in mehrere Vogelschutzgebiete aufbrechen, z. B. in das 13 ha große Storchenschutzgebiet Bang Lang, etwa 50 km nordwestlich von Can Tho (ein weiterer Storchenpark befindet sich in der östlich gelegenen Provinz Tra Vinh, S. 85).

Im Fledermaustempel (Chua Doi) bei Soc Trang sind nicht nur Bilder aus Buddhas Leben ein Hingucker, sondern auch eine Fledermauskolonie, die in den Bäumen rund um den Tempel lebt und am späten Nachmittag munter wird, wenn sie zur nächtlichen Futtersuche aufbricht. Einige Exemplare haben Flügelspannweiten von bis zu 1,50 m.

KLEINE PAUSE

An der **Uferpromenade** Hai Ba Trung (tgl. 6–23 Uhr) reiht sich ein Lokal ans andere, in der **Markthalle** direkt am Fluss bekommt man z. B. im **Sao Hom** eine riesige Auswahl an Seafood und vietnamesischen Speisen.

225 D3

Can Tho Tourist
✉ 50 Hai Ba Trung (Uferstraße)
☎ 0292 3 82 18 52
🌐 https://canthotourism.vn/en, www.cantho.gov.vn

Heimatmuseum
✉ 1 Hoa Binh ☎ 0292 382 09 55
🕐 Fr–Mo 8–11, Sa–So auch 18.30–21, Di–Do 14–17 Uhr 🎟 frei

Munirangsyaram-Tempel
✉ 36 Hoa Binh
☎ 0292 381 60 22
🕐 tgl. ca. 8–11.30 u. 14–17 Uhr 🎟 frei

Ong-Pagode
✉ 32 Hai Ba Trung, Ninh Kieu
🕐 tgl. 7–18 Uhr 🎟 frei

Bang Lang (Vuon Co)
✉ Thot Not (ca. 45 km nordwestlich von Can Tho) 🕐 tgl. 6–18 Uhr
🎟 8000 VND

Fledermaustempel (Chua Doi)
✉ Soc Trang (ca. 65 km südöstlich von Can Tho) 🕐 tgl. 8–18 Uhr 🎟 frei

27 Chau Doc

Was?	Ein Ort, an dem Fischzucht im Zentrum steht
Warum?	Weil man hier den Fischzüchtern zusehen kann
Wann?	Das Pilgerfest im April/Mai meiden: 2,5 Mio. Besucher …
Wie lange?	Einen halben oder ganzen Tag
Resümee	Hier funktioniert religiöses Multikulti – zumindest derzeit

An spindeldürren hölzernen »Krakenarmen« hängen die Fischernetze in den Kanälen des Mekong.

Im Mekong-Städtchen Chau Doc lebt ein Völkergemisch aus Vietnamesen, kambodschanisch-buddhistischen Khmer, muslimischen Cham und Chinesen. Vor allem aber sind hier die Fischzüchter mit ihren Tausenden unter den Wohnhäusern zappelnden »Untermietern« beheimatet.

Mensch und Fluss gehen in der Provinzstadt seit jeher eine Symbiose ein. Aus den Fischzuchtanlagen am und auf dem Wasser kommen jährlich mehr als 100 000 t Fisch und Shrimps. Die meisten Züchter leben in ihren Häusern, die auf leeren Ölfässern schwimmen, vor allem Welse für den Export drängen sich in den Netzen und Drahtgestellen darunter.

Friedliche Koexistenz der Religionen?

Khmer-Tempel, Cham-Moscheen und Kirchen prägen das Bild der Stadt am West-Ufer des Mekong-Arms Hau Giang (auch: Bassac). Fähren setzen zur anderen Flussseite über, wo die Pfahlbausiedlung der moslemischen Cham-Minderheit

liegt: In Chau Giang kann man Webern zusehen, wie sie fein gewebte Wickelröcke herstellen. Vom Minarett der Mubarak-Moschee bietet sich – außerhalb der Gebetszeiten – ein schöner Blick über die Stadt.

Am Nui Sam können alle erdenklichen Devotionalien gekauft werden (oben). Rund um Chau Doc, z. B. in Tri Tou, kann man prächtige Khmer-Tempel bewundern (unten).

In der Umgebung wartet eines der landesweit wichtigsten Pilgerziele mit vielen Tempeln: der 230 m hohe Nui Sam mit der 1820 erbauten Via-Ba-Pagode, die vor allem am chinesischen Neujahrsfest und zum Via-Ba-Fest im April/Mai bis zu 2,5 Mio. Besucher anlockt.

Dass es in der Region aber nicht immer friedvoll zuging, belegt im Südwesten nahe der kambodschanischen Grenze die Khmer-Pagode Ba Chuc, die heute als Gedenkstätte dient: In einem futuristischen Bauwerk sind Schädel und Gebeine der 3157 Zivilisten aufbewahrt, die 1978 bei den Massakern der Roten Khmer auf vietnamesischem Gebiet starben.

Nicht nur für Hobbyornithologen

Ein weiteres beliebtes Ausflugziel ist das Vogelschutzgebiet Tra Su Cajuput: Die Besucher gleiten in den von Stehruderinnen manövrierten *xuong ba la* durch die stillen Kanäle. Im Wasser und in den Baumkronen erspäht man Seiden- und Schwarzreiher, Störche und viele andere Wasservögel.

KLEINE PAUSE

Rund um die **Markthalle** an der Bach Dang gibt es Essstände und Mini-Lokale.

✛ 224 C4

Via-Ba-Pagode (Ba Chua Xu)
✉ ca. 5 km südlich von Chau Doc
◷ tgl. 8–18 Uhr ✦ frei

Ba Chuc
✉ ca. 55 km südwestlich von Chau Doc
◷ tgl. ca. 8–16 Uhr
✦ frei

Tra Su Cajuput
✉ Van Giao, Tinh Bien (ca. 25 km südlich von Chau Doc), An Giang
☎ 0296 3 87 74 23 ◷ tgl. 6–17 Uhr
✦ ca. 100 000 VND (1-std. Bootstour)

Nach Lust und Laune!

28 Dong Tam Snake Farm

Auf der Schlangenfarm werden verschiedene Arten zur Lederverarbeitung gezüchtet, darunter etwa 100 Königskobras, die schwerste wiegt 12 kg. Aber nicht nur Business betreiben die fleißigen Vietnamesen hier: Die Einrichtung dient in erster Linie der Herstellung von Serum zur Behandlung von Schlangenbissen, denen rund 1000 Vietnamesen pro Jahr zum Opfer fallen und die im Notfallzentrum behandelt werden.

Apropos: Wer die hier und überall im Delta angebotenen Schlangenlederprodukte erstehen will, sollte auf Probleme beim heimischen Zoll gefasst sein (S. 209). Im zugehörigen Lokal kann man Schlangenfleisch probieren. Wer sich an dem kleinen angegliederten Zoo mit viel zu kleinen Käfigen stört, kann sich den Besuch allerdings schenken.

225 D3 ✉ ca. 10 km westlich von My Tho, Binh Duc
tgl. 7–18 Uhr 20 000 VND

29 Tra Vinh

Nirgendwo gibt es so viele Tempel, 141 sollen es sein. Die Stadt zieht die Besucher aber auch wegen ihrer Storchen-Populationen an; mehr als 100 Störche leben z. B. auf dem Gelände der Hang-Pagode, ca. 6 km südlich des Zentrums.

Der etwas außerhalb liegende, über 100 Jahre alte Sam-Rong-Ek-Tempel ist ein schönes Beispiel für kambodschanisch-buddhistische Tempelarchitektur: Vogelähnliche »Garuda«-Wesen tragen ein gestaffeltes Ziegeldach, innen beherbergt der Tempel bunte, fast lebendig wirkende Statuen und Buddhas.

Die Hang-Pagode bei Tra Vinh

Die Ong-Pagode am Ba-Om-See ist dem heldenhaften General Quan Cong gewidmet, der grimmig von einem Wandbild schaut. Sie beeindruckt durch rot-goldenes Interieur aus geschnitzten Schreinen, chinesischen Schriftzeichen und riesigen Räucherspiralen.

Sam-Rong-Ek-Tempel (Chua Samrong Ek)
225 D3 ✉ ca. 4 km südlich des Ortskerns von Tra Vinh
tgl. 8–17 Uhr frei

Ong-Pagode (Chua Ong)
225 D3 ✉ Dien Bien Phu
tgl. 8–17 Uhr frei

30 Ha Tien

Die nette Küstenstadt liegt ca. 80 km südwestlich von Chau Doc: Immer mehr Touristen passieren es auf ihrem Weg nach Kambodscha über den nur 10 km nordwestlich gelegenen Grenzübergang oder zur einstündigen Weiterreise auf die Insel Phu Quoc (S. 72). Dabei lohnt die schöne Gegend, die die Vietnamesen »Ha-Long-Bucht des Südens« nennen, auch einen längeren Aufenthalt: Es warten weite Sandstrände auf der Hon-Chong-Halbinsel – der einzigen am Festland im Mekong-Delta –, einige geschichtsträchtige Grotten in den typischen Karstformationen und einige wichtige Dynastie-Grabmäler aus dem 19. Jh., etwa die der Familie Mac Cuu auf dem Nui Lang.

224 B3

Mac-Cuu-Grabmäler
(Lang Mac Cuu)
Mac Tu Hoang, ca. 3 km nordwestlich vom Zentrum
tgl. ca. 7–18 Uhr · frei

31 Con Dao

Das 76 km² große Con-Dao-Archipel besteht aus 16 Inseln im Südchinesischen Meer. Die bergige Hauptinsel Con Son entwickelt sich allmählich zum angesagten Urlaubsort und schüttelt ihre unrühmliche Vergangenheit als Gefängnisinsel ab. Ab 1862 internierten Franzosen, später Südvietnamesen und US-Amerikaner ca. 12 000 politische Gefangene, teils in den als »Tigerkäfigen« bezeichneten Zellen.

Das Archipel steht als Nationalpark unter Naturschutz und begeistert vor allem Taucher: Mehr als 1300 Arten an Meeresbewohnern und Fischen bevölkern die Korallenriffe. U. a. legen die Echte Karettschildkröte und die Suppenschildkröte an den hiesigen Stränden zwischen Mai/Juni und September ihre Eier ab. Ferner tummeln sich in den Gewässern Delfine, Wale und die bedrohten Seekühe (Dugong).

225 E1 · tgl. ab Saigon (45 Min.)

Wächterstatue am Grabmal der Mac-Cuu-Dynastie

Wohin zum ... Übernachten?

Preise für ein Doppelzimmer pro Nacht:
€ unter 1 Mio. VND (unter 40 €)
€€ 1–2,4 Mio. VND (40–92 €)
€€€ über 2,4 Mio. VND (über 92 €)

CAN THO

Kim Tho €€

Das zwölfstöckige Drei-Sterne-Hotel am Ende der Flusspromenade empfängt seine Gäste mit Obstteller und überzeugt außerdem in 51 schicken Zimmern mit modernen Bädern, WLAN und sehr gutem Frühstücksbuffet. Den besten Blick hat man von der Dachbar.

225 D3 1A Ngo Gia Tu
0292 381 75 17 auf Facebook

Trung Nguyen €

Schnäppchenalarm: Das kleine Minihotel ist v. a. bei jungen Reisenden beliebt: 15 Zimmer, teils Balkon, auf vier Etagen mit Klimaanlage und TV. Frühmorgendlich herrscht hier Trubel am Markt direkt vor dem Fenster: am besten gleich runter, unter die Menge mischen und ein paar tolle typische Markt-Selfies schießen.

224 C4 86 Bach Dang
0296 356 15 61

CHAU DOC

Victoria Chau Doc €€€

Das Luxushotel ist die beste Wahl in Chau Doc: Man logiert in eleganten Zimmern und Suiten mit spannendem Blick aufs Flusstreiben und den Pool. Ein hoteleigenes Speedboat befördert Gäste weiter nach Kambodscha.

224 C4 1 Le Loi
0296 386 50 10 www.victoriahotels.asia

CON DAO

Six Senses Con Dao €€€

Als Trendsetter gilt die herrliche Anlage mit ultimativem Luxus und Verwöhnprogramm

Die längste Seilbahn der Welt (2023) ist 8 km lang und führt von Phu Quoc nach Hon Thom.

rund um die Uhr. In den Strandvillen mit Pool werden die Gäste gar von einem eigenen Butler umsorgt.

225 E1 Bai Dat Doc, Con Son
0254 383 12 22 www.sixsenses.com

MY THO

Island Lodge €€

Die französisch geführte Herberge versteckt sich auf der Mekong-Insel Thoi Son: Die zwölf rustikalen, aber stilvollen Zimmer mit Rattan und Bambusmöbeln punkten mit modernen Bädern, teils Flussblick von der Veranda und Espressomaschinen. Im Garten gibt es einige Pavillon-Häuschen, im Restaurant wird Fusionskost serviert. Großer Pool direkt am Fluss. Da fällt's nicht schwer, wie verlangt, mindestens drei Tage zu bleiben.

225 D3
390 Ap Thoi Binh, Xa Thoi Son, My Tho
0273 651 90 00
www.theislandlodge.com.vn

PHU QUOC

Chen Sea €€€

In den letzten Jahren sind auf Phu Quoc die Preise explodiert. Auch diese Filiale einer thailändischen Luxuskette ist kein Schnäppchen, dafür aber ein schickes, ruhiges Strandhotel mit großen Parkettzimmern in

36 teils doppelstöckigen Villen. Gäste dürfen sich auf riesige Bäder (manche mit Freiluft-Dusche), Privatpool und Jacuzzi mit Meerblick freuen. Weitere Extras sind der Pool im Palmengarten, Koch- und Salsakurse, Massagen, Meditationen und Tai Chi.
224 A3 Bai Xep, Bai Ong Lang
0297 399 58 95
www.chensea-resort.com

Coco Palm Beach €€
Diese einsame Bungalowanlage befindet sich am herrlichsten Abschnitt des Ong-Lang-Strands: 13 Backsteinhäuschen mit schlichtem Interieur verteilen sich in einem wunderschönen Garten bei einer vietnamesischen Familie. Schönes kleines, nach oben offenes Bad aus Natursteinen. Das im Freien servierte Frühstück könnte allerdings etwas üppiger sein.
224 A3 Bai Ong Lang
0297 398 79 79
https://cocopalmphuquoc.vn

Paris Beach €–€€€
Die ruhige Bungalowanlage der mittleren (überteuerten) Klasse liegt etwas südlich am Bai Truong, fast schon etwas ab vom Schuss. Große Preisspannen, viele Hunde und Katzen. Die Zimmer sind schlicht eingerichtet, haben aber Moskitonetze und Veranden zum Garten oder Meer. Der Clou ist der Pool (mit Kinderecke), der Strand kann bei starkem Wellengang sehr schmal sein.
224 A3
Cau Ba Phong, Cua Lap
098 841 45 54
https://parisbeachvillage.com

Peppercorn Beach €€€
Eines von nur drei Resorts am abgelegenen, (fast) privaten Ganh Dao Beach: Man wohnt sehr familiär bei Linh und ihrer Familie mit viel Komfort in schönen, aber etwas überteuerten »Suite«-Bungalows direkt am Strand. Rechtzeitig buchen! Gutes eigenes Lokal.
224 A3
To 8, Ap Chuong Vich, Bai Ganh Dao
0297 398 95 67
www.peppercornbeach.com

TRA VINH

Suonsia Homestay €
Die Familie vermietet 45 km südwestlich von Tra Vinh sechs schlichte Zimmerchen mit Bambusbetten und Duschbädern. Ferner gibt es Mieträder, Kochkurse und Hausmannskost in einem Lokal im Freien. Kinder unter zwölf Jahren wohnen kostenfrei. WLAN vorhanden.
225 D3
222 St. 2, Ba Mi, Cau Ke
093 929 92 78, 0286 674 64 75
www.suonsiahomestay.com

Wohin zum … Essen und Trinken?

Preise für ein Hauptgericht ohne Getränke:
€ unter 130 000 VND (unter 5 €)
€€ 130 000–250 000 VND (5–10 €)
€€€ über 250 000 VND (über 10 €

BEN TRE

Noi TTC Ben Tre €
Auf dem mehrstöckigen Boot wird eine sehr große Palette einheimischer Kost von Huhn bis Frosch serviert … Gut, dass es eine englischsprachige Speisekarte gibt!
225 D3 Hung Vuong
0275 382 24 92
tgl. 10–21 Uhr

CAN THO

Mekong 1965 €–€€
Einfaches Travellerlokal mit dem typischen Angebot von Bratreis und Nudelsuppe über Hot Pot bis Pizza und Vegetarisches. Nicht zu vergessen: Banana Pancakes zum Frühstück oder als Nachspeise.
225 D3 38 Hai Ba Trung
0292 308 82 16 46 tgl. 6–22 Uhr

MY THO

Trung Luong €
In dem großen Gartenlokal speiste schon

Helmut Kohl die Spezialität: gebratenen Elefantenohrfisch. Mit Booten kann man von hier auf dem Bao-Dinh-Fluss zu den Inseln und ins Stadtzentrum schippern.
✢ 225 D3 ✉ Nguyen Trung Truc
☎ 0273 385 54 41
● tgl. 10–20 Uhr

PHU QUOC

Koze Barbecue €€€
Großes koreanisches BBQ-Lokal mit Tisch-Grills, auf dem das qualitativ gute und lecker marinierte Fleisch vor sich hinbrutzelt. Die Bedienung ist auf Zack und serviert bei Bedarf auch Gemüsespieße, und eine Spielecke für die Kids gibt's auch.
✢ 224 A3 ✉ 129 Tran Hung Dao
☎ 091 111 68 86
⊕ auf Facebook: Koze BBQ Phu Quoc
● tgl. 17–23 Uhr

Nemo €€
Das Auge isst ja schließlich mit: In dem populären Restaurant werden die Speisen liebevoll hergerichtet, ob gegrillte Meeresfrüchte oder Fisch, Currys oder die farbenfrohen Drinks. Es speist sich schön im Garten (an der Straße), der Service ist gut – manch ein Gast kommt jeden Abend hierher.
✢ 224 A3 ✉ 143 Tran Hung Dao, Cua Lap
☎ 093 954 45 51 ● tgl. 10–23 Uhr

SA DEC

Bang Lang Tim €
Eine Gartenoase: das kleine moderne Café serviert vorwiegend Vietnam-Küche, abends gibt es Musik.
✢ 225 D3 ✉ Nguyen Cu Trinh
☎ 0277 377 28 10
● tgl. 7–22 Uhr

Wohin zum ... Einkaufen?

Ob zum Stöbern oder zum Street-Food-Schlemmen – die Märkte im Mekong-Delta sind immer einen Abstecher wert. Als da z. B. wären: die Nachtmärkte von Can Tho (am Fluss, Cho Dem, Hai Ba Trung, tgl. ab 18 Uhr) oder Tay Do (33–35 Ngo Duc Ke, tgl. ca. 17–22 Uhr) oder die Straßenmärkte von Phu Quoc in Duong Dong und An Thoi.

Hübsche Mitbringsel mit Öko-Touch, von T-Shirts, Handtaschen aus recycelten Reissäcken bis zum Notizbüchlein, findet man auch an der Strandstraße von Phu Quoc: Einige Souvenirläden liegen an der Tran Hung Dao im Long Beach Village von Duong Dong; allerlei Naturprodukte gegen Mückenstiche und Sonnenbrand und Kosmetika bekommt man z. B. in der Green Boutique (Nr. 92).

Phu Quoc ist zudem für Zuchtperlen bekannt: Die Perlenfarm Ngo Chien Pearl (Ap Duong Bao, Xa Duong, Tel. 0297 3 98 89 99, tgl. 10–16 Uhr) zeigt eine Ausstellung und verkauft Perlenschmuck, für den sich jedoch meist eher Asiaten oder Kreuzfahrtgäste interessieren.

Was liegt näher, als Pfeffer dort zu kaufen, wo er wächst; besonders der scharfe und aromatische rote Pfeffer gilt als kulinarischer »Einheizer«. Pfefferplantagen gibt es bei Duong Dong und Cua Can (Mo–Fr 8–ca. 16 Uhr) auf Phu Quoc.

Wohin zum ... Ausgehen?

Eine Barszene im westlichen Stil sucht man im Süden und Mekong-Delta lange. Entwicklungsarbeit wird aber auf Phu Quoc und in Can Tho geleistet. Die Dachbar im Hotel Holiday One (59–65 Pham Ngoc Thach, Can Tho, www.holidayonehotel.com, tgl. 8–22 Uhr) lockt mit kleinem Pool und toller Aussicht.

Gewöhnungsbedürftig, aber ein Erlebnis ist die vietnamesische Oper. Das farbenfrohe Spektakel steigt z. B. Ende Mai/Juni beim viertägigen Thuong Dien Festival im bildschönen, 1870 erbauten Dinh Binh Thuy (Le Hong Phong, Binh Thuy; Oper 17–2 Uhr).

Die Khmer feiern im April/Mai Neujahr und im Oktober/November das Ghe-Ngo-Festival mit Wettfahrten in traditionellen Booten in Soc Trang.

Das »Tal der Liebe« in der Nähe von Da Lat ist ein beliebter Ausflugsort für Frischverliebte.

Südliche Küste & Hochland

Hier liegen die Gegensätze nahe beieinander: endlose Strände und wunderschöne bergige Landschaften.

Seite 90–115

Erste Orientierung

Das Meer lockt in Türkisblau, umarmt von Bergen, an die sich Wattewolken schmiegen. Wer sich nicht zwischen Meer und Bergen entscheiden kann, zwischen Baden oder Wandern, Bodysurfen oder Canyoning, liegt an der südlichen Küste Vietnams richtig – von hier ist es ins Hochland und zu den Dörfern der Völker ethnischer Minderheiten nur ein Tigersprung.

Schon die französischen Kolonialherren und Ex-Kaiser Bao Dai, amerikanische GIs mit Surfbrettern und russische Arbeiter in Blaumännern vergnügten sich in Nha Trang, eine Art Rimini à la Vietnam. Nachts wummern die Bässe der Szenebars und Clubs, am Strand warten Nachtmärkte und Barbecue-Partys.

Dabei war die 3200 km lange Küste Vietnams noch bis in die 1990er-Jahre mehr oder weniger eine touristische Brache, suchte man bis 1993 noch vergebens einen Strandbungalow. Stattdessen war die Küste fest in der Hand der Fischer. Doch seitdem hat sich schnell der einstige Geheimtipp herumgesprochen, und allein an der Küste der Halbinsel Mui Ne siedelten sich 200 Hotels aller Preisklassen an. Die Halbinsel punktet mit einer traumhaften Endlosbucht unter Kokospalmen, einer Landschaft mit saharaartigen Dünen und kleinen Canyons.

Vietnam von einer ganz anderen Seite erleben Sie nur 150 km weiter nördlich auf der Hochebene von Da Lat. Umgeben von 2100 m hohen Bergen hatten schon die Franzosen den Ort vor mehr als 100 Jahren als erfrischende »Stadt des ewigen Frühlings« auserkoren. Heute erfreuen sich Besucher hier an Wasserfällen und Seilbahnen, Cowboys und ihren Ponys, Erdbeermarmelade und Erdbeerwein, Tulpen und Rosen.

TOP 10

9 ★★ Phan Thiet & Mui Ne

Nicht verpassen!

32 Po Klong Garai

33 Da Lat

34 Nha Trang

35 Buon Ma Thuot

Nach Lust und Laune!

36 Vung Tau

37 Ta Cu

38 Cat Tien National Park

39 Ninh Chu Beach

Mein Tag auf dem Langbiang

Um den Langbiang (2167 m) bei Da Lat zu erobern, brauchen Sie keine Bergsteiger-Erfahrung. Sie passieren Rhododendren und Orchideen, Weiden, Kaffeeplantagen, Gewächshäuser und Kiefernwald und sehen Schmetterlinge, Habichte und Pferde. Ein »Gipfelsturm«, den (fast) jeder schafft.

9.30 Uhr: Zwei Varianten

Nach der ca. 30-minütigen Anreise aus Da Lat stehen Sie vor dem Eingangstor von Langbiang (mit Kasse, S. 97, 104). Ein Teil der nicht sehr anspruchsvollen und teils ausgeschilderten Wanderstrecke führt zuerst für 2,2 km an der asphaltierten Straße entlang, auf der Ausflügler und Touristenjeeps unterwegs sind – die aber nur bis zu einer Radarstation (Radar Base, »First Summit«) fahren.

Wer eine abenteuerlichere Alternative bevorzugt, kann auf einem parallel zu diesem ersten Streckenabschnitt verlaufenden Schotterweg gehen, der ca. 200 m hinter dem Eingangstor und dem Schriftzug »Langbiang« rechts von der Hauptstraße abzweigt. Es geht – nicht ausgeschildert – zuerst etwas abwärts; der Verlauf ist kniffelig zu finden, aber mit etwas Intuition können Sie dem Weg gut folgen, die Bauern unterwegs geben auch gern Auskunft oder einen Fingerzeig.

Der Weg führt über eine schmale Brücke, dann müssen Sie sich etwas links halten und laufen weiter durch Kaffeesträucher und Kiefernwald. Bald geht es über einen Bergkamm aufwärts (links halten), bevor der Weg nach insgesamt 2 km wieder auf die Straße trifft.

11.30 Uhr: Es ist geschafft!
13.30 Uhr: Pause an der Radarstation
11.30 Uhr
Gipfel Langbiang
2167 m
10.30 Uhr
Kasse
10.30 Uhr: Hinauf zum Gipfel!
13.30 Uhr
1950 m
Radarstation
asphaltierte Straße
Schotterweg
500 m
500 yd
14.30 Uhr
Eingangstor & Kasse
9.30 Uhr
Start/ Ende
14.30 Uhr: Auf dem Rückweg
9.30 Uhr: Zwei Varianten

Eine tragische Liebesgeschichte, vergleichbar mit »Romeo und Julia«, umgibt den Langbiang. An sie erinnern mehrere Statuen auf dem Berg.

10.30 Uhr: Hinauf zum Gipfel!

Auf 1850 m befindet sich ein weiteres, nicht immer besetztes Kassenhäuschen für alle Gipfelwanderer, die nach rechts weitergehen. Folgen Sie den nächsten 2,2 km zum Gipfel auf einem mit blauen Pfeilen und Infotafeln ausgeschilderten Pfad durch Kiefernwald. Die Aussicht wird nun immer schöner und beeindruckender. Auf den letzten 200 m müssen Sie noch eine Steigung im sattgrünen Regenwald bewältigen, teils über steile, glitschige Stufen und Steine.

11.30 Uhr: Es ist geschafft!

Auf dem Gipfelplateau auf 2167 m befindet sich ein biologisches Forschungszentrum. Ein schönes 360-Grad-Panorama belohnt den Wanderer: Der Blick schweift über die Berglandschaft um Da Lat, einem Mosaik aus glänzenden Reisfeldern und Gemüsebeeten sowie tief-blauen Seen.

Eine romantisch-tragische Legende erzählt, wie diese Landschaft entstand. Das Gebiet war seit jeher der Lebensraum zweier verfeindeter Stämme, der Lat und der Chill. Lapbe, ein Chill, verliebte sich eines Tages in die Tochter des Lat-Häuptlings: Langbiang. Doch die Tochter war bereits dem Zauberer des Lat-Stammes versprochen. Mit einem Giftpfeil zielte dieser auf seinen Nebenbuhler, Langbiang warf

Der Blick vom Langbiang ist atemberaubend (Mitte oben). An der Radarstation können Touristen auch einen Ritt auf einem »Zebra« unternehmen – dabei handelt es sich allerdings um angemalte Ponys (oben). Am schnellsten kommt man an Bord eines Jeeps vom Langbiang wieder hinunter ins Tal (Mitte unten).

sich schützend vor ihren Geliebten und starb. Ihr Körper verwandelte die Einöde in eine reizvolle Landschaft aus Hügeln und Tälern: Ihre Wangen wurden zu rosa Kirschblüten, ihre Augen zu Seen. Und man muss nicht lange rätseln, woraus die beiden Gipfel des Langbiang der Legende nach geformt sind …

13.30 Uhr: Pause an der Radarstation

Wenn Sie noch fit sind und Lust auf einfache BBQ-Kost haben, können Sie auf dem Weg zurück hinter dem oberen Tickethäuschen nach rechts zur Radarstation (1950 m) abbiegen und nach ca. 30 Minuten dort in der Cafeteria einkehren.

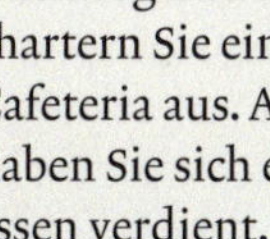

14.30 Uhr: Auf dem Rückweg

Machen Sie sich nun auf den Rückweg zu Fuß (ca. 1,5 Std.). Oder chartern Sie ein Fahrzeug von der Cafeteria aus. Abends in Da Lat haben Sie sich ein leckeres Abendessen verdient.

Infos

Länge der Wanderung: ca. 9 km (mit Abstecher zur Radarstation: ca. 12,5 km)
Anfahrt aus Da Lat: mit Mopedtaxis, Mietwagen, Tourbus oder Bus Nr. 5
Rückfahrt von der Radarstation zurück in die Stadt: ca. 30 000 bis max. 40 000 VND/Pers. (Verhandlungssache)
Die Tour, für die nur unerfahrene Wanderer einen Guide brauchen, sollte man nicht in der Regenzeit machen. Wanderschuhe tragen!

Cafeteria an der Radarstation
tgl. 6–18 Uhr

9 ★★ Phan Thiet & Mui Ne

Was?	Eine Stadt mit einer Strand-Halbinsel, die zum Wassersport und Chillen einlädt
Warum?	Hier gibt es sowohl Meeresrauschen als auch Wüstenfeeling
Wann?	Der Wind entscheidet: Surfer kommen September bis Dezember, Kiter November bis Mitte April
Wie lange?	So lange Ihre Strand-Laune anhält
Resümee	Hawaii muss wohl noch ein bisschen warten!

Viel Sonne und beste Windbedingungen ziehen Surfer und Kiter aus aller Welt nach Mui Ne, eine 20 km lange, palmenübersäte Halbinsel mit scheinbar endlosen Sandstränden. Doch eigentlich ist die nahe Hafenstadt Phan Thiet bekannter. Zumindest bei Vietnamesen, stammt von hier doch die Fischsauce Nuoc Mam.

Mit der traumhaften Halbinsel Mui Ne vor der Haustür und einer weit geschwungenen Bucht unter Kokospalmen entwickelte sich die Provinzhauptstadt seit der Eröffnung des ersten Bungalowresorts im Jahr 1995 zu einem der beliebtesten Badeziele in Vietnam. Rasant siedelten sich zahlreiche Bungalowanlagen, Bars und Restaurants, Taucherläden und Massagesalons an der 16 km langen Strandstraße an.

Scheinbar unendlich weit ziehen sich die Sanddünen von Mui Ne.

Das Hawaii Vietnams

Mittlerweile buhlen rund 200 Hotels aller Preisklassen um die Gunst der Urlauber. Trotzdem beherrschen – zumindest frühmorgens – noch immer die Fischer mit ihren Kuttern, Körben und Netzen den Strand, der je nach Jahreszeit und Wetterlage teilweise recht schmal und auch verdreckt sein kann. Die weltweite Surferszene, die vor allem den westlichen Strandabschnitt von Mui Ne zu einem ihrer Top-Spots erkoren hat, stört dies wenig. Auf der regenarmen Halbinsel messen sich alljährlich im Februar beim Starboard Vietnam Fun Cup Windsurfer im Slalom und Free Ride.

Die Cham gehörten einst zu den mächtigsten Völkern der Region. Heute leben nur noch etwa 100 000 Cham im Land, zu denen auch diese Frau gehört.

Ausflüge auf Mui Ne

Wem das Stranddasein oder Surfen zu eintönig wird, kann die Halbinsel bei kleineren Wanderungen und Aktivitäten durchstreifen: Das Dorf Mui Ne lohnt besonders morgens den Besuch, wenn der Hafen nur so wimmelt von bunten Kähnen und den von Kopf bis Fuß vermummten Händlerinnen mit Körben voller Muscheln und Garnelen. Am Nordostende der Halbinsel erreicht man die Bao Trang, rot-orange bis gelb-weiß leuchtende Sandhügel, die man zu Fuß (mit Schuhen!) oder mit Quad Bikes erobert, nur um die Sandpisten auf Plastikschalen wieder abwärtszurutschen. Sehr malerisch ist der »weiße Lotos-See« (Bau Tranh), ein Seengebiet inmitten von schneeweißen Sanddünen nahe der Hon-Nghe-Bucht. Eine einstündige Wanderung nahe des Fischerdorfs Ham Tien führt an einem Bach entlang durch die Dünenlandschaft, vorbei an den Felsen des schmalen »Red-Sand«-Canyons und bis zur Suoi Tien, der »Feenquelle«, einer kleinen sprudelnden Kaskade inmitten tropischer Kulisse.

Das südlichste Heiligtum der Cham in Vietnam thront auf dem Hügel Ngoc Lam: Die drei kleinen, 1999 restaurierten Pho-Shanu-Türme wurden zu Ehren der Königin Po Shanu im 8. Jh. errichtet. Auch wenn sie weniger Verzierungen aufweisen als die Cham-Türme von Po Nagar (S. 106/Nha Trang) oder Po Klong Garai bei Phang Rang (S. 101), bieten sie doch ein schönes Panorama über die Küste und Phan Thiet.

Auf einer kleinen Insel rund 25 km südwestlich von Mui Ne erhebt sich der 1897 von den Franzosen erbaute und immer noch betriebene Leuchtturm am Kap Khe Ga – mit 54 m der größte und älteste Leuchtturm Vietnams. Den Ganh Son Canyon, ein altes US-amerikanisches Militärgelände am Festland, sollte man nur mit einem offiziellen Guide aufsuchen, da hier gefährlicher Treibsand und Minen lauern.

Phan Thiet

Die 20 km von Mui Ne entfernte Stadt Phan Thiet ist Mittelpunkt eines der größten Fischfanggebiete Vietnams: Früh am Morgen herrscht buntes Treiben im Hafen an der Tran-Hung-Dao-Brücke. Rund 5000 Boote der Fischerflotte landen ihren Fang an, der auf dem Fischmarkt sofort verkauft wird.

Fischer im Hafen von Phan Thiet säubern ihre Netze.

Fotogen ist auch der 1928–1934 erbaute Wasserturm am Ca-Ty-Fluss: Er sieht aus wie ein kleiner Tempel. Unweit von hier liegt die Duc-Thanh-Schule, in der Ho Chi Minh 1910/11 Chinesisch, Vietnamesisch und Kampfsportkunst unterrichtet hat; heute ist hier ein Museum. Der weiter südlich 1762 erbaute Van-Thuy-Tu-Tempel beherbergt ein 22 m langes Walskelett. Auf dem angeschlossenen Friedhof werden gestrandete Wale begraben, zuletzt 2002. Die vietnamesischen Fischer verehren die riesigen Meeressäuger wie Schutzgötter.

KLEINE PAUSE

Für ein Suppe (oder Thai-Curry) eignet sich das winzige **Bamboo Bamboo** (81B Nguyen Dinh Chieu, Ham Tien, Mui Ne, Tel. 090 396 63 75, tgl. 8–22 Uhr) an der Hauptstraße.

Pho Shanu
227 D1 tgl. ca. 8–17 Uhr
10 000 VND

Ho-Chi-Minh-Museum/ Duc-Thanh-Schule
227 D1 39 Trung Nhi
Di–So 7.30–11.30, 14–16.30 Uhr
10 000 VND

Van-Thuy-Tu-Tempel (Dinh Van Thuy Tu)
227 D1 Ngu Ong (Fisherman St.), Dinh Tien Hoang, Duc-Thang-Bezirk
tgl. ca. 7–18 Uhr 10 000 VND

㉜ Po Klong Garai

Was?	Bedeutende Ruinen der Cham-Hochkultur
Warum?	Man erfährt mehr über die einst sehr bedeutenden Cham
Wann?	Vielleicht zum dreitägigen Kate-Neujahrsfest (Okt.)
Wie lange?	1–2 Stunden
Resümee	Der Faszination dieser untergegangenen Hochkultur kann man sich nicht entziehen

Die größten Attraktionen der Doppelstadt Phan Rang-Thap Cham liegen etwas außerhalb: Wahrzeichen der von Kakteen und Weinreben bewachsenen Küstenregion sind die vier markanten Cham-Türme von Po Klong Garai, an denen fast jeder Touristenbus hält. Die Strände der Umgebung hingegen sind – zumindest unter der Woche – fast menschenleer.

Ein Highlight der Cham-Kultur: die Türme von Po Klong Garai

Die Türme von Po Klong Garai auf dem Trau-Hügel (auch: Cho'k Hala) gehören neben den My-Son-Ruinen (S. 132) zu den bedeutendsten Überbleibseln der Cham-Herrschaft – es sind die Relikte einer Hochkultur, die hier als Königreich Panduranga vor rund 700 Jahren bestand. Die vier noch erhaltenen Türme wurden unter der Regentschaft von Jaya Simhavarman III. im späten 13./14. Jh. erbaut. Einst waren sechs Türme zu Ehren des legendären und gottgleich verehrten Königs Po Klong Garai (1151–1205) errichtet worden, der zugleich als Shiva und Gott des Wassers verehrt wurde und an Lepra gestorben sein soll.

Eine Darstellung von Shiva als Nataraja in Po Klong Garai

Der 20 m hohe dreistöckige Hauptturm *(kalan)* ist entsprechend der Cham-Tradition mit dem Eingang nach Osten ausgerichtet, über dem Eingangstor befindet sich ein tanzender Shiva mit sechs Armen, der Nataraja. Das Dach trägt in drei Stufen ansteigende Ecktürme in Lotosform, die Fassade ist geschmückt mit Götterbildern und Cham-Inschriften. Im Innern steht der Lingam (Mukhalingam), das phallusartige Symbol für Shiva, und sein Reittier Nandi. Die einstige Bibliothek ist an ihrem leicht geschwungenen Dach mit büffelhornförmigen Enden zu erkennen.

Rund um Po Klong Garai

Die ehemals drei Cham-Türme von Po Ro Me liegen auf dem Hügel Bon Acho im Dorf Hau Sanh (Phuoc Huu), ca. 15 km südlich von Phan Rang im Ninh-Phuoc-Bezirk. Die vierstöckigen Ziegelbauten wurden als letztes großes Cham-Bauwerk im frühen 17. Jh. errichtet, als sich die Cham-Kultur (S. 132) schon im Niedergang befand. Nur der 19 m hohe Haupt-Kalan ist heute noch zu sehen. Das Heiligtum soll an den letzten Cham-König Po Ro Me (auch: Po Rome, reg. 1629–1651) erinnern, der in vietnamesischer Gefangenschaft starb. Ein Basrelief am Eingang zeigt Shiva als Po Ro Me mit Schnurrbart. Im Innern befindet sich ein Lingam, eine Statue des Königs sowie der Königin Bia Thanh Chanh aus dem Ede-Volk.

Rund 6 km östlich von Phan Rang liegt der Ninh Chu Beach (S. 112), ein herrlicher, wochentags meist kaum besuchter Strand mit gelbem Sand und klarem Wasser.

KLEINE PAUSE

An der Ruinenstätte gibt es einige **Imbissstände.**

Po Klong Garai
227 E2 N 20 Richtung Da Lat, ca. 8 km westlich von Phan Rang
tgl. 7.30–18 Uhr 15 000 VND

33 Da Lat

Was?	In einer schönen Hochland-Stadt Bergluft schnuppern
Warum?	Weil die vietnamesischen Flitterwöchner auf Da Lat schwören
Wann?	Wann immer im Reiseplan Zeit dafür ist
Wie lange?	1–2 Tage
Resümee	Die früher verschlafene Stadt hat heute viel zu bieten!

In der einst ruhigen Stadt im Hochland hat noch Kaiser Bao Dai den Golfschläger geschwungen. Kein Wunder, bietet doch die von rund 2300 m hohen Bergen eingerahmte Sommerfrische ein angenehmes, wenn auch mitunter regnerisches Klima. Bevor die Kolonialherren und später der Tourismus die Region entdeckten, lebten die Menschen vom Obst- und Gemüseanbau.

Der Lam-Vien-Platz existiert erst seit 2009, aber ist jetzt schon ein Hit (oben). Der Bahnhof der Stadt stammt bereits von 1930 (unten).

Schon die Franzosen schätzten Da Lat, das vom Arzt und Forscher Alexandre Yersin Ende des 19. Jhs. entdeckt worden war. Schon wenige Jahre später verwandelte sich Da Lat in einen exklusiven Luftkurort auf rund 1500 m, in dem nach und nach eine Kathedrale, eine Universität und das exklusive Da Lat Palace Hotel entstanden. Um den 1919 künstlich geschaffenen Xuan-Huong-See klettern malerische Kolonialvillen die Hügel hinauf. Ein 7 km langer Rundweg führt um den See, den man auch mit Tretbooten befahren kann. Und im Bao-Dai-Palast »Dinh 3« (1933–1938), einer von drei Da-Lat-Villen des letzten Kaisers im Südwesten der Stadt, können Sie dessen Gemächer besichtigen, darunter das Arbeitszimmer, Versammlungshallen und die mit Jagdtrophäen versehene Empfangshalle. In der alten Holzkiste an der großen Treppe nahm der Kaiser seine Dampfbäder!

Im Umkreis von Da Lat zählen neun Dörfer zur Gemeinschaft der Lat (sprich *lak*). Zu der Ethnie gehören noch etwa 3000 Menschen, die vor allem von Landwirtschaft leben. Touristen sollten die Dörfer nur im Rahmen einer Tour besuchen, die von hiesigen Reisebüros angeboten wird.

Rund um Da Lat

Die meisten Sehenswürdigkeiten und Ausflugsziele verteilen sich in der waldreichen Umgebung der Stadt. Sehr beliebt ist der halbtägige Ausflug vom originellen Bahnhof Da Lats: Mit mindestens 20 Fahrgästen, fährt eine alte Holzeisenbahn mit Diesellok ins 8 km entfernte Trai Mat, wo die über und über mit Keramik verzierte Linh-Phuoc-Pagode (Chua Linh Phuoc) ein beliebtes Fotomotiv abgibt. Auf einem (teils ausgeschilderten) Weg kann man weiter zum 7 km entfernten Tiger-Cave-Wasserfall (Thac Hang Cop) wandern – der Weg über ein glitschige Treppe mit 350 Stufen und wacklige (Hänge-)Brücken war zuletzt wegen Instandsetzungsarbeiten geschlossen, weil in der Regenzeit gefährlich – die meisten Vietnamesen lassen sich von Warnschildern allerdings nicht abhalten.

Der kleine künstliche Seufzer-See (Ho Than Tho) ist ein beliebtes Ausflugsziel im Osten der Stadt, in dem einer Legende nach eine über 200 Jahre währende Liebe tragisch endete. Am meisten los ist aber im nahen Tal der Liebe (Thung Lung Tinh Yeu), in dem einst Kaiser Bao Dai auf Jagd ging. Lang war die Gegend vor allem bei Flitterwöchnern angesagt. Viele vietnamesische wandern durch die Kiefernwälder, schippern im Kanu oder Schwanen-Tretboot auf dem Seufzer-See oder dem Stausee umher und reiten als Cowboys verkleidet auf Ponys. Unter der Woche kann das Tal menschenleer sein – bei gutem Wetter können Sie dann den Weitblick auf die beiden Gipfel des Langbiang (S. 94) in Ruhe genießen.

KLEINE PAUSE

Im beliebten **Ca Phe Tung** (Hoa Binh, tgl. ca. 7–21 Uhr) gibt es hausgemachten Joghurt. Beim alten Bahnhof servieren **Da Lat Train Café** und **Café Gare** (1 Quang Trung, http://cafegaredalat.com, tgl. 8–18 Uhr) kleine Gerichte, Kaffee und Kuchen.

✈ 227 D3

Da Lat Tourist
✉ 1 Le Dai Hanh und 3 Thang 2
☎ 09 81 16 60 88
🌐 www.dalattourist.com.vn

Bao-Dai-Palast »Dinh 3«
✉ 2 Le Hong Phong ● tgl. 7.30–11.30, 13.30–16.30 Uhr ✦ 30 000 VND

Linh-Phuoc-Pagode & Tiger-Cave-Wasserfall
● Pagode tgl. 8–17 Uhr; Wasserfall tgl. 7.30–17 Uhr 🚆 tgl. 7.45–16 Uhr (letzte Bahn zurück: 17.30 Uhr)
✦ Pagode frei; Zugticket 170 000 VND

Seufzer-See & Tal der Liebe
● tgl. 8–18 Uhr
✦ 30 000 VND

34 Nha Trang

Was?	Quirliger Badeort mit vielen vorgelagerten Inseln
Warum?	Hier kann man tanzen, tauchen, inselhüpfen, Cocktails schlürfen – und noch viel mehr
Wann?	Nicht im Oktober und November, dann regnet es meist
Wie lange?	Zwei Tage Strand & Stadt reichen
Resümee	Hier herrscht vor allem Jubel, Trubel, Heiterkeit

An der weiten Bucht der Hafenstadt mit ihrer wachsenden Skyline buhlen jede Menge Kneipen, Clubs und Veranstalter um Kundschaft: Ob Bratreis, Bratwürste oder Seafood, ob Biergarten, Barbecue, Fire Shows oder die höchste Dichte an Tauchschulen in Vietnam – es wird viel geboten.

Das einstige Fischernest Nha Trang ist der älteste und multikulturellste Badeort Vietnams – und das seit Kaisers Zeiten! In der Bao-Dai-Villa (Bao Dai Palace) im Süden, heute ein staatliches Hotel, könnte man leicht denken, die Zeit sei stehen geblieben. In den riesigen Gemächern mit Blick über Klippen, Meer und einem kleinen Privatstrand kann man sich ausmalen, wie der letzte Kaiser Vietnams in die Fluten stieg.

Heute liegt das Flair Nha Trangs irgendwo zwischen Rimini, Nizza und der Goldküste. Auf gut 6 km säumen Palmen und Kasuarinen, Flamboyants und Meerestrauben den breiten

Zum Weißen Buddha, der über Nha Trang thront, führen 150 Stufen hinauf (oben). Die Wahl zwischen Pool und Strand ist in Nha Trang nicht immer einfach (links).

Strand an der Promenade, Boote schwärmen täglich aus zu den rund 70 vorgelagerten Inseln wie Monkey Island, zu den 25 Tauchrevieren und Korallenbänken. Mehr als 100 Hotels und Pensionen stehen den Badegästen aus aller Welt zur Verfügung, und eine Armada aus fliegenden Händlern versorgt die Sonnenanbeter am Strand mit allem, was sie brauchen.

Heiligtümer

Auf Kulturinteressierte warten zwei Attraktionen. Das einst hinduistische, rund 1200 Jahre alte Cham-Heiligtum Po Nagar im Norden der Stadt liegt unweit des Hafens und ist der Mutter- und Fruchtbarkeitsgöttin der Cham geweiht. Die buddhistische Kultstätte besteht aus vier Ziegelstein-Türmen, die zwischen dem 7. und 12./13. Jh. errichtet, zerstört und mehrfach neu aufgebaut wurden. Im Nordturm (9. Jh.) ist über dem Portal der tanzende vierarmige Shiva zu sehen, im Innern sitzt Po Nagar, eine schwarze Sandsteinfigur mit zehn Händen. Links vom Nordturm steht der Zentralturm (Thap Nam, 12. Jh.), in dem vor allem kinderlose Paare am Lingam, dem Phallussymbol Shivas, um Nachwuchs beten.

Zurück im Zentrum kann man den 24 m hohen weißen Buddha (Kim Than Phat To) nicht verfehlen, der auf dem Trai-Thuy-Hügel oberhalb der Long-Son-Pagode (Chua Long Son) thront. Die Statue wurde als Symbol gegen das Regime von Ngo Dinh Diem gebaut; im 7 m hohen Lotosblüten-Sockel sind Bildnisse von sieben Mönchen und Nonnen verewigt, die sich ab 1963 aus Protest gegen die Repressionen des Diktators verbrannt hatten, darunter Thich Quang Duc (S. 59).

KLEINE PAUSE

Am Strand bieten die vielen **Händlerinnen** Erfrischungen und Snacks an.

↟ 227 E3

Khanh Hoa Tours
✉ 61 Yersin ☎ 0258 381 51 74
🌐 www.nhatrang-travel.com

Po Nagar
✉ Thap Ba, über die Xom-Bong-Brücke im Norden der Stadt
🕒 tgl. 6–18 Uhr (Türme in angemessener Kleidung und ohne Schuhe betreten) 22 000 VND

Long-Son-Pagode
✉ Thai Nguyen, Trai Thuy
🕒 tgl. 7–18 Uhr frei

㉟ Buon Ma Thuot

Was?	Die Kaffeemetropole Vietnams
Warum?	Weil die Bergstadt im Schatten ihrer überlaufenen Schwester Da Lat steht – völlig zu Unrecht!
Wann?	Während und nach der Regenzeit sind die Kaskaden am eindrucksvollsten (also nicht Dez.–März)
Wie lange?	1–2 Tage
Resümee	Ein tolles Ziel abseits der Touristenpfade

Rund um die Provinzhauptstadt Buon Ma Thuot erstreckt sich das abgelegene zauberhafte Dak-Lak-Hochland, das Besucher mit Wasserfällen, herrlicher Hügellandschaft, Kaffee-Plantagen und nicht zuletzt Elefanten lockt.

Buon Ma Thuot gilt als Kaffeemetropole Vietnams. Dem Anbau und der Veredlung der Kaffeebohnen widmet sich das Trung Nguyen Coffee Museum. Mehr als 10 000 Sammlerstücke des Hamburger Traditionsrösters Jens Burg sind zu sehen: Kaffeemaschinen und -mühlen, Dosen aus Kolonialwarenläden usw. Ein weiteres Highlight ist das Ethnologische Museum mit seiner Gong-Kollektion, deren Musik seit 2005 zum immateriellen Kulturerbe der UNESCO gehört!

Buon Ma Thuot gilt als Kaffeehauptstadt Vietnams, im Zentralen Hochland wachsen die roten Kaffeekirschen.

Der Ort der Elefanten

In Ban Don, 45 km nordwestlich von Buon Ma Thuot, werden Elefanten schon seit Jahrhunderten von den Ede und Mnong gezüchtet, gejagt und domestiziert, um sie als Reit-, Kriegs- und Arbeitstiere einzusetzen. Die rund 50 heute hier lebenden Elefanten werden noch beim Transport von Hölzern eingesetzt, das Reiten auf ihnen ist jedoch seit 2018 verboten.

Yok Don National Park

Im Yok Don National Park sollen noch ein paar Dutzend wilde Elefanten durch die Wälder streifen. Wildhüter sollen sogar noch einige der letzten Tiger und Leoparden gesichtet haben.

Unweit von Ban Don und der kambodschanischen Grenze erstreckt sich der mit 115 000 ha größte Nationalpark Vietnams, der bei Ornithologen hoch im Kurs steht: Bei Wanderungen trifft man auf viele der rund 250 hier lebenden Vogelarten, so z. B. Nashornvögel, Pfauen und Fasane. Zudem tummeln sich hier rund 50 Säugetierarten, etwa die Hälfte sind vom Aussterben bedroht. Beliebt sind auch Bootsausflüge auf Flüssen und eine Exkursion zu den aus Ban Don (s. o.) freigelassenen und ehemals domestizierten Elefanten bei geführten Touren.

Rund um Buon Ma Thuot

Auch am 500 ha großen Dak-Lak-See (Ho Dak Lak), ca. 50 km südlich von Buon Ma Thuot, kann man auf Elefanten durch die flachen Bereiche des Sees reiten. Die Dray-Sap-Wasserfälle (Thac Dray Sap), 30 km südwestlich von Buon Ma Thuot, heißen nicht ohne Grund »Wasserfall des Nebels«: Das Wasser stürzt über mehr als 100 m Breite aus rund 15 m Höhe in die Tiefe und hinterlässt eine imposante Gischtfahne.

KLEINE PAUSE

Im Trung Nguyen Coffee Museum ist eine hübsche **Cafébar** (tgl. 7–20 Uhr), neben den vielen kleinen Cafés, die hier zum Pausieren einladen.

227 D4

Trung Nguyen Coffee Museum
Coffee Village, 222 Le Thanh Tong
tgl. 7–17 Uhr · 30 000 VND

Ethnologisches Museum
12 Le Duan · 0262 385 04 26
tgl. 7.30–11.30, 13.30–16.30 Uhr
15 000 VND

Yok Don National Park
096 138 23 23
https://tour.yokdonnationalpark.vn/toursn · tgl. 7–17 Uhr
800 000 VND (nach Mr. Gioi als Guide fragen, einfache Zimmer und Zelte beim Hauptquartier)

Dray-Sap-Wasserfälle
tgl. 6–19 Uhr · frei

Die Christusstatue von Vung Tau ist eine der höchsten der Welt.

Nach Lust und Laune!

36 Vung Tau
Nizza-Trubel auf Vietnamesisch: Familien, Liebespärchen und Betriebsgruppen auf Tagesausflug bescheren vor allem an Wochenenden den vier (nicht ganz so paradiesischen) Stränden einen schier unglaublichen Trubel. Zum Baden mag es schönere Strände geben, aber die Surfer haben auf der hügeligen Halbinsel ihr Revier entdeckt. Wahrzeichen sind der Nui-Nho-Leuchtturm und die 10 m hohe, 1974 von den Amerikanern erbaute Jesus-Statue, die man im Innern über 130 Stufen erklimmen kann (zusammen mit der Treppe zum Hügel rund 600 Stufen!).

Im Verlauf der breit angelegten Küstenstraße liegen die meisten Sehenswürdigkeiten Vung Taus, z. B. die Bach-Dinh-Villa (White Palace); das schöne Kolonialgebäude war einst Gouverneurssitz und zeigt heute vor allem maritime Exponate. Die Tinh-Xa-Pagode (Chua Tinh Xa) ist wegen des liegenden Buddhas sehenswert. Auf der Dachterrasse befindet sich das 12 m lange, bepflanzte buddhistische Drachenboot Thuyen Bat Nha, das das Fahrzeug symbolisiert, mit dem die Menschen das »Meer des Leidens« durchqueren und schließlich überwinden können. Die Thich-Ca-Phat-Dai-Pagode (Chua Thich Ca Phat Dai) befindet sich am Fuße des Nui Lon. In dem großen Park stellen große Statuen wie der auf Lotosblüten sitzende Sakyamuni-Buddha die verschiedenen Stationen aus dem Leben des Erleuchteten dar; der achteckige Bao-Thap-Turm soll die Asche des Buddha enthalten.

↔ 225 F3

Nui-Nho-Leuchtturm
tgl. 7.30–17 Uhr
frei, aber Parkgebühr 5000 VND

Jesus-Statue
tgl. 7.30–11.30, 13.30–17 Uhr
frei (keine Shorts, Hot Pants, Trägerhemdchen etc.)

Bach-Dinh-Villa
tgl. 7–17 Uhr ca. 5000 VND

Tinh-Xa-Pagode
tgl. 7–18 Uhr frei

Thich-Ca-Phat-Dai-Pagode
tgl. 7–18 Uhr frei

37 Ta Cu

Ein lohnendes Ausflugziel in der Umgebung von Phan Thiet/Mui Ne (S. 98) mit einer zweistündigen Bergwanderung durch den Wald ist der 700 m hohe Ta Cu (auch: Takou) im gleichnamigen Naturschutzgebiet. Auf dem Gipfel ruht eine der längsten Buddhastatuen in Vietnam: Der 49 m lange und 3 m hohe Sakyamuni-Buddha (1963–1966 erbaut) zieht viele Pilger ins mehr als 150 Jahre alte Kloster Linh Son Truong Tho. Wer den Aufstieg scheut, kann in nur zehn Minuten mit der Schweizer Seilbahn hinaufschweben, während der Blick weit über die herrliche Landschaft schweift.

↔ 226 C1
Ham Thuan Nam, Than Lap, ca. 30 km südwestlich von Phan Thiet
Kloster: tgl. 7–11, 13.30–17 Uhr
Seilbahn: tgl. 7–17 Uhr, 250 000 VND

38 Cat Tien National Park

Das 80 000 ha große Areal erstreckt sich über die Provinzen Lam Dong, Dong Nai und Binh Phuoc. Der Nationalpark, einer der größten in Vietnam, steht als Biosphärenreservat unter dem Schutz der UNESCO. Am besten besucht man es während der Trockenzeit zwischen November/Dezember und März/April.

In Stufen fällt das Gelände aus den Truong-Son-Bergen südwärts in die Ebene ab. Die Landschaft besteht aus Savannen, Seen und Flüssen, Wasserfällen, Lagunen und Sumpfgebieten mit vielfältiger Fauna und Flora. Neben Elefanten, Gibbons und »Gaur«-Wildrindern beherbergen der Busch und die Bambuswälder mehr als 100 Säugetierarten (darunter angeblich sogar noch Leoparden und indonesische Tiger). Vor allem im Winter versammeln sich im Park rund 350 Vogelarten, 120 Reptilien- und Amphibienarten und 460 Schmetterlingsarten. Ferner zählten Forscher rund 1600 Pflanzenarten, darunter 170 medizinisch verwertbare, und 52 Orchideenarten.

Aber: Rund 40 der im Cat Tien National Park beheimateten Tierarten sind gefährdet. Die letzte kleine Festland-Population von asiatischen Java-Nashörnern, für die das Schutzgebiet jahrzehntelang berühmt war, gilt inzwischen als ausgestorben. 2010 wurde das letzte Exemplar von Wilderern erschossen!

Lohnend ist ein Besuch im britisch geführten Primate Center und

Wenn Gibbons »singen«

Im Cat-Tien-Nationalpark werden Sie garantiert eine große Überraschung erleben und sich dabei vielleicht auch ein bisschen an das »Dschungelbuch« erinnert fühlen: Begeben Sie sich beim »Gibbon Trek« in einem der letzten Regenwälder Vietnams auf die Spur der gefährdeten Kreatur. Lauschen Sie den morgendlichen, ein wenig surreal klingenden Duett-Gesängen dieser anmutig wirkenden und doch stark vom Aussterben bedrohten Affen. Wenn die Tiere singen, schallt es bis zu 4 km weit durch den Wald! Ein tierisches »Konzert« mit absoluter Gänsehaut-Garantie.

beim Auswilderungsprojekt für asiatische Schwarzbären und Wildkatzen sowie der morgendliche oder nächtliche »Gibbon Trek«. Wer will, kann auf eigene Faust mit dem Leihrad (gut prüfen!) über die meist schattigen Pfade radeln oder einen dreistündigen Spaziergang zum Crocodile Lake machen, mit etwas Glück lassen sich Gibbons und Languren blicken.

226 C2

Nationalpark
Büro in Tan Phu an der Bushaltestelle an der N20
0251 366 92 28
www.namcattien.org
tgl. 8–17 Uhr 300 000 VND, Guide ab ca. 500 000 VND (einige Tage vorher buchen, Strom in den einfachen Unterkünften nur bis 18 Uhr, Taschenlampe und Fernglas mitnehmen!)

Primate Center
0251 366 91 59 und 0251 366 92 28
www.go-east.org
nur nach Voranmeldung

39 Ninh Chu Beach

Am Horizont schimmern die Berge im Norden, das türkisfarbene Wasser glitzert und der weiße Strand blendet. Der halbmondförmig gestreckte Ninh Chu Beach hat sich in den vergangenen Jahren zum Badeziel abseits der Touristenströme gemausert. Vietnamesen bevölkern diesen 10 km langen Strand bei Phan Rang (S. 102) vorwiegend an Wochenenden und Feiertagen – und so kann es schon mal vorkommen, dass man wochentags hier ganz für sich allein ist. Eine Handvoll Strandhotels und Campingplätze beherbergen die Gäste, die Strandlokale versorgen die Strandläufer.

Doch so ruhig wird es wohl nicht mehr lang bleiben: Parallel zum Highway N1 führt der neue 116 km lange Coastal Highway 702 durch einen bislang menschenleeren Küstenlandstrich der Provinz Ninh Thuan.

227 E2

Der Ninh Chu Beach präsentiert sich unter der Woche oft menschenleer.

Wohin zum … Übernachten?

Preise für ein Doppelzimmer pro Nacht:
€ unter 1 Mio. VND (unter 40 €)
€€ 1–2,4 Mio. VND (40–92 €)
€€€ über 2,4 Mio. VND (über 92 €)

BUON MA THUOT

Dakruco €–€€€
In dem weithin sichtbaren Hochhaushotel kann man zwischen 119 gut ausgestatteten und geräumigen Zimmern wählen, teils mit Balkon und immer mit WLAN. Es gibt einen Pool, Spa, Tennisplatz und ein Restaurant.
227 D4 ✉ 30 Ngyuen Chi Thanh
☎ 0262 03 97 08 88
www.dakrucohotels.com

CAM RANH

Fusion Resort €€€
Schick, schicker, Fusion Resort: Das weitläufige Design-Hotel vereint Exklusivität mit Luxus-Service in fast »gläsernen« Pool-Villen und Suiten. Die Gäste sollen sich wie in einer großen Familie fühlen, aber ihre eigene Intimssphäre mit Meerespanorama genießen. Alles ist durchdesignt: von den Open-Air-Bädern mit »hängenden« Badewannen bis zu Hängematten mit integriertem Sonnenschutz.
227 E3 ✉ Cam Ranh, zw. Nha Trang und Ninh Chu ☎ 0258 398 97 77
https://camranh.fusionresorts.com

CAT TIEN NATIONAL PARK

Forest Floor Lodge €€€
Die rustikal-designte Lodge beherbergt ihre Gäste recht luxuriös inmitten des Regenwalds in Bungalows mit Himmelbetten oder komfortablen Zelten. Gutes Restaurant.
226 C2 ✉ Tan Phu
☎ 091 411 67 46 https://forestfloorlodge.com

DA LAT

Du Parc Hotel €€€
Das stilvolle Hotel gegenüber vom kleineren Schwesterhotel Dalat Palace Hotel wurde bereits 1932 eröffnet und bezaubert mit seinem nostalgischen Charme. Die 140 Zimmer und Suiten haben edles Mobiliar, Parkettböden und WLAN, aber keine Klimaanlage (bei den kühlen Temperaturen ist die aber auch nicht nötig). Gefrühstückt wird im Speisesaal des Dalat Palace.
227 D3 ✉ 15 Tran Phu
☎ 0263 382 57 77
www.dalathotelduparc.com

TTC Ngoc Lan Hotel €–€€
Das Mittelklassehotel war mal ein Kino und punktet mit seiner Lage im Zentrum mit Seeblick. Beherbergt werden die Gäste in 91 großen, modern eingerichteten Zimmern; nach hinten sind diese zwar kleiner, aber auch ruhiger. Die Bäder sind eher überschaubar.
227 D3 ✉ 42 Nguyen Chi Thanh
☎ 0263 383 88 38
https://ttchospitality.vn

NHA TRANG

Azura Gold €
Von dem kleinen Budget-Hotel geht´s schnurstracks an den herrlichen (Stadt-) Strand! In der relativ ruhigen Seitenstraße warten 35 teils etwas kleine Balkon-Zimmer auf Schnäppchenjäger. Tolles Panorama von den oberen Zimmern und vom Mini-Pool auf dem Dach.
227 E3 ✉ 64/2 Tran Phu ☎ 058 352 50 88

Six Senses Ninh Van Bay €€€
Perfekt für Flitterwöchner: Auf einer Halbinsel versteckt die Luxus-Herberge an einer sichelförmigen Bucht ihre 35 rustikalen Pool-Villen mit (Butler-)Service. Viel Rattan, Holz und Bambus, aber auch WLAN und Hightech – immer noch eines des besten Hotels in Vietnam!
227 E3 ✉ Ninh Van Bay, Ninh Hoa, ca. 50 km nördlich von Nha Trang auf der Hon-Heo-Peninsula
☎ 0258 352 42 68 www.sixsenses.com

Some Days of Silence €€–€€€
Einsam und idyllisch liegt dieses familiäre

Haus am Doc Let Beach, der etwas sauberer sein könnte: Die Preise der neun Bungalows sind zwar üppig, doch man zahlt wohl auch für die friedliche Lage in einem hübschen Garten mit kleinem Pool. Massagen und Meditation sind ebenfalls möglich. Die vietnamesische Besitzerin spricht Deutsch.
227 E3 Dong Hai, Ninh Hai, Ninh Hoa, 50 km nördlich Nha Trang
0258 888 86 68 www.facebook.com/somedaysofsilenceresort

PHAN THIET/MUI NE

Cat Dua Cocosand €
Das echte Schnäppchen liegt etwas versteckt an der Strandstraße mitten in Mui Ne: Die acht Bungalows und Zimmer in einem Palmengarten werden von einer freundlichen Familie geführt. WLAN, TV, Klimaanlage, einfache, aber gute Bäder und Hängematten. Man frühstückt in den Cafés in der Nähe.
227 D1
119 Nguyen Dinh Chieu, Ham Tien, Mui Ne
012 73 64 34 46

Cham Villas €€€
Seit Langem der Favorit deutscher Touristen – und das zu Recht: Die nur 18 palmwedelgedeckten Häuschen unter deutsch-vietnamesischer Leitung gehören zu den schönsten Strandanlagen in Mui Ne: liebevolle Deko, bequeme Kingsize-Betten (teils mit Meerblick), ein herrlicher tropischer Garten, Top-Service und deutsch-vietnamesische Küche. Obst wird täglich am Pool und Strand gereicht.
227 D1 32 Nguyen Dinh Chieu
0252 374 12 34
www.chamvillas.com

Wohin zum ... Essen und Trinken?

Preise für ein Hauptgericht ohne Getränke:

€	unter 130 000 VND (unter 5 €)
€€	130 000–250 000 VND (5–10 €)
€€€	über 250 000 VND (über 10 €

DA LAT

Le Rabelais €€€
Fine Dining im Dalat Palace Hotel: Hier gibt es französische Speisen, serviert von livrierten Kellnern. Mit Seeblick und Pianobegleitung (ab 19 Uhr), »High Tea« von 16 bis 17 Uhr.
227 D3 12 Tran Phu
0263 382 54 44 tgl. 11–21 Uhr

NHA TRANG

Lac Canh €
Immer laut, immer voll, immer lecker: In dem einfachen BBQ-Lokal voller Vietnamesen gibt es stets fangfrisches Seafood und leckeres Rindfleisch-Barbecue. Immer den Rauchschwaden folgen ...
227 E3 44 Nguyen Binh Khiem
0258 382 13 91 tgl. 10–22 Uhr

La Cala €–€€
Ob Pizza oder Pasta, in dem schönen Lokal von Nicola und Salvatore schmeckt es authentisch italienisch! Nettes Ambiente (trotz Wellblech stylish), große Portionen, angemessene Preise.
227 E3 172/16A Bach Dang
096 544 64 45 tgl. 11–22 Uhr

PHAN THIET/MUI NE

Sandals Bar & Restaurant €€€
Eines der führenden feinen Lokale Vietnams: Nicht nur die guten Weine und Cocktails sind einen Besuch hier wert. In dem Strandlokal wird originelle »Fusion Food« serviert. Die Bedienung ist »auf Zack«.
227 D1 24 Nguyen Dinh Chieu, Mia Resort
0252 384 74 40
www.sailingclubmuine.com tgl. 7–23 Uhr

Sunset €€
Versteckt in einer Gasse abseits der hektischen Hauptstraße kann man in dem idyllischen Gartenlokal zwischen Teichen und Mangobäumen speisen. Das freundliche Team tischt vor allem vietnamesische Hausmannskost und Seafood auf. Bier, Cocktails und andere »Absacker« runden den gemütlichen Abend ab. Viele Stammgäste!

✈ 227 D1 ✉ 93/1 Nguyen Dinh Chieu, Ham Tien ☎ 097 726 26 76 ● tgl. 7–22 Uhr

Wohin zum … Einkaufen?

Das touristische Stöbern konzentriert sich vielerorts auf die Nachtmärkte. Hier ist Feilschen nicht nur erlaubt, sondern erste Käuferpflicht.

Klamotten, Badesachen und Schuhe, Handtaschen, viele bunte »Fakes« sowie Spielzeug und Schnickschnack in allen Farben und Formen gibt es auf dem Nha Trang Night Market (Tran Phu, tgl. ab ca. 17 Uhr).

In der Umgebung von Da Lat verkaufen zahlreiche **Seidenfarmen** ihre Waren. Die Kunstgalerie des **XQ Historical Village/QX Art House** (80 Mai Anh Dao, außerhalb von Da Lat, www.xqvietnam.com, tgl. 10–17 Uhr, Eintritt 20 000 VND) präsentiert kunstvolle Handwerkserzeugnisse aus der Region, u. a. handgestickte Gemälde und hübsche Seidenkleidung – und natürlich kann man diese auch kaufen.

Auch viele Cham leben mittlerweile wieder vom Kunsthandwerk: Das östlich der N1 gelegene Weberdorf **My Ngiep** stellt Webwaren und Kleidung her, im Dorf **Bau Truc** kann man Töpferwaren erstehen und dem Produktionsprozess an den Öfen zusehen.

Rund um Nha Trang sollte man Ausschau halten nach der hiesigen Spezialität: die wunderschöne Sandmalerei *tranh cat* (S. 215). Die Motive wie Ho Chi Minhs Antlitz oder auch der Weihnachtsmann werden aus verschiedenfarbigen Sandschichten hinter Glas aufgeschichtet. Fündig wird man u. a. in Nha Trang in der 4B Nha Tho, an der Tempelruine Po Nagar (S. 106) oder in Da Lat bei **Phi Long Sandpainting** (113 Van Hanh, www.facebook.com/sandartvietnam).

Wohin zum … Ausgehen?

Wer Nachtleben und Trubel mag, ist in Nha Trang am besten aufgehoben: Hier dauert die Happy Hour manchmal den ganzen Tag! Die Drinks sind spottbillig und werden bis gegen Morgengrauen ausgeschenkt.

The place to be in Nha Trang ist der **Sailingclub** (72 Tran Phu, www.sailingclubnhatrang.com, tgl. 7.30–23, bei Partys bis ca. 2 Uhr). Hier trifft man sich zum Schmausen, Schwofen, zu Fire Shows und zur samstäglichen Beach Party. Die Preise sind gehoben. Jeden Donnerstagabend ab 19 Uhr gibt's im **El Latino** in Mui Ne (139 Nguyen Dinh Chieu, Tel. 0252 374 35 95, tgl. 8–23 Uhr) Latino-Klänge, eine Salsa-Tanzstunde und Tex-Mex-Food.

Jedes Jahr im März findet in Ban Don das **Elefantenfest** mit Wettläufen, Bootsrennen und Folkloreshows statt. Das **Dalat Flower Festival** begeistert mit Farbenpracht, Musik, Modeschauen und einer Prozession; es findet in ungeraden Jahren zwischen dem 10. und 18. Dezember statt.

Die **Seglerszene** Vietnams trifft sich in Nha Trang und Mui Ne/Phan Thiet, die **Kitesurfer** haben Mui Ne als ihren Hot Spot auserkoren. Vor Nha Trang liegen Vietnams beste **Tauchspots**, es gibt mehrere PADI-Tauchschulen, führender Veranstalter ist Rainbow Divers (www.divevietnam.com). **Golfspieler** können im schönsten Landschaftspanorama putten im Hochland bei Da Lat, Saigon und bei Phan Thiet/Mui Ne und in Son Tay bei Hanoi. **Actionsportler** kommen im Hochland bei Da Lat z. B. mit Phat Tire Ventures (www.ptv-vietnam.com) auf ihre Kosten.

Noch immer verwenden Fischer an Vietnams Küste (hier bei Da Nang) auch traditionelle Coracles (kiellose Boote).

Zentrum

Das Zentrum Vietnams wartet mit vier UNESCO-Welterbestätten auf und bietet zudem Einblicke in die jüngere Geschichte des Landes.

Seite 116–145

Erste Orientierung

Jenseits aller Kriegsschauplätze taucht man bei der Strand- und Hafenstadt Da Nang ein in die jahrtausendealte Geschichte Vietnams. Hier kürte die UNESCO gleich vier Orte zum Weltkulturerbe: die alte Kaiserstadt Hue, den malerischen Fischerhafen Hoi An, die mystisch-verwunschenen My-Son-Ruinen und die erst 2009 entdeckten Phong-Nha-Höhlen, die eines der längsten Höhlensysteme in Asien bilden.

Rund 1000 Jahre lang regierten in der heutigen Zentralregion Vietnams die Cham (S. 99), eine der mächtigsten Dynastien in Asien. Sie hinterließen weit mehr als »nur« die Ruinen im von Dschungel überwucherten Talkessel von My Son. Heute wird im Cham-Museum in Da Nang die bedeutendste Sammlung dieser Hochkultur ausgestellt (S. 134). Wer hingegen auf den Spuren der Kaiser und Könige Vietnams wandeln will, den zieht es in die Zitadelle und Verbotene Stadt von Hue, wo die letzten 13 Kaiser der Nguyen-Dynastie herrschten. Auch die teils pompösen Grabstätten der Regenten gehören zum Pflichtprogramm in der Stadt am Parfüm-Fluss.

Zweifellos die Nummer eins als Touristen-Liebling nimmt aber wohl das Hafenstädtchen Hoi An ein: Am Thu-Bon-Fluss im Stadtkern des alten chinesisch geprägten Handels- und Fischerhafens ist die Zeit scheinbar stehen geblieben. Die engen Straßen sind gesäumt von einstöckigen Häuschen mit Kolonnaden in allen Bonbonfarben, traditionellen chinesischen Versammlungshäusern und Tempelchen.

TOP 10

3 ★★ Hoi An

4 ★★ Hue

Nicht verpassen!

40 My Son

41 Da Nang

42 Phong Nha-Ke Bang National Park

Nach Lust und Laune!

43 My Lai

44 Lang Co

45 Bach Ma National Park

46 DMZ (Demilitarised Zone)

47 Vinh Moc

Mein Tag mit Reis, Rollen und Rad

Sie haben Lust auf selbstgemachte Frühlingsrollen? Sie wollen sehen, woher die Kräuter und Zutaten kommen, bevor Sie den Wok schwenken? Kein Problem, selbst eine kleine Radtour und eine sanfte Fußmassage gehören beim Kochkurs im Tra Que Vegetable Village bei Hoi An einfach dazu …

9 Uhr: Erstmal aufs Rad schwingen

Von Ihrem Hotel in ❸ ★★ Hoi An (S. 126) – zu der auf der Karte gezeigten Beispieltour starten Sie in der Nähe der Strandhotels – geht es zusammen mit Ihrem Guide über die Truong Minh Hung und die Cura Dai in Richtung Tra Que Vegetable Village (S. 125). Nach einer Weile biegen Sie rechts ab und bahnen sich gemeinsam ihren Weg durch die Reisfelder – immer der Nase nach. Am Wegesrand sorgt ab und an vielleicht ein Wasserbüffel für einen lustigen Fotostopp. Bis zum Dorf Tra Que sind es nur ein paar Kilometer – aber was für ein Unterschied zum trubeligen Hoi An: Riechen Sie die frische Landluft?

10.30 Uhr: Bei den Gemüsebauern

Nach dem Willkommensgetränk bei dem Bauern, zu dem Sie Ihr Guide gebracht hat, heißt es sogleich: die typisch vietnamesische Landkluft überstreifen – ein langärmeliges Kittelhemd – und dann den konischen Hut zum Schutz vor der Sonne aufsetzen. Der Guide und ein Bauer erklären Ihnen nun

11.30 bis 16 Uhr: Bei den Gemüsebauern kochen, schlemmen und entspannen
9 Uhr: Erstmal aufs Rad schwingen
TRA QUE
Tra Que Vegetable Village
11.30 bis 16 Uhr
9 Uhr
Start
Lac Long Quan
An Gia Cottage
Ende
Truong Minh Hung
Hai Ba Trung
Le Thanh Tong
Cua Dai
Le Thanh Tong
Ly Thai To
300 m
300 yd
CAM CHAU
Cua Dai
Ly Thuong Kiet
Thai Pien
16 Uhr
HOI AN
3
Tram Hung Dao
Nguyen Duy Hieu
Le Loi
18 Uhr
Hoi An Market
16 Uhr: Kleiner Bummel durch Hoi An
18 Uhr: Beim Essen übers Essen plaudern

Die endlosen Reisfelder bei Hoi An bilden einen wunderschönen und ruhigen Gegensatz zu dem wuseligen historischen Handelsstädtchen.

in dem weitläufigen Garten, woher all die aromatischen Ingredienzen für so leckere Speisen wie die Nudelsuppe *cao lau* (die lokale Variante der berühmten Pho), die vietnamesischen Crêpes *banh xeo* oder den Bananenblütensalat stammen.

Hier auf den Feldern wachsen und gedeihen Salate, Zwiebeln, Koriander, vietnamesischer Basilikum und Melisse, Mungobohnenkeimlinge, Ingwer und viele andere unbekannte Kräutersorten. Oder haben Sie schon mal was vom »Vogelaugenchili« gehört?

Wer will, kann übrigens gleich mit anpacken, etwa beim Setzlingepflanzen. Oder auch beim Wässern der Gemüsebeete: Dabei trägt man die Tragestange mit den beiden Gießkannen auf den Schultern und versucht – so gut es eben geht – im Rhythmus zu bleiben, sonst sind am Ende die Sandalen nass und nicht die Beete …

11.30 Uhr: Die hohe Kunst des Kochens

Nun steht im Hof der kleinen Villa am Rande der Gemüsegärten wieder ein Kleiderwechsel an: Die Kochschürze kommt zum Einsatz. Frühlingsrollen stehen auf dem Programm – eine etwas glitschige

Das Wässern mit zwei Gießkannen sieht einfacher aus, als es ist (oben). Begegnung am Wegesrand: ein Wasserbüffel (unten).

11.30 Uhr

Bei den unterhaltsamen und informativen Kochkursen im Tra Que Vegetable Village lernt man schnell einige Geheimnisse der vietnamesischen Küche kennen.

Angelegenheit: Beim Füllen der leckeren Rollen ist höchste Fingerfertigkeit gefragt, ehe Pilze, Karotten, Garnelen oder Schweinehack mit Glasnudeln und Koriander in feuchtem Reispapier »verpackt« sind. Keine Sorge: Der Koch wird Ihnen beim Herumexperimentieren geduldig zur Hand gehen. Auch mit dem Wok-Schwenken und dem halbmeterhohen Feuerschweif aus der Pfanne klappt es bald schon ganz gut, nur Mut!

13 Uhr: *Chuc ngon mieng* – guten Appetit!

Nehmen Sie nun Platz und genießen Sie Ihre und die Kost der Profis – Sie haben es sich verdient! Die Speisen sind liebevoll präsentiert mit geschnitztem Gemüse und Obst und bis zum kleinsten

Nach Radfahren, Gartenarbeit und Kochkurs kann ein bisschen Entspannung nicht schaden – eine traditionelle Fußmassage ist dafür eine hervorragende Möglichkeit.

16 Uhr

Garnelen-Häppchen der reinste Augenschmaus. Auch beim Schlemmen kann man sich noch über die Details der Rezepte austauschen und Rat beim Koch erbitten – damit zu Hause beim vietnamesischen Erinnerungsabend auch wirklich nichts schiefgehen kann.

14 Uhr: Entspannen bei der Fußmassage

Nun gibt es ein warmes Zitronen-Kräuter-Fußbad (natürlich mit Zutaten aus dem Garten!) im Holzbottich und danach eine wohltuende Massage von gut gelaunten Damen. Das erfrischt, und beim Durchwalken kitzelt es hier und da so schön, dass man trotz der Schwüle nicht einmal schnell einnicken kann. Danach lassen sich die Pedale bei der Rückfahrt gen Hoi An garantiert mit neuem, kraftvollem Schwung treten.

16 Uhr: Kleiner Bummel durch Hoi An

Zurück in Hoi An, können Sie in den Gassen auch noch den Lampionmachern über die Schulter schauen oder den Markt besuchen. Wer aber angesichts der am Vormittag neu gewonnenen Kenntnisse künftig auch immer mal wieder zu Hause vietnamesisch kochen will, könnte sich nun nach einem passenden Wok umschauen – und die

Die Kreationen der Lampionmacher in Hoi An sind häufig von überwältigender Schönheit.

markante Fischsauce *nuoc mam* sollten Sie auch nicht vergessen einzukaufen!

18 Uhr: Beim Essen übers Essen plaudern

Entspannen, eine Kleinigkeit genießen und über Kochkunst plaudern können Sie zum Abschluss in der Altstadt, z.B. im schönen alten Holzhaus-Ambiente des Co Mai Restaurants (von Starkoch Didier Corlou). Hier werden exzellente Speisen aus dem Wok gezaubert. Da Sie jetzt über Expertenwissen verfügen, können Sie mitreden in Sachen vietnamesische Küche – ob über Kräuter, Frühlingsrollen oder Curry. Und natürlich sind Sie nun auch mit den Essstäbchen geübt!

Tra Que Village Kochkurs mit dem Fahrrad
ca. 5–6 Std., ca. 800 000 VND/Pers. bei 2 Pers. ✉ Tran Hung Dao 10, Hoi An
☎ 023 53 91 09 11 🌐 http://traquegarden.com
In jedem Hotel oder Reisebüro in Hoi An buchbar

Co Mai
✉ 2 Nguyen Thai Hoc, Hoi An
☎ 023 53 92 81 88
🌐 www.facebook.com/CoMaiRestaurant
🕑 Mo–Sa 16–22.30 Uhr

Hoi An

Was?	Ein pittoreskes Handelsstädtchen und Freiluftmuseum
Warum?	Hoi An ist ein Muss, außer man hat eine Touristenphobie
Wann?	Zwischen August und Dezember können die Gassen »Taifun-geflutet« sein
Wie lange?	2–3 Tage
Resümee	Ein UNESCO-Weltkulturerbe mit tollem Architekturensemble

Der als UNESCO-Weltkulturerbe geschützte historische Ortskern Hoi Ans mit seinen rund 800 stimmungsvollen Bauwerken in nur drei Straßenzügen präsentiert wie kaum ein anderer Ort in Vietnam ein in sich geschlossenes Ensemble von Wohn- und Ladenhäusern, chinesischen Versammlungshallen, Familienkapellen und Pagoden. Glücklicherweise wurde die einst idyllische Altstadt im Vietnamkrieg größtenteils verschont.

Heute findet die Invasion in Badelatschen und Shorts statt. Kommerz & Kitsch wohin man schaut – und manch früherer Besucher hält die schöne Altstadt schon für ruiniert! Man muss schon genau hingucken, um die historischen Spuren noch zu sehen – in einem überlaufenen Laternen-Disneyland.

Das einst chinesisch geprägte und international bedeutende Hafenstädtchen (früher chin.: Faifo oder Hai Pho, »Ort

Die Phuoc-Kien-Versammlungshalle ist ein besonders eindrucksvoller Teil des UNESCO-Weltkulturerbes »Altstadt Hoi An«.

am Meer«) liegt am Thu-Bon-Fluss, ca. 30 km südöstlich von Da Nang.

Eine alte Handelsstadt …

Wo sich heute Touristengruppen entlangschieben, herrschte im 16.–18. Jh. reger Handel mit Seide, Brokat, Elfenbein, Porzellan, Tee und Arekanüssen. Zimt und Zucker wurden gegen Waffen, Kanonen und Blei aus Europa eingetauscht. Weil ihre Segelboote von den nur halbjährlich wechselnden Monsunwinden Richtung Heimat abhängig waren, errichteten die Chinesen und Japaner hier ihre Handelsniederlassungen. Bei genauem Hinschauen offenbaren sich architektonische Details: etwa die nach Yin-Yang-Art ineinander verschlungenen Dachziegel und die *mat-cua*-Augen, die über dem Hauseingang wachen (zwei runde, am Ende verzierte Holzbolzen).

… und ihr architektonisches Erbe

Berühmtestes Bauwerk ist die erstmals im 16. Jh. errichtete Japanische Brücke (Cau Nhat Ban bzw. Lai Vien Khieu), die mehrfach zerstört und zuletzt 1763 wiederaufgebaut wurde: Ein mit Ziegeln überdachtes, altrosa getünchtes Bauwerk im schlichten japanischen Stil ragt 18 m lang über einen Seitenkanal des Thu Bon; einst verband es das einstige chinesische Viertel mit dem der japanischen Händler.

Das fast 200 Jahre alte Tan-Ky-Haus in der Nguyen Thai Hoc ist das meistbesuchte Handelshaus in Hoi An. Das hübsche Gebäude eines reichen Händlers betritt man vorn durch den Laden. Hinten befand sich der Lagerraum mit Ausgang zum Fluss, heute stehen hier Altäre für die Vorfahren. In der Mitte liegt der Hof, der für Licht und Belüftung sorgt und wo Regenwasser in Tonnen aufgefangen wurde. Holzschnitzereien zieren das Haus, etwa eine Karpfen-Drachen-Figur oder die ebenfalls Glück verheißende Fledermaus.

Von den etwa 80 alten, teils noch bewohnten Handelshäusern ist das 1690 erbaute Quan-Thang-Haus in der nördlichen Parallelstraße Tran Phu eines der ältesten. Charakteristisch sind auch hier die hintereinander liegenden kleinen Innen- bzw. Lichthöfe, die hohen Schwellen gegen die Wasserfluten, die kunstvoll geschnitzten Türen und Säulen, die

Vor der Japanischen Brücke lassen sich Touristen gerne ablichten.

chinesischen Schriftzeichen an den Dachbalken und die Wandmosaike. Natürlich fehlen nicht die Ahnenaltäre.

In der prächtigsten traditionellen Versammlungshalle, der 1692 von den Fukien-Chinesen erbauten Phuoc-Kien-Versammlungshalle (Hoi Quan Phuoc Kien) ein paar Schritte weiter östlich in der Tran Phu herrscht friedliche Ruhe – sofern sie nicht gerade von Touristengruppen in Beschlag genommen wird. Im Innenhof ist die Verwandlung des Glück verheißenden Karpfen *cá chép* in einen unsterblichen Drachen dargestellt. Der Rauch von Räucherstäbchen soll die Wünsche und Gebete der Gläubigen zu Thien Hau tragen, der Göttin des Meeres und Schutzpatronin der Seeleute, die auf einem Wandgemälde zu sehen ist. Im Altarbereich hinter dem Innenhof werden die Ahnen verehrt, Than Tai, der Gott der Finanzen und des Wohlstands, und die drei »himmlischen« Frauen, die für Nachwuchs sorgen.

Die bunte Quan-Cong-Pagode (Chua Quan Cong) widmeten Chinesen 1653 dem General Quan Cong (198–249 n. Chr.), einem Helden aus der Epoche der »Drei Königreiche«; er ist hier als große Pappmaschee-Figur auf dem Altar zu sehen.

KLEINE PAUSE

Auf dem **Markt** am Ostende der Uferstraße Bach Dang bekommt man den ganzen Tag köstliche Hausmannskost.

229 D4

Touristeninformation
Hauptbüro Hoi An Travel: 10 Nguyen Hue, Zweigstellen: 10 Trang Hung Dao, 78 Le Loi, 47 Tran Phu
023 53 91 09 11
https://hoiantravel.com
Hier gibt's Tagestickets zum Besuch von bis zu fünf historischen Stätten (120 000 VND, 24 Std.).

Japanische Brücke
Tran Phu
Tempelschrein tgl. 8–18 Uhr
Brücke: frei, Tempelschrein: Sammelticket

Tan-Ky-Haus
101 Nguyen Thai Hoc
tgl. 8–12, 14–17.30 Uhr s. o.

Quan-Thang-Haus
77 Tran Phu tgl. 8–17.30 Uhr s. o.

Phuoc-Kien-Versammlungshalle
46 Tran Phu tgl. 8–18 Uhr s. o.

Quan-Cong-Pagode
24 Tran Phu tgl. 6.30–18 Uhr s. o.

4 ★★ Hue

Was?	Einstige Kaiserstadt und frühere Hauptstadt Vietnams
Warum?	Hier erlebt man Vietnams Kaiserzeit live und in Farbe
Wann?	Achtung: Von August bis Dezember ist Taifun-Zeit!
Wie lange?	2 oder 3 Tage
Resümee	Auch überlaufene Welterbestätten lohnen den Besuch

Pomp für die Ewigkeit: das Kaisergrab Khai Dinhs

In der einstigen Kaiserstadt wird das höfische Flair als Folklore wiederbelebt. Mit dem »Drachenboot« tuckern die Besucher zur Thien-Mu-Pagode und den Kaisergräbern, während der nahe Thuan An Beach Badespaß verheißt.

Die Zitadelle

Der steile Aufstieg Hues begann, als der erste Nguyen-Kaiser Gia Long (reg. 1802–1820) den Ort zu seiner Hauptstadt kürte und die Zitadelle in Auftrag gab. Die 520 ha große Kaiserstadt (Hoang Thanh, Imperial City) am nördlichen Flussufer gehört wie ihr Vorbild, die Verbotene Stadt in Peking, zum Weltkulturerbe der UNESCO; etwa 80 der einst 300 Gebäude sind zu sehen bzw. wurden rekonstruiert.

Hinter der massiven Befestigung und dem imposanten zweistöckigen Mittagstor (Ngo Mon) liegt der Thronsaal (»Halle der höchsten Harmonie«, Thai-Hoa-Palast).

Ebenfalls 1998 restauriert wurde der Generationentempel The Mieu im Südwesten, der zehn rot lackierte Altäre mit Ahnentafeln für die Kaiser und ihre Gemahlinnen beherbergt.

Im Zentrum der Kaiserstadt befand sich die Verbotene Purpurne Stadt, die dem Kaiser, seiner Familie und dem Dienstpersonal aus bis zu 300 Konkubinen und Eunuchen vorbehalten war. Von den kaiserlichen Palästen können die rekonstruierte Schatzkammer und die Gemächer der Kaisermutter (Dien Tho) besichtigt werden. Sorgfältig restauriert wurden die Hallen der Mandarine (Ta Vu und Huu Vu), die Bibliothek (Thai Binh Lau), einige kleinere Tempelschreine sowie das Royal Theatre (Duyet Thi Duong, S. 145).

Die Kaisergräber

Drei der in der Umgebung verstreuten Kaisergräber gehören mit ihren Landschaftsgärten, Pavillons und Tempeln zu den Top-Attraktionen Hues. Romantisch-morbides Flair verbreitet die 1864–1867 errichtete Anlage Lang Khiem, das Grabmal von Tu Duc (reg. 1847–1883). Am kleinen Luu-Khiem-Teich liegen die restaurierten Pavillons Xung Khiem und Luu Khiem, wo der Kaiser bis zu 4000 Gedichte verfasste, meditierte und Schach spielte. Über eine Treppe gelangt man zum Hoa-Khiem-Tempel mit einem Altar zu Ehren von Kaiser und Kaiserin; Tu

Die Chua Thien Mu mit ihrem 21 m hohen Pagodenturm ist die älteste Pagode in Hue (oben). Die Palastanlagen der Kaiserstadt von Hue vermitteln den Glanz vergangener zeiten. (rechts).

Duc nutzte ihn einst als Palast. Sein Grabmal liegt etwas erhöht hinter Mauern und einem Ehrenhof (Bai Dinh).

Am Hang des Nui Chau Chu befindet sich die kleine, etwas düstere, aber auch majestätisch anmutende Grabanlage Lang Ung von Kaiser Khai Dinh (reg. 1916–25). Über eine 160-stufige Treppe erreicht man den Ehrenhof mit Stelen-Pavillon und Wächterfiguren. Dahinter liegt der Thien-Dinh-Palasttempel, der den Altar Khai Dinhs, eine vergoldete Bronzestatue des Kaisers und dessen Grab beherbergt.

Lang Hieu, die Grabanlage von Minh Mang (reg. 1820 bis 1841), liegt in einem am Nui Cam Ke ansteigenden Landschaftsgarten. Sie weist deutlich chinesischen Einfluss auf: Die 40 Gebäude sind streng symmetrisch auf einer Ost-West-Achse angeordnet. Ganz oben auf dem Tam-Tai-Hügel erhebt sich der zweistöckige »Pavillon der Klarheit« (Minh Lau); von hier schaut man auf den Tan-Nguyet-Teich, der das eigentliche Grab umschließt: Über eine Brücke und weitere 33 Stufen erreichen die Besucher das Grab von Minh Mang.

Die Pagode am »Parfümfluss«

Die Chua Thien Mu (Chua Linh Mu) erhebt sich am nördlichen Ufer des Huong-Flusses auf dem Hügel Ha Khe. Die »Pagode der Himmelsgöttin« wurde 1601 vom Nguyen-Fürst Hoang errichtet und im Laufe der Jahrhunderte mehrfach erweitert und restauriert.

KLEINE PAUSE

Suppenküchen versorgen Besucher mit dem Klassiker *bun bo hue,* einer deftigen Rindfleisch-Nudelsuppe.

228 C5

Vietnam Tourism
14 Nguyen Van Cu ☎ 0234 81 83 16

Kaisergräber (Royal Mausoleums)
Lang Khiem: beim Dorf Duong Xuan Thuong, 8 km südwestl. von Hue; Lang Ung: ca. 10 km südl. von Hue; Lang Hieu: ca. 12 km südl. von Hue
☎ 0234 353 08 40
www.hueworldheritage.org.vn
tgl. 7–17 Uhr, Sommer 6.30–17.30 Uhr
mit Palastmuseum 200 000 VND, 2 Tage gültiges Kombiticket mit Kaisergräbern und allen Hue-Museen ca. 500 000 VND

Zitadelle
www.hueworldheritage.org.vn
tgl. 7–17 Uhr, Sommer 6.30–17.30 Uhr jedes Grab 150 000 VND

Thien-Mu-Pagode (Chua Thien Mu)
beim Dorf Huong Long, ca. 5 km westl. von Hue tgl. 7–17 Uhr frei

40 My Son

Was?	Die Ruinen einer uralten Tempelstadt
Warum?	Dies ist einer der verwunschenen Orte Vietnams
Wann?	Wer früh kommt, vermeidet die Buskarawanen ab 9/10 Uhr und die Mittagshitze
Wie lange?	Mindestens 2–3 Stunden
Resümee	Auch Hochkulturen sind vergänglich

Zwischen den weit verstreuten Ruinen im Talkessel scheint die Zeit stillzustehen – und das seit 1400 Jahren: Hinduistische Gottheiten, Tänzerinnen und einige Teufelsfratzen schauen auf die Besucher herab, die sich durch die spärlichen Reste der heiligen Tempelstadt bewegen. Hier ein Lingam (das Phallus-Symbol Shivas), dort ein Uroja-Sockel mit aufrechten steinernen Brüsten (die »Ur-Mutter«), dahinter ein Teich mit Wasserlilien, der eigentlich ein Bombenkrater ist.

Die einstige Tempelstadt des Champa-Reiches, seit 1999 UNESCO-Welterbe, liegt in einem engen Talkessel, rund 70 km südwestlich von Da Nang und 40 km westlich von Hoi An. Archäologen der École française d'Extrême-Orient listeten hier Ende des 19. Jhs. über 70 Ruinen aus dem 4. bzw. 7.–13. Jh. auf, heute stehen noch 20 Bauwerke.

Heiligtum der Cham

Die meisten Bauten sind 1968 beim Bombardement der US-Truppen zerstört worden. Zuvor hatten diese My Son zur »Feuer frei«-Zone« erklärt, da sich hier Vietcongs verschanzt hatten. Betroffen war z.B. der größte Sakralbau, ein 24 m hoher Turm, der mit Löwen und Elefanten geschmückt war – er soll einer der schönsten Ziegelbauten Asiens gewesen sein.

Man vermutet, dass die Tempelstadt Göttern und Gottkönigen gewidmet war und hier neben Priestern auch Tempeltänzerinnen lebten. König Bhadravarman (reg. 380–413) hatte vermutlich bereits im späten 4. Jh. einen ersten hölzernen Tempel errichten lassen – später wurde er als Gottkönig Bhadresvara verehrt (der Turm in der Tempelgruppe B soll

Üppiges Grün überwuchert die Tempelruinen.

ihm gewidmet sein). Im 7. Jh. ließ König Sambhuvarman das Bauwerk mit beständigeren Materialien wie Ziegelsteinen rekonstruieren; so entstand nach und nach das größte religiöse Zentrum der Cham mit verschiedenen Tempelkomplexen, die heute in zehn Buchstaben-Gruppen eingeteilt sind (die am besten erhaltenen Ruinen sind die Gruppen B, C und D).

Sie bestehen aus diesen drei charakteristischen Ziegelstein-Bauten: Das Zentrum markiert ein Turm *(kalan)*, der den (mythischen) Berg Mehru als Sitz der Götter symbolisiert; im Inneren stellte meist ein Symbol Shiva dar, etwa ein phallischer Lingam oder Shivas heiliges Reittier, der Stier Nandi. In der Bibliothek daneben wurden heilige Schriften und Ritualgegenstände aufbewahrt; sie zeigt malaiisch-polynesische Architekturelemente wie das bootförmige Dach – die Cham hatten gute Handelskontakte u. a. nach Java. In der Meditationshalle *(mandapa)* fanden vermutlich Tempeltänze statt. Viele Ausgrabungsstücke kann man heute im Cham-Museum in Da Nang besichtigen (S. 134).

KLEINE PAUSE

Ein **Restaurant** und **Imbissstände** halten Snacks, vietnamesische Gerichte und kalte Getränke bereit.

---

229 D4 tgl. 6–16.30 Uhr 150 000 VND (inkl. Museum)

❹❶ Da Nang

Was?	Hafenstadt, die eine wichtige Rolle im Vietnamkrieg spielte
Warum?	Hier gibt's viel Geschichte, Strände und eine tolle Skyline
Wann?	Wann immer man Lust auf eine Großstadt hat
Wie lange?	1 Tag oder mehr
Was noch?	Auf die Marmorberge kraxeln
Resümee	Die Erinnerungen an den Krieg verblassen

Die Dragon Bridge ist inzwischen zu einem Wahrzeichen von Da Nang geworden.

Die moderne Hafenstadt gilt nicht zuletzt dank ihres internationalen Flughafens als Tor zu den Welterbestätten Hue, Hoi An und My Son.

Wo am 8. März 1965 die US-amerikanischen Bodentruppen an Land gegangen waren und in den Jahren 1967–1972 das deutsche Hospitalschiff »Helgoland« ankerte, erinnert heute kaum noch etwas an das sinnlose Blutvergießen des Vietnamkriegs. Als erstes First-Class-Strandhotel in Vietnam überhaupt eröffnete 1997 das Furama (S. 142) am stadtnahen und kilometerlangen China Beach (Bai My Khe, Bai Bac My An). Quasi im Wochenrhythmus eröffnen heute die Luxus-Hotelketten hier ihre vietnamesischen Flaggschiffe.

Am Wochenende findet an der Dragon Bridge am Han-Fluss ein Nightmarket statt, ein buntes Spektakel mit Lightshow und feuerspeiendem Drachen.

Da Nang selbst liegt jenseits der Strandzone am Westufer des Flusses Han, wo auch die Bach-Dang-Promenade verläuft. Jüngster Blickfang ist die 2014 eingeweihte Dragon Bridge mit ihren vor allem nachts spektakulär-»lichterspeienden« Drachenwesen. Sonst ist in der aufstrebenden Stadt mit täglich wachsender Skyline nur das hervorragende Cham-Museum sehenswert: In zehn Ausstellungsräumen und im Garten werden rund 500 Exponate aus dem 1000-jährigen Champa-Reich (4.–14. Jh.) in Südvietnam gezeigt, vor allem Hindugottheiten wie Shiva und sein Symbol, der Lingam-Phallus, aber auch andere religiös verehrte Figuren wie der Sagenvogel Garuda, der Elefantengott Ganesha, Löwen und *dvarapalas* (Türwächter).

Die Marmorberge

Rund 10 km südöstlich von Da Nang erheben sich die fünf Marmorberge (Ngu Hanh Son, S. 198), die die fünf Elemente verkörpern: Thuy Son (Wasserberg), Moc Son (Holzberg), Kim Son (Metall- oder Goldberg), Tho Son (Erdberg) und Hoa Son (Feuerberg). Am Thuy Son, mit 100 m der höchste Berg, ließ Kaiser Minh Mang 1825 die Tam-Thai-Pagode anstelle eines früheren Heiligtums errichten, in dem die Cham Hindugötter und später Buddha verehrt hatten.

Eine riesige Buddha-Statue dominiert die Huyen-Khong-Grotte.

Der Berg ist von einigen Höhlen durchzogen: Die größte, die 30 m hohe Huyen-Khong-Grotte, war ursprünglich ein Ort animistischer Verehrung und entwickelte sich später zum buddhistischen Pilgerort. Im Vietnamkrieg versteckten sich Guerillas in der Höhle.

KLEINE PAUSE

Am **Han-Markt** (Bach-Dang-Promenade) gibt es immer was zu essen, seien es Obst, Reisgerichte oder Nudelsuppen.

ⓘ

✈ 229 D4

Saigon Tourist
✉ 357 Phan Chu Trinh
☎ 0236 389 72 29
🌐 www.saigon-tourist.com

Cham-Museum (Bao Tang Cham)
✉ 1 Trung Nu Vuong Ecke 2 Thang 9
☎ 0236 357 48 01
🌐 www.chammuseum.vn
tgl. 7–17 Uhr, 2-stündige Rundgänge mit Guide um 8, 14 Uhr 60 000 VND

Marmorberge (Thuy Son)
✉ ca. 10 km südöstlich von Da Nang
tgl. 7–17 Uhr 40 000 VND, Fahrstuhl 15 000 VND

㊷ Phong Nha-Ke Bang National Park

Was?	Ein gewaltiges Höhlensystem inmitten tropischer Wälder
Warum?	Weil die Phong Nha den Superlativen gerecht wird: die schönste, abenteuerlichste, artenreichste, surrealste ...
Wann?	Meiden Sie die Höhlen an Wochenenden und Feiertagen!
Wie lange?	Ein paar Stunden bis ein paar Tage
Resümee	Eine faszinierende Reise ins Innere der Erde

Ein Abstecher in die Unterwelt führt in eines der aufregendsten Höhlensysteme Asiens. Am besten erkundet man es per Boot oder bei einem anspruchsvollen Caving-Abenteuer.

Die bedeutende Karstregion von Phong Nha ist wegen ihrer kilometerlangen Höhlen voller Stalaktiten und Stalagmiten 2003 zum UNESCO-Weltnaturerbe ernannt worden – erst 2009 entdeckten britische Forscher 20 neue Höhlen mit einer Gesamtlänge von 56 km. Widerstandskämpfer gegen die Franzosen tauchten hier ab dem späten 19. Jh. wortwörtlich in den Untergrund ab, ebenso der Vietcong im Vietnamkrieg. Den Cham hingegen galten die Höhlen als Heiligtum, was Inschriften und Altarfunde bezeugen.

Gruppen bis zu 100 Personen sind keine Seltenheit in den Phong-Nha-Höhlen.

»Lost World«

Verwunschen, versteckt und spektakulär: Tauchen Sie ein in einen der mystischen Orte Vietnams, tief in einem Dschungel-Tal verborgen. Die UNESCO-Höhlen von Phong Nha-Ke Bang bezaubern mit Grotten hoch wie Kathedralen, mit faszinierend geformten Tropfsteinen in endlosen Tunnelgängen und sogar mit unterirdischen Flüssen, Regenwäldern und Wolken! Auf dieser spektakulären Reise ins Innere der Erde sind Gänsehautmomente garantiert – Jules Verne hätte sicher seine Freude an dieser Welt gehabt …

Hang Phong Nha

Die bei Son Trach gelegenen 15 Kammern und Grotten des Haupthöhlensystems Phong Nha (»Höhle der Zähne«), vor allem die Hang Toi (»Dark Cave«), ziehen viele einheimische Besucher an. Regelmäßig flackert ein Blitzlichtgewitter auf dem 1,5 km langen Hauptweg auf, der gut beleuchtet ist; Tropfsteine werden teils farbig in Szene gesetzt. Man kann nach einer Bootsfahrt auf einem unterirdischen Bach über Treppen in die höher gelegene »trockene« Tien-Son-Höhle (auch: Dong Kho) steigen.

Nur 200 (fitte) Besucher pro Jahr dürfen für ca. 3000 US$ die Höhle Hang Son Doong besuchen. Sie ist 9 km lang und bis zu 200 m hoch und bietet Strände, Flüsse und Wolken im Innern.

Dong Thien Duong

Wem das zu trubelig ist, weicht am besten auf die atemberaubende und weniger kommerzialisierte Paradies-Höhle (Dong Thien Duong) aus. Der Eingang zu dem 31 km langen System versteckt sich in einem engen, dschungelartigen Tal: Es geht zuerst 524 Stufen aufwärts, dann wieder 200 Stufen abwärts in den Untergrund. Ein rund 1 km langer Steg führt auch hier beleuchtet in spektakuläre Grotten mit unzähligen Tropfsteinen.

Fauna und Flora

Der umliegende Ke-Bang-Nationalpark gilt als Hotspot der Biodiversität. In dem tropischen immergrünen Primärwald tummeln sich mehr als 1000 Tierarten, darunter rund 85 Säugetierarten, z. B. insgesamt zehn teils endemische Affenarten wie Languren und Gibbons, von denen vier Spezies vom Aussterben bedroht sind: der hirschähnliche Riesenmuntjak, der Asiatische Schwarzbär, der Südliche Serau und vermutlich das Saola. Zudem wurden bisher rund 2400 (teils gefährdete) Pflanzenarten registriert (u. a. drei weltweit für längst ausgestorben gehaltene Orchideenarten).

KLEINE PAUSE

Am Eingang der Höhle Phong-Nha gibt es ausreichend **Lokale** und **Essensstände** sowie **Getränkeshops.**

231 D2
www.phongnhakebang.vn
tgl. 7–16, im Winter ab 7.30 Uhr; Jan. und Sept. können Höhlen geschl. sein

inkl. Guide und Boot- oder Kajakmiete: Hang Tien Son ca. 450 000 VND, Dong Thien Duong ca. 250 000 VND

Nach Lust und Laune!

43 My Lai

Das Dorf My Lai (auch: Son My) erlangte traurige Berühmtheit durch das Massaker vom 16. März 1968: Unter dem Kommando von Leutnant William Calley sollten US-Soldaten hier und in drei Nachbardörfern Vietcong-Kämpfer aufspüren und vernichten. Dabei misshandelten und erschossen sie insgesamt 504 Dorfbewohner: Alte, Frauen, Kinder und Babys – »im Kampf getötet«, so Calleys Meldung, der als einziger in einem US-Gerichtsverfahren in erster Instanz 1971 zu lebenslanger Haft verurteilt, aber später von Nixon begnadigt wurde.

Heute erinnert eine Gedenkstätte auf einem parkartigen Gelände mit Namenstafeln und Grabplatten an die Ermordeten. Zu sehen sind Nachbauten, Einschusslöcher und Brandspuren sowie ein Museum mit Dokumentarfilm.

229 E3 Museum tgl. 8–11.30, 13.30–17 Uhr 20 000 VND

44 Lang Co

Die traumhafte Halbinsel an einer Lagune des Südchinesischen Meeres, ca. 40 km nördlich von Da Nang, bietet das reinste Postkarten-Klischee: Im türkis schimmernden Meer schwanken die Fischerboote, an Land ein Palmenmeer mit goldenem Strand. Die schönsten Aussichten genießen Sie – sozusagen aus der Vogelperspektive auf rund 500 m über dem Meer – vom steilen Hai-Van-Pass (Deo Hai Van). Sofern die Wolken die Sicht einen Augenblick freigeben: Der als Wetterscheide fungierende, serpentinenreiche Pass an der N 1 wird nicht ohne Grund »Wolkenpass« genannt.

In der Lagune werden Austern zur Perlmuttherstellung gezüchtet. Man kann die Anlagen besuchen oder mit den Fischern Bootsausflüge machen und sich die Fischernetze, die an Stangen über dem Wasser hängen, aus der Nähe ansehen.

229 D4

45 Bach Ma National Park

Bei Ausflügen in den 22 000 ha großen Nationalpark (auch: Hai Van) können Besucher auf mehreren Wanderwegen die Landschaft und artenreiche Fauna erkunden, zu der die sehr seltene Antilopenart Saola und der hirschähnliche Muntjak gehören. Viele Seen, Flüsse und Wasserfälle speisen idyllische Badepools, z. B. der Do-Quyen-Wasserfall mit

Üppiges Grün im Bach Ma National Park

seinen insgesamt 300 m hohen Kaskaden oder der Thac Bac (Silber-Wasserfall). Teils steile Trekkingtrails wie der Five Lakes Trail führen über mit Seilen gesicherte Passagen und Holzleitern und fordern auch erfahrene Wanderer. Auf dem 1450 m hohen Bach Ma schließlich bietet sich bei gutem Wetter ein spektakuläres Panorama.

Der Park gehört aber zur regenreichsten Region Vietnams: Heftige Niederschläge fallen vor allem zwischen September und Dezember. Am besten besucht man ihn daher zwischen Februar/März (Rhododendronblüte) und Juni. Sehr heiß wird es von Mai bis August; dann herrscht an Wochenenden oft Hochbetrieb. Zu den Einrichtungen gehören ein Zeltplatz, einfache Gästehäuser, Mietjeeps und ein Besucherzentrum mit Orchideenhaus.

228 C4 ☎ 0234 387 13 30
www.bachmapark.com.vn
tgl. März–Sept. 7–17, Okt.–Feb. 7.30–16.30 Uhr 40 000 VND

46 DMZ (Demilitarised Zone)

Die einst »entmilitarisierte Zone« (DMZ) beiderseits des Ben-Hai-Flusses liegt ca. 80 km nördlich von Hue am 17. Breitengrad in der 1968 und 1969 stark bombardierten Provinz Quang Tri. Nach dem Beschluss der Genfer Indochina-Konferenz 1954 trennte die 10 km breite Demarkationslinie bis 1975 das kommunistische Nordvietnam von

Gräber auf dem Truong-Son-Nationalfriedhof

der US-amerikanisch beeinflussten Republik Südvietnam. Vom Krieg zeugen still mahnende, durchsiebte Ruinen wie die La-Vang-Basilika bei Quang Tri nahe der N1, Soldatenfriedhöfe und Gedenkstätten, (re-konstruierte) Bunker und überwucherte Schützengräben, Panzer und Hubschrauber sowie letzte Überreste von Kriegsschrott.

In Dong Ha, südlich der eigentlichen DMZ, lohnt das Mine Action Visitor Center des Minenräumungsprojekts RENEW den Besuch. Filme, Fotos und Ausstellungen informieren über die bis heute akuten Folgen des Kriegs – etwa wenn Kinder die tennisballgroßen, orangefarbenen und oft noch intakten *cluster bombs* finden.

Bei Dong Ha biegt von der Küstenstraße landeinwärts die N9 Richtung Cam Lo ab. Rund 20 km nördlich von hier liegt der Truong-Son-Nationalfriedhof. Viele Gräber in den schier endlosen Reihen sind rein symbolisch, da die Leichname vieler Opfer nie gefunden werden konnten. Westlich von Cam Lo liegt die Bergfestung Khe Sanh, Schauplatz der schwersten Schlacht des Vietnamkriegs, südlich von hier der legendäre Hamburger Hill und die von Kubanern 1975/1976 wiederaufgebaute Dakrong-Brücke nahe der laotischen Grenze.

Bei Aluoi nähert man sich schließlich dem legendären Ho-Chi-Minh-Pfad. Diese im Dschungel verborgene, insgesamt ca. 16 000 km lange Versorgungslinie verlief größtenteils auf dem Terrain der offiziell neutralen Nachbarländer Laos und Kambodscha und wurde von den USA von 1964 bis 1973 – zuerst geheim – mit mindestens 2 Mio. t Sprengstoff bombardiert. Aber die überwiegend nächtlichen Transporte, ohne die die Tet-Offensive undenkbar gewesen wäre, konnten trotz hoher Verluste auf nordvietnamesischer Seite nie gestoppt werden. Schätzungen zufolge gelangten zu Fuß, per Rad oder Lkw pro Monat 5000 t Material zu den Kämpfern im Süden.

In den Tunneln von Vinh Moc wurden 17 Kinder geboren.

228 B5

DMZ
tgl. 7–16.30 Uhr
frei, Museen ca. 20 000 VND

Quang Tri Mine Action Visitor Center (RENEW)
Kids First Village, 185 Ly Thuong Kiet, Dong Ha ☎ 0233 385 84 45 (Durchwahl 114) www.landmines.org.vn
Mo–Fr 8–17 Uhr, Sa/So nur nach Vereinbarung frei

47 Vinh Moc

Nördlich des Ben Hai zweigt beim Ort Ho Xa eine Straße von der N1 Richtung Küste ab. Nach 13 km gelangt man zu den Tunneln von Vinh Moc. Anders als die mitunter etwas zu touristisch aufbereiteten Cu-Chi-Tunnel (S. 44) erlauben diese einen unverfälschten Eindruck vom Leben im Untergrund. Sie wurden 1966/1967 errichtet und dienten zunächst als Schutzunterkünfte der Bevölkerung, die heftigen Bombardierungen ausgesetzt war. Erst später übernahm der Vietcong das 3 km lange Gangsystem, das sich auf drei Ebenen erstreckte. Rund 1700 m wurden rekonstruiert, die Eingänge liegen teils am Strand. Die Gänge sind bis zu 1,80 m hoch, beleuchtet und weiten sich bis zu 23 m unter der Erde zu Versammlungsräumen, in die etwa 50 Menschen passen. Ein Museum zeigt Fotos, die den Alltag der Menschen verdeutlichen.

228 B5 tgl. 7–16.30 Uhr
ca. 50 000 VND

Wohin zum ... Übernachten?

Preise für ein Doppelzimmer pro Nacht:
€ unter 1 Mio. VND (unter 40 €)
€€ 1–2,4 Mio. VND (40–92 €)
€€€ über 2,4 Mio. VND (über 92 €)

DA NANG

Furama €€€
Vietnams allererstes Luxusstrandhotel spielt immer noch in der Top-Liga von Da Nang mit. Ob im Garten, an der Lagune, am Pool oder am Meer – die eleganten Villen und Suiten überzeugen mit Parkett, viel Edelhölzern und Cham-Dekor in großzügigen Räumen. Fürs leibliche Wohl sorgen u. a. ein Steakhouse und ein italienisches Restaurant. Zum Sport- und Verwöhnangebot gehören Tai Chi, Fitnesscenter, Angeltouren und Spa, der Kids Club kümmert sich derweil um die Sprösslinge. Deutsches Management.
229 D4 China Beach
0236 384 73 33
www.furamavietnam.com

Zwei Steinhände schützen die Goldene Brücke bei Da Nang in den Ba-Na-Hills.

Nemo €
In diesem Familien-Hotel werden auf vier Etagen mit Fahrstuhl kleine, einfache Zimmer mit Duschbad vermietet. Gutes Preis-Leistungs-Verhältnis, hilfsbereite Angestellte, nur zehn Gehminuten vom Non Nuoc Beach, viele Lokale in der Nähe.
229 D4 100/2 Nguyen Van Thoai
0236 395 19 51
www.facebook.com/DanangNemoHotel

Sandy Beach €€–€€€
Das Mittelklassehotel liegt ca. 5 km südlich von Da Nang an einem ruhigen Strandabschnitt. Es bietet 61 helle Zimmer, 52 Bungalows und fünf Villen mit Meer- oder Gartenblick. Zwei Pools, Kids Club, Golf- und Tenniskurse.
229 D4 Bai Non Nuoc, 21 Truong, Hoa Hai
0236 396 17 77
www.sandybeachdanang.com

HOI AN

Ancient House €€
Eine wahre Oase: Nur zehn Gehminuten vom Zentrum liegt an der Straße zum Strand diese wunderschöne, bei Deutschen beliebte Mittelklasseherberge mit ihren kleinen, mediterran angehauchten Häuschen rund um den üppig begrünten Mini-Pool: 52 gemütliche und komfortable Zimmer mit großen Himmelbetten, Balkonen und Spa.
229 D4 377 Cua Dai 0235 392 33 77
www.ancienthouseresort.com

Green Heaven €–€€
Viel Komfort für wenig Geld: In dem zentralen, aber ruhigen Mittelklassehotel verteilen sich die schönen Zimmer mit hervorragenden Bädern auf zwei Etagen um den Pool im Innenhof: Hier kümmern sich freundlich-professionelle Geister um die Gäste, zur Altstadt ist es nur ein Katzensprung. Gute Online-Angebote.
229 D4 21 La Hoi, An-Hoi-Halbinsel
0235 396 29 69
www.hoiangreenheavenresort.com

The Nam Hai €€€
Eines der schicksten Hotels in Vietnam, jetzt unter Four-Seasons-Management: Die 100 minimalistisch, in düster-grauem Granit und dunklem Edelholz gestalteten Poolvillen am Strand haben ihren Preis. Dafür darf der Gast auch perfekten Service erwarten (inkl. Butler). Für die kulinarischen Hochgenüsse sollte man nochmals einen extra Posten im Budget einplanen.
229 D4 Dien Duong, ca. 8 km nördlich von Hoi An 0235 394 00 00
www.fourseasons.com/hoian/

HUE

Saigon Morin €€–€€€
Das koloniale Flair durfte bereits Charlie Chaplin genießen: Die ansprechende Herberge mit 180 hübsch-altmodischen Zimmern liegt sehr zentral. In der Gartenoase im Innenhof mit kleinem Pool genießt man Ruhe, z. B. beim reichhaltigen Frühstücksbuffet.
228 C5 30 Le Loi
0234 382 35 26
www.morinhotel.com.vn

Im Saigon Morin war schon Charlie Chaplin zu Gast.

PHONG NHA

Phong Nha Farmstay €–€€€
Ideal für Familien: Beim australischen Ehepaar Ben und Bich wohnt man in einer kleinen Oase mit Pool zwischen den Reisfeldern. Und ganz neu: die Wellness-Abteilung.
231 D2
Cu Nam, 35 km nördl. von Dong Hoi
0232 367 51 35
www.phong-nha-cave.com

Wohin zum … Essen und Trinken?

Preise für ein Hauptgericht ohne Getränke:

€	unter 130 000 VND (unter 5 €)
€€	130 000–250 000 VND (5–10 €)
€€€	über 250 000 VND (über 10 €

DA NANG

Babylon Steakgarden 1 €€
Nicht vom Namen täuschen lassen: In dem vietnamesischen Touristenlokal mit Dachveranda werden auch Vegetarier und Kids satt! Auf der großen Speisekarte mit vietnamesischen Klassikern, Kim Chi, westlichen Gerichten, Wagyu Steaks und BBQ finden sich auch Spaghetti, Pasta und Pommes (auf den Preis kommen noch 15 % Steuern dazu).
229 D4 Truong Sa Ecke Ho Xuan Huong (nahe Furama Hotel)
0236 398 79 89 tgl. 10–22.30 Uhr

Truc Lam Vien €€–€€€
Das hübsche Gartenlokal versteckt sich im Nordzipfel der Stadt. Doch der Weg lohnt sich: Man speist draußen oder im wohnlich-romantischen alten Teak-Haus: vor allem Seafood, gebratene Nudeln, Suppen und deftige Grillgerichte. Man zahlt etwas mehr fürs Ambiente, die Portionen könnten dafür jedoch etwas größer sein.
229 D4 8–10 Tran Quy Cap
0236 358 24 58
https://truclamvien.com.vn
tgl. 10–21.30 Uhr

HOI AN

Bao Han €–€€
Nahe der Strandhotels (Palm Garden) verwöhnt die resolut-freundliche Phi hier ihre Stammgäste in einem kleinen unscheinbaren Familienlokal, seit 2006 mit gleichbleibender Qualität: Ob Bratreis oder Frühlingsrollen, frische Meeresfrüchte, Fisch oder Hot Pot – alles schmeckt lecker, die Riesengarnelen sind tellergroß, die Bedienung ist aufmerksam, die Preise sind okay. Und es gibt sogar gute Weine zur Auswahl.
229 D4 17 Cua Dai
0235 350 14 40 tgl. 10–21.30 Uhr

Little Faifo €€
Schönes Café in der Altstadt mit einheimischer Küche: Hier speist man bei Piano-Begleitung in gehobenem Ambiente auf zwei Etagen (Balkon reservieren!) oder im Mini-

Patio. Serviert werden u. a. Klassiker wie Cao Lau, Frühlingsrollen oder Pho, lecker sind die Jakobsmuscheln oder Garnelen in Ingwer-Tamarinden-Sauce, gute Weinauswahl.
229 D4 66 Nguyen Thai Hoc
0235 391 74 44 www.littlefaifo.com
tgl. 7–22 Uhr

HUE

Banh Khoai Lac Thien €
In dieser Institution von Hue kann man die hiesige Spezialität *banh khoai* kosten: knusprige Pfannkuchen mit Garnelen, Schweinefleisch, Sojabohnensprossen und einer Sesam-Erdnuss-Tunke.
228 C5 6 Dinh Tien Hoang, am Thuong-Tu-(Ost)-Tor der Zitadelle
0234 352 73 48 tgl. 8–22 Uhr

Family Home Restaurant €
Man staunt, dass es so etwas in Hues Touristenzentrum noch gibt: In dem einfachen Lokal ist Familienanschluss inklusive, man speist quasi im Wohnzimmer, während die Großmutter vorm Fernseher hockt. Gute vietnamesische Hausmannskost und Frühstück. Die Familie bietet auch Touren an.
228 C5 11/34 Nguyen Tri Phuong
0234 382 06 68 tgl. ca. 7–22 Uhr

Laden in einer Gasse in Hoi An

Kim Long Fine Dining (ehem. Ancient Hue) €€€
Nahe der Thien-Mu-Pagode lässt man sich hier wie die alten Nguyen-Kaiser mit einem zwölfgängigen »Royal Dinner« verwöhnen. Das stilvolle Lokal bietet bis zu 250 Plätze in herrlich alten Gemäuern, idyllisch in einer fast verwunschen anmutenden, nachgebauten Tempelanlage mit Garten und Teich und dem Garden House Phu Mong.
228 C5 104/47 Phu Mong Street, Kim Long 0234 359 09 02
www.ancienthue.com.vn
tgl. 11–22 Uhr

Wohin zum … Einkaufen?

Im Dorf **Dong Hai** zu Füßen der Marmorberge widmen sich seit dem 15. Jh. rund 600 Familien der Steinmetzkunst. Nur wie bekommt man den mannshohen Buddha aus Marmor (oder doch Speckstein?) nach Hause?

Eine lange Tradition haben auch die Handwerksdörfer in der Umgebung von **Hue**: Hier gibt es Bronzegussarbeiten, Stickereien, Seidenmalereien, Lackarbeiten und Holzschnitzkunst mit Perlmutteinlagen und hochwertige blaue Keramiken. Bekannt ist die Region auch für filigrane und aufwendig verzierte Kegelhüte, die es beispielsweise im Dorf Phu Cam gibt. Schöne Ausflüge per Boot oder per Rad entlang des Thu Bon führen zu Handwerksdörfern wie Thanh Ha (Töpferwaren), Kim Bong (Holzschnitzereien) und Phuoc Kieu (Bronzeschmieden).

Sehr in Gefahr ist die Reisekasse in **Hoi An**, besonders in den drei Altstadtgassen. Vor allem die Schneider sind hier sehr beliebt: Die Nähmaschinen rattern pausenlos. Seit sich dies jedoch bei den US-Touristen herumgesprochen hat, kennen die Preise nach oben offenbar kaum noch eine Grenze. Wer »heiße Nähte« nicht mag, sollte nicht erst am letzten Tag vor der Abreise einkaufen, möglichst Vorlagen parat haben und Angebote einholen und vergleichen!

Mit gutem Gewissen einkaufen kann man bei **Reaching out** (131 Tran Phu, www.rea

Eine farbenprächte Aufführung im Königlichen Theater Duyet Thi Duong in Hue

chingoutvietnam.com, Mo–Sa 8–18.30 Uhr); das Behinderten-Projekt produziert wunderbare Souvenirs, von Kleidern über Taschen bis hin zu Modeschmuck.

Wohin zum … Ausgehen?

Eine neue Show mit Wow-Effekt: Das mitreißende Spektakel »Teh Dar« entführt 75 Minuten lang in die Kultur der Hochlandstämme, die die jungen Artisten und Tänzer der **Lune Performing Arts-Truppe** im originellen Bambus Theater auferstehen lassen. Auch für Kids ein toller Spaß! (Dong Hiep Park, 1A Nguyen Phuc Chu, www.lunepro duction.com/lune-performing-center-hoi-an, tgl. 18 Uhr, Eintritt ab 700 000 VND).

In einem der alten, etwas beengten Kaufmannshäuser von Hoi An tritt eine Laienschauspiel- und Tanzgruppe auf: Das **Traditional Art Performance Theatre** (Uferpromenade, 66 Bach Dang, neben dem Masken-Laden; Tel. 0235 386 11 59, tgl. 17 Uhr, ca. 100 000 VND) gibt mit Kostümtänzen und Geschichten aus dem vietnamesischen Alltag und seinen uralten Legenden einen kleinen Einblick in die traditionelle Bühnenkunst. Es kommen auch alte Instrumente wie die einsaitige *dan bau* zum Einsatz. Im renovierten Königlichen Theater **Duyet Thi Duong** von Hue (Zitadelle, Kaiserstadt Hue; tgl. 10, 15 Uhr; 200 000 VND) gibt es bei ausreichend anwesendem Publikum *nha-nhac*- Aufführungen mit klassischer Hofmusik und Tanz.

Jeden Monat am 14. Tag des Mondkalenders erstrahlen bei **Hoi An by night** die alten Gassen im Schein von Lampions, Windlichtern und Lichterketten. Das mehrtägige **Hue Festival** findet in geraden Jahren zwischen April/Mai und Juni statt. Es bietet höfische Musik, Tanz, Wasserpuppentheater, Konzerte (auch Rock und internationale Musik), Ausstellungen, Modeschauen, Sampan- und Drachenbootrennen und Feuerwerk.

Viele Besucher erweitern in Hoi An (und anderswo) ihre Kochfähigkeiten. Ein bewährter Anbieter von Kursen ist **Vy's Cooking School** (c/o Morning Glory Restaurant, 106 Nguyen Thai Hoc, www.tastevietnam.asia) oder etwas außerhalb **Red Bridge** (https://redbridge.visithoian.com). Radtour und Kochkurs in einem ermöglicht ein Ausflug ins **Tra Que Vegetable Village** in Ca Ha (S. 120).

Das Wasserpuppentheater, hier eine Aufführung beim Hoan-Kiem-See, ist eine uralte, weltweit einzigartige vietnamesische Tradition.

Hanoi

Die Hauptstadt fasziniert durch ein wunderbares Miteinander von alter vietnamesischer, kolonialzeitlicher und moderner Architektur.

Seite 146–171

Erste Orientierung

Französischer Charme trifft vietnamesisches Chaos. Eine Tour durch die Hauptstadt Vietnams wird stets zu einer Zeitreise durch das letzte Jahrtausend! Hunderte von farbenprächtigen Tempeln und Pagoden demonstrieren friedliche Koexistenz mit französischen Kolonialbauten und Art-déco-Villen, sozialistischen Protzbauten und spiegelverglasten Hochhaustürmen. Und dann sind da noch die Altstadtgassen mit ihren Boutiquen, Galerien und trendigen *bia-hoi*-Kneipen …

Den Anfang machte 1010 die vietnamesische Ly-Dynastie mit der offiziellen Gründung Hanois (wenngleich Chinesen schon im 7. Jh. die hiesige Festung Dai La errichtet hatten): Wo heute ca. 4,8 Mio. Menschen innerhalb der Stadtgrenzen und über 8 Mio. in der Provinz leben, befand sich fortan ein Sitz von Fürsten und Königen, Verwaltung und Militär, Lehre und Wissenschaft. Die »Stadt zwischen den Flüssen« liegt im Delta des Roten Flusses, in dem einst mythische Drachen und Mongolen herrschten und in dem sich zahllose Legenden um die Entstehung des vietnamesischen Volkes und die bis zu 4000-jährige Historie ranken.

Hanois Antlitz trägt bis heute die Spuren der verschiedenen Epochen und deren Regenten von Königen über Kolonialherren bis Kommunistenführern. 600 teils uralte Tempel und Pagoden gibt es hier, die neoklassizistischen Kolonialbauwerke dienen heute als Botschaften, Hotels und Museen. Parks, Seen und breite Tamarinden-Alleen geben der Stadt – trotz allem Aufbruch in die Moderne, die vor allem im Bezirk am Westsee Einzug gehalten hat – ein nostalgisch-französisches Flair.

TOP 10

⑩ ★★ Altstadt & Hoan-Kiem-See

Nicht verpassen!

48 Van Mieu (Literaturtempel)

49 Ho-Chi-Minh-Mausoleum

50 Chua Tran Quoc (Tran-Quoc-Pagode)

51 Ethnologisches Museum von Vietnam

Nach Lust und Laune!

52 Nationales Historisches Museum

53 Französisches Viertel

54 »Hanoi Hilton«/Hoa Lo

55 Chua Quan Su (Botschafter-Pagode)

56 Thang-Long-Zitadelle

57 Ho-Chi-Minh-Museum

Mein Tag mit Shopping und Spa

Um einen Hauch der Zeit der alten Kaufmanns-Zünfte zu erleben, bummeln Sie durch das Herz Hanois: Sie müssen ja nicht gleich alle »36 Zunft-Straßen« durchstreifen. »Röhrenhäuser«, Propaganda-Poster, textile Kunstwerke, Heilmittelchen und Fußmassagen erwarten Sie. Hier geht's lang …

8 Uhr: Be happy beim Frühstück!

Ein witziger Einstieg in den Tag in der ⑩★★ Altstadt (S. 156): Frühstücken Sie an der Nordwestecke des ⑩★★ Hoa Hoan Kiem im The Note Coffee (S. 155), wo Sie bei Cappuccino oder *egg coffee* (ja, mit Ei!), Croissants, Baguette oder Kuchen die *post-its* internationaler Gäste lesen können.

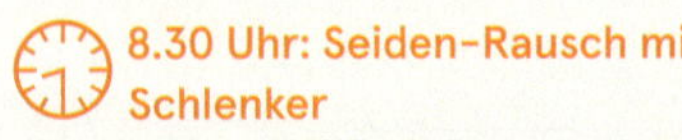

8.30 Uhr: Seiden-Rausch mit Schlenker

Nun geht es auf der Luong Van Can weiter und dann nach links in die Hang Gai, die »Silk Street«: Designer-Boutiquen und Seiden-Läden, Souvenirshops und Galerien reihen sich hier aneinander. Chinesische *shop houses* und Kolonialfassaden finden sich neben moderner Architektur, etwa bei Tan My Design (S. 155) – der Laden in der vierten Generation ist perfekt, wenn Sie ein besonderes Mitbringsel suchen. Die Seiden-Boutiquen haben oft einen eigenen Schneider – wie Ha Dong Silk (S. 155) eine Treppe höher.

Über die nach ca. 200 m rechts abbiegende Minigasse Tam

16 Uhr: Schmuck, Bier und Propaganda
10.30 Uhr: Darf's ein bisschen revolutionär sein?
11.30 Uhr: Besuch im Kaufmannshaus
14 Uhr: »Happy Hour«- Massage
Dao Duy Tu
Den Bach Ma
Hang Buom
Ma May
11.30 Uhr
Quan Phuong Beo
Lan Ong
Hang Ngang
10.30 Uhr
14 Uhr
Ancient House
Unabhängigkeitsmuseum
Ta Hien
Café Nola
Serene Spa
10 Uhr: Junge Kunst und alte Mittelchen
10 Uhr
Empty Wall Gallery
Hang Bac
16 Uhr
ALTSTADT
Thang Long Gallery
100 m
100 yd
Hang Dao
Luong Van Can
Ende
Gia Ngu
Dinh Liet
Hang Quat
To Tich
Hang Non
Den Yen Thai
Yen Thai
Tan My Design
Hang Manh
Hang Hom
Hang Gai
Comet Restaurant
Cau Go
18 Uhr: Cocktail with a View
8 Uhr
18 Uhr
The Note Coffee
Ha Dong Silk
Ho Hoan Kiem
Ngo Tam Tuong
Tam Thuong
Hang Bong
8.30 Uhr
Start
8 Uhr: Be happy beim Frühstück
8.30 Uhr: Seiden-Rausch mit Schlenker

Von außen wirkt der Bach-Ma-Tempel eher unscheinbar, doch in seinem Inneren überrascht der älteste Tempel der Altstadt von Hanoi mit prachtvollen goldverzierten Schnitzereien.

Thurong gelangen Sie vorbei an Gästehäusern zum Den Yen Thai (Gemeindehaus) an der Ecke der gleichnamigen Straße. Am Ende der Yen Thai machen Sie einen Links-Rechts-Schlenker über die alte Hutmachergasse Hang Non in die Hang Quat, wo sich sich die Votivgaben stapeln, goldene Buddhas aus den Regalen schauen und Spruchbänder grüßen.

10 Uhr: Junge Kunst und alte Mittelchen

Nun laufen Sie wieder auf die Luong Van Can und legen einen Stopp bei der Empty Wall Gallery (S. 155) ein. Hier stellt die junge Hai Yen Werke von Hanoier Künstlern aus, zu angemessenen Preisen. Wollen Sie ein Kunstwerk erwerben?

Nach ca. 300 m gehen Sie links in die Lan Ong, die Straße der traditionellen Apotheken voller Säcke, Kisten und Schubladen mit getrockneten Kräutern, Rinden und Wurzeln, auch die sagenhaften Goji-Beeren mit 1001 Vitaminen. Schauen Sie sich um und bestaunen Sie die kuriosen Heilmittelchen. Leider hält sich noch immer der Aberglaube an die Wirksamkeit diverser Pülverchen aus Tierbestandteilen wie Tigerknochen oder Echsenhaut.

10.30 Uhr: Darf's ein bisschen revolutionär sein?

Machen Sie zwischendurch einen Abstecher auf die Hang Ngang, denn ein Besuch im Unabhängigkeitsmuseum (S. 158) – Haus Nr. 48, – ist nicht nur für Alt-68er oder

Auf der Hang Gai, der »Silk Street«, reihen sich Boutiquen und Seiden-Läden aneinander (oben), wohingegen in der Lan Ong Apotheken das Straßenbild bestimmen (unten).

Ein Tuschemaler in einem alten Kaufmannshaus in der Ma May

Anhänger Ho Chi Minhs interessant. Der Revolutionär wohnte hier zeitweilig und feilte 1945 an der Unabhängigkeitserklärung für die Demokratische Republik Vietnam.

Gehen Sie nun nach Norden zurück und biegen nach rechts in die Hang Buom ein: Der älteste Tempel der Altstadt, der Den Bach Ma (S. 158) wurde dem »weißen Pferd« (Bach Ma) von König Ly Thai To gewidmet. Falls Sie zwischen 11 und 14 Uhr kommen, könnte er zu sein – einfach nochmal vorbeischauen.

11.30 Uhr: Besuch im Kaufmannshaus

In der 100 m weiter verlaufenden Ma May können Sie sich nun stärken: z. B. im Haus Nr. 45 bei Quan Phuong Beo (S. 155), einer Garküche: einfach Platz nehmen, die Nudelsuppe kommt sofort! Etwas weiter, in Nr. 87, ist das Ngoi Nha Di San, ein altes Kaufmannshaus, zu besichtigen: Das zweistöckige »Röhrenhaus« (S. 158) gehörte einer wohlhabenden Bambusmacher-Familie des 19. Jhs. In der Nr. 89 bietet sich gleich

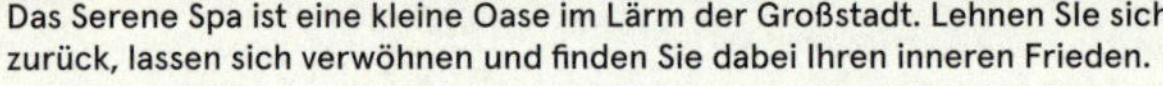

Das Serene Spa ist eine kleine Oase im Lärm der Großstadt. Lehnen Sie sich zurück, lassen sich verwöhnen und finden Sie dabei Ihren inneren Frieden.

wieder eine Verschnaufpause im Innenhof des Café Nola an (S. 170) – wie eine versteckte Oase auf vielen Etagen, wenn man erst einmal den Eingang gefunden hat.

14 Uhr: »Happy Hour«-Massage

Jetzt wird's wirklich schwül und viel zu heiß, um weiter draußen unterwegs zu sein: Wie wäre es also mit einem Fußbad und kitzlig-cooler »Fisch-Massage«? Oder mit einem Peeling und professioneller Massage? Dann auf ins Serene Spa (S. 155) in der Nr. 68! Wie gut, dass hier von 14 bis 17 Uhr Happy Hour ist …

16 Uhr: Schmuck, Bier und Propaganda

Am Ende der Ma May stößt man auf die Hang Bac: Die einstige Straße der Silber- und Goldschmiede ist heute nicht nur eine Fundgrube für (Mode-)Schmuck-Enthusiasten, sondern auch für Ho-Chi-Minh-Fans: Hier gibt's günstige, bunte Propaganda-Poster – Originale kosten ein kleines Vermögen, beispielsweise in der Thang Long Gallery (Nr. 16).

Ein Abzweig nach rechts und Sie sind in der Kneipengasse Ta Hien. Angesagt sind hier moderne Bars, aber ab 17 Uhr auch Biertrinken à la Vietnam: An den *bia hoi*-Kneipen schwatzen die Vietnamesen auf Schemelchen bei leichtem heimischen Bier – eisgekühlt und

Die Bars und Lokale der »Kneipengasse« Ta Hien sorgen nicht nur bei Biertrinkern für gute Laune.

für umgerechnet nicht einmal 50 Cent zu bekommen.

18 Uhr: Cocktail with a View!

Nach so viel bodenständigem Flair steht Ihnen der Sinn vielleicht nach etwas gehobenerem Service: im wahrsten Sinn: Im schicken Comet Restaurant und der Starlight Sky Bar (Aurora Premium Hotel) speist man mit 360-Grad-Panorama hoch oben über dem Altstadt-Trubel und dem Hoan-Kiem-See. Livemusik gibt's auch.

The Note Coffee €
✉ 64 Luong Van Can
🌐 https://thenotecoffee.com
🕐 tgl. 6.30–23 Uhr

Tan My Design
✉ 61–66 Hang Gai 🌐 www.tanmydesign.com

Ha Dong Silk
✉ 102 Hang Gai 🌐 www.hadongsilkshop.com

Empty Wall Gallery
✉ 15 Luong Van Can
🌐 www.emptywallgallery.com

Quan Phuong Beo
✉ 45 Pho Ma May
🌐 https://quan-phuong-beo.business.site

Serene Spa
✉ 58 und 68 Ma May
🌐 www.serenespa.vn 🕐 Reservierung nötig

Comet Restaurant/Starlight Skybar
✉ 61 Hang Be (im Aurora Premium Hotel)
🌐 www.aurorahotels.vn
🕐 tgl. 16–21.30, Bar bis 24 Uhr

⑩ ★★ Altstadt & Hoan-Kiem-See

Was?	Die Altstadt Hanois und der See, an dem sie liegt
Warum?	Um Vietnams traditionelle Seite kennenzulernen
Wann?	Jederzeit
Wie lange?	Einen Tag mindestens
Resümee	Hier muss man unbedingt her – es gibt so viel zu sehen!

Schon im Morgengrauen herrscht Leben an den Ufern des legendenreichen Sees. Wo sich bereits die ersten Gruppen mit Tai Chi und Jazz Dance fit halten, sitzen bis spätabends Liebespärchen händchenhaltend auf den Bänken. Die heiße Mittagszeit oder plötzliche Regengüsse kann man herrlich in den Cafés, Suppenküchen und Bars der Altstadt vertrödeln.

Eine Oase mitten in der Stadt

Am Nord- und Westufer des Hoan-Kiem-Sees erstreckt sich das Alte Viertel mit seinem Gassen-Labyrinth, in dem allabendlich spätestens um 17 Uhr ein Chaos aus unzähligen Mopeds herrscht, das Straßen, Plätze und Bürgersteige hoffnungslos verstopft. Zum Luftholen kommen die Vietnamesen an den See, morgens, mittags, abends. Touristen locken zudem die wichtigsten Wahrzeichen Hanois an dessen Ufer: Da wäre zunächst die The-Huc-Brücke, über die man zum Jadebergtempel (Den Ngoc Son) gelangt. Der auf einer kleinen Insel gelegene Tempel wurde erstmals im 14. Jh. erbaut und einigen historischen Heiligen geweiht: dem heldenhaften General Tran Hung Dao (1228–1300), der 1288 die Mongolen abwehrte, dem Literaturgott Van Xuong, dem Physiker La To und dem Kriegshelden Quan Vu (2./3. Jh. n. Chr.).

Auf einer weiteren Insel steht der 300 Jahre alte Schildkrötenturm Thap Rua. Der Legende nach lebte im See eine sagenumwobene goldene Schildkröte. Diese soll dem Nationalheld Le Loi, dem späteren König Le Thai To (um 1384 bis 1433), ein Schwert ausgehändigt haben, mit dem dieser die Ming-Chinesen 1428 endlich aus Vietnam vertreiben konnte.

Die The-Huc-Brücke heißt wegen ihrer Farbe auch »Brücke der aufgehenden Sonne« (links). In der Hang Ma bekommt man alles für einen Tempelbesuch (unten).

Im Gassengewirr des Alten Viertels

In Hanois Altstadt spielt sich das Leben (noch) auf dem Plastikschemel mitten auf dem Bürgersteig ab – oder auf dem Mopedsitz. An einer Ecke hocken noch einige Alte bei *bia hoi* (Bier) und spielen *co tuong* (chinesisches Schach). Im auslaufenden Jahrtausend schwappte jedoch der moderne Lifestyle nach Vietnam. Designerboutiquen und schicke Restaurants verdrängen Barbiere und Ohrenputzer, moderne Drogerien traditionelle Heilkräuter-Apotheken. Und Ladenhäuser werden nach und nach in Souvenirshops, Galerien und Mini-Hotels umgewandelt.

Die Geschichte des Alten Viertels lässt sich bis in die Anfänge Hanois zurückverfolgen, als die Außenbezirke rund um die Zitadelle Thang Long (S. 168) nach 36 Zünften eingeteilt und die Gassen nach Waren und Gewerbe getrennt waren: Bis heute ist dies noch teilweise zu erkennen, z. B. in der Straße der Bambus- und Korbwaren (Hang Tre, Hang Bo, Hang Vai), der Straße der Papier-Votivgaben (Hang Ma), oder in der Hang Quat, in der sich religiöse Devotionalien stapeln.

Unterwegs in der Altstadt

Achten Sie beim Rundgang auf die letzten Werkstätten und Wohnläden, die extrem schmalen Röhrenhäuser, die bis zu 70 m lang sein können. Durch einige dieser Häuser in der Altstadt kann man schlurfen – in Filzpantoffeln, die man am

Eingang bekommt: Das Schmuckstück in der Ma May 87 ist das mit UNESCO-Mitteln restaurierte Ngoi Nha Di San Heritage House. Es stammt aus dem späten 19. Jh., die einstigen Besitzer gehörten zur Gilde der Bambusmacher; Verkaufsraum, Werkstatt, Wohn- und Schlafraum, Küche, Bad und Lagerraum waren durch Innenhöfe verbunden. Beachtung verdienen die geschnitzten Flügeltüren und -fenster mit den vier mythologischen Wundertieren und Fabelwesen – Drache, Phönix, Kylin (Chimäre aus Löwe, Drachen und Hirsch) und Schildkröte – sowie das antike Mobiliar und der Hausaltar.

Die typischen Röhrenhäuser (hier das in der Ma May 87) entstanden, weil die Haussteuer nach der Breite eines Hauses bemessen wurde.

Im Haus in der Hang Ngang 48 entwarf Ho Chi Minh die Unabhängigkeitserklärung für die Demokratische Republik Vietnam; heute beherbergt es das Unabhängigkeitsmuseum. Gleich um die Ecke liegt in der Hang Buom der Bach-Ma-Tempel (Den Bach Ma), mit mehr als 1000 Jahren der älteste Tempel der Altstadt: Das Heiligtum wurde 1010 erstmals errichtet, der heutige Bau stammt aus dem 18./19. Jh. Bach Ma, das Weiße Pferd, ist zugleich der Schutzgeist der Königstadt Thang Long, des alten Hanois. Im Innern beeindrucken die mit Blattgold verzierten Holzschnitzereien, eine Bach-Ma-Figur aus Kupfer und ein fast 200 Jahre alter Konfuzius-Schrein.

KLEINE PAUSE

Einfache **Garküchen** gibt es vor allem in der Westecke der Altstadt in den Gassen Tong Duy Tan und Cam Chi.

223 E3

Hanoitourist (Travel Company)
18 Ly Thuong Kiet
024 62 60 69 69
www.hanoitourist.vn

Jadebergtempel
Sommer tgl. 7–18, Winter 7.30–17.30 Uhr
30 000 VND

Ngoi Nha Di San Heritage House
87 Ma May
tgl. 8–17 Uhr 10 000 VND

Unabhängigkeitsmuseum
48 Hang Ngang
Di–So 8–16 Uhr 10 000 VND

Bach-Ma-Tempel
76 Hang Buom
Di–So 8–11, 14–17 Uhr

㊽ Van Mieu
(Literaturtempel)

Was?	Ein zu Ehren von Konfuzius errichteter Tempel
Warum?	Nirgendwo in Vietnam ist man Konfuzius näher
Wann?	Am besten wochentags!
Wie lange?	1–3 Stunden, je nach Tempel-Interesse
Resümee	Der alte chinesische Weise verliert leider an Bedeutung

Der gut besuchte Literaturtempel – vor rund 1000 Jahren Sitz der ersten Akademie in Vietnam und zugleich intellektuelles und spirituelles Zentrum – ist bis heute das wichtigste konfuzianisches Heiligtum im Lande.

König Ly Thanh Tong (1023–1072) ließ den Tempel 1070 erstmals zu Ehren von Konfuzius erbauen. Hier wurden die Söhne von Mandarinen und Fürsten in der Philosophie des großen Lehrmeisters (S. 18) unterrichtet – bis 1919! Der König selbst stellte beim letzten Examen die Fragen an sie.

Schüler und Studenten legen vor wichtigen Prüfungen im Literaturtempel Opfergaben ab und beten für gute Noten.

Auf dem Weg durch den Tempel

Durch das äußere Tor gelangt der Besucher zuerst in den Vorhof, in dem selbst höchste Würdenträger vom Pferd absteigen mussten. Durch vier weitere mit Drachen verzierte

Tore gelangt man in die weiten Innenhöfe mit Wasserbecken und Brunnen. Das dritte Tor, Khue Van Cac genannt, ist ein zweistöckiger Pavillon aus dem 19. Jh., in dem Dichterlesungen stattfanden. Im dritten Hof, dem Stelenhof, befindet sich der Brunnen des Himmlischen Lichts. Seinen Namen verdankt der Hof den 82 noch erhaltenen Stelen, die von steinernen Schildkröten getragen werden und auf denen die Namen von 1307 Absolventen vermerkt sind: die *tien-sie*-Doktoren aus den Jahrgängen 1442–1779.

Dann geht es durch das Tor des Großen Erfolges, das Dai-Tanh-Tor, zu den wichtigsten Tempelgebäuden: An den vierten Hof grenzt die Zeremonienhalle zu Ehren der 72 weisesten Schüler an, in der u. a. auf einem Altar die von zwei Bronzekranichen bewachte Ahnentafel des Konfuzius aufbewahrt wird. Beachtung verdienen die herrlichen Schnitzereien mit Motiven wie Phönix und Drachen, Yin-Yang-Symbolen und Lotosblumen. Im dahinter gelegenen Heiligtum des Großen Erfolges steht eine Konfuzius-Statue, umgeben von seinen vier wichtigsten Schülern.

Die von Schildkröten getragenen Stelen gehören zum Weltdokumentenerbe der UNESCO.

Als letztes Gebäude betritt man über einen fünften Hof die frühere Nationalakademie, später der Tempel für die Eltern des Konfuzius. Heute dient das Bauwerk als kleines Museum: Im Erdgeschoss sind ein Modell des Literaturtempels, kostbare Gewänder, Druckplatten aus Holz sowie Dokumente und Schreibutensilien der damaligen Studenten ausgestellt, im zweiten Stock stehen drei Altäre zu Ehren der Könige Ly Nhan Tong (1066–1127, Begründer der Nationalakademie), Ly Thanh Tong und Le Thanh Tong (1460–97).

KLEINE PAUSE

Gegenüber kann man sich im **KOTO** (35 Van Mieu, www.kotovanmieu.com, tgl. 8–23 Uhr) bei vietnamesischer Kost stärken; das Lokal unterstützt ein vietnamesisch-australisches Ausbildungsprojekt für ehemalige Straßenkinder.

222 C2 ✉ Eingang: 58 Quoc Tu Giam, Dong-Da-Bezirk ☎ 024 35 11 48 55 ◑ tgl. 7.30–17.30 Uhr 30 000 VND

㊾ Ho-Chi-Minh-Mausoleum

Was?	Ein paar Sekunden (!) lang auf Ho Chi Minh anschauen
Warum?	Hier zeigt sich Vietnam von seiner kommunistischsten Seite
Wann?	Am besten an einem Wochentag (weniger Andrang) und nicht von September bis November (geschlossen)
Wie lange?	1–2 Stunden, je nach Warteschlange
Resümee	Ein bisschen Gänsehaut (was nicht an der Klimaanlage liegt)

Ho Chi Minhs Ruhestätte ist ein beeindruckendes Gebäude aus Marmor und Granit.

Am Ba-Dinh-Platz taucht man ein in den Totenkult und wird Teil der großen Heldenverehrung der Vietnamesen für ihren kommunistischen Landesvater Ho Chi Minh. Der einstige Revolutionär und Präsident verlas hier am 2. September 1945 die Unabhängigkeitserklärung vor 500 000 Landsleuten. In unmittelbarer Nähe können auch dessen Wohnhaus und die Ein-Säulen-Pagode besichtigt werden.

Seit der Eröffnung des klobig-protzigen Marmor-Mausoleums 1975 defilieren Tausende an dem gläsernen Sarg mit dem einbalsamierten Leichnam Ho Chi Minhs vorbei. Dabei hatte der Revolutionär genau dies verhindern wollen, testamentarisch verfügte er eine Feuerbestattung: »Teilt meine Asche in drei Teile und bewahrt sie in drei Keramikurnen, die Sinnbild für Norden, Zentrum und Süden sein sollen.« Stattdessen erweisen ihm nun von weit her angereiste Bauern, Schulklassen und Parteifunktionäre, Staatsgäste,

Das Areal heißt jetzt: **Ho Chi Minh Mausoleum Complex**: Dazu gehören die hier genannten Attraktionen und einiges mehr.

Mönche und Kriegsveteranen ihren Respekt. Und für Touristen ist der Leichnam, der für zwei bis drei Monate im Jahr zur »Restaurierung« in Moskau weilt, längst schon eine der größten Attraktionen Hanois. Nicht von der Warteschlange abschrecken lassen, es geht meist zügig (ab ca. 40 Min.).

Rund um das Mausoleum

Hinter dem Mausoleum öffnet sich ein weites Parkgelände mit dem ehemaligen Präsidentenpalast, der 1900–1908 als Residenz des Generalgouverneurs errichtet wurde. Idyllisch an einem kleinen See liegt das unauffällige, auf Stelzen stehende Wohnhaus von Ho Chi Minh, in dem dieser ab 1958 seine letzten elf Lebensjahre verbrachte – weshalb das zweistöckige Haus auch einen Eingang zu einem Bunker besitzt.

Einige 100 m südlich erhebt sich die berühmte Ein-Säulen-Pagode (Chua Mot Cot), ein Nachbau des ursprünglich wohl 1049 errichteten Gebäudes. Einst ragte die Pagode auf einem einzigen Baumstamm aus dem Teich, längst ist dieser einem wuchtigen Betonpfeiler gewichen. Eine Lotosblüte symbolisierend, wurde sie vom kinderlosen König Ly Thai Tong (1028–1054) zu Ehren der Göttin der Barmherzigkeit, Quan Am, errichtet, die ihm zuvor mit einem Jungen im Arm im Traum erschienen war. Wenig später wurde ein männlicher Sohn des Königs geboren.

KLEINE PAUSE

Im nördlich angrenzenden **Botanischen Garten** kann man im Schatten der Bäume relaxen und sich bei einem Imbiss an den Suppenküchen stärken, etwa im Biergarten an der Ngoc Ha Nr. 19.

Ho Chi Minh Mausoleum Complex
✢ 222 C4
✉ Ba-Dinh-Platz, Eingang: Hung Vuong
◷ Mausoleum: April–Sept. Di–Do 7.30–10.30, Sa/So 7.30–11, Dez.–März Di–Do 8–11, Sa/So 8–11.30 Uhr, ca. Anfang Sept.–Anfang Dez. meist geschl.
✦ ca. 40 000–80 000 VND (Parkgelände und Attraktionen) ⓘ strenge Regeln, inkl. Sicherheitskontrollen; Taschen und Kameras an der Rezeption des HCM-Museums an der Westseite des Platzes abgeben; auf angemessene Kleidung achten, keine Shorts, Miniröcke etc.

Wohnhaus von Ho Chi Minh
✢ 222 B4 ✉ Ba-Dinh-Platz
◷ tgl. 8–11, 13.30–16 Uhr

Ein-Säulen-Pagode
✢ 222 C4 ✉ Chua Mot Cot
◷ tgl. 8–18 Uhr ✦ frei

⑸ Chua Tran Quoc
(Tran-Quoc-Pagode)

Was?	Eine der ältesten Pagoden Vietnams
Warum?	Hier kann man sich Buddha ganz nahe fühlen
Wann?	Am schönsten zum Sonnenuntergang
Wie lange?	Eine halbe Stunde reicht aus
Resümee	So muss ein Ort der Erleuchtung aussehen!

Besucher erwartet auf einer winzigen Insel im Südosten des West-Sees eine kleine Oase. Hier erhebt sich die Tran-Quoc-Pagode, die über einen palmengesäumten Damm mit dem Ufer verbunden ist und zu den ältesten Pagoden Vietnams gehört.

Von jedem der elf Stockwerke des Pagodenturms blicken Buddhastatuen auf die Besucher herab.

Die hübsche Pagode soll bereits im 6. Jh. unter der frühen Ly-Dynastie von König Ly Nam De in einem nahe gelegenen Dorf im Delta des Roten Flusses gegründet worden sein; 1615 wurde sie hierher verlegt. Das Bauwerk beeindruckt mit Holzschnitzereien, Buddha-, Mönchs- und Wächterfiguren und vor allem mit dem 15 m hohen Pagodenturm.

Trotz der vielen Besucher kann man auf der Insel stille Ecken entdecken, u. a. steht hier ein wuchtiger Ableger des Bodhi-Baums, unter dem Buddha die Erleuchtung fand. Neben vielen religiösen Statuen befinden sich in der Haupthalle u. a. der für Nordvietnam eher ungewöhnliche liegende Buddha beim Übergang ins Nirwana, die vielarmige Göttin der Barmherzigkeit (Quan Am) und der dicke Di-Lac-Buddha.

KLEINE PAUSE

An der Uferpromenade versorgen **Suppenküchen**, Getränke- und Obststände sowie **Restaurantschiffe** die Besucher.

222 C5
tgl. 7.30–11.30, 13.30–18.30 Uhr

frei (knie- und schulterbedeckende Kleidung erbeten, auch für Männer)

Magischer Moment

Buddhistische Wunscherfüllung

Spätestens, wenn Ihnen das Gewimmel auf Hanois Straßen wirklich auf die Nerven geht, wenn Sie erschöpft sind vom Sightseeing-Stress und der ständigen Abwehr fliegender Händler, dann ab in die Pagode. Bei der Verschnaufpause in den Tempel-Oasen erleben Sie spirituelle Momente, egal ob Sie nur drei Räucherstäbchen anzünden oder gleich eine ganze Spirale, ob Sie Geld spenden oder einem Kalligraphen beim »Schönschreiben« von Gedichten und Spendenquittungen über die Schulter schauen – die versammelte Götterschar passt auf Sie auf und erfüllt manchmal sogar Wünsche.

⑤① Ethnologisches Museum von Vietnam

Was?	Eines der besten und modernsten Museen in Vietnam
Warum?	Hier kann man an einem halben Tag 54 Völker kennenlernen
Wann?	Am besten bei »trockenem« Wetter – wegen der tollen Open-Air-Ausstellung
Wie lange?	2–3 Stunden
Resümee	Das Museum macht Lust darauf, Menschen im ganzen Land zu besuchen

Das 1998 eröffnete und für vietnamesische Verhältnisse sehr gut aufbereitete Ethnologische Museum ist nicht nur einen Besuch wert, wenn man die Bergregionen oder das Hochland um Da Lat und Dak Lak erkunden will. Hier erfährt man jede Menge Wissenswertes über die Geschichte und Traditionen aller 54 Völker Vietnams.

Rund 15 000 Exponate und Antiquitäten wurden auf zwei Etagen zusammengetragen: Anhand von Modellen, Kleidung, Musikinstrumenten, Palmblattmanuskripten, Werkzeugen, Kochutensilien und Waffen, Figuren und Puppen und den (englisch beschrifteten) Wandtafeln bekommt der Besucher einen informativen Überblick, Fotos und Videos runden die Ausstellung ab.

Eine Figur für das Wasserpuppentheater

Ein Rundgang durch die Ausstellung

Im Vordergrund stehen in der ersten Abteilung die Vietnamesen selbst, die ethnischen Viet oder auch Kinh, die 87 % der Bevölkerung ausmachen. Das traditionelle Dorfleben spielt sich noch heute rund um das Gemeindehaus *(dinh)* ab, das dem Schutzgeist des Dorfes gewidmet ist, dem *thanh hoang*. Zudem wird gezeigt, wie typische vietnamesische Produkte angefertigt bzw. genutzt werden, etwa der *non* (Kegelhut aus Palmblättern) und die zylindrisch geformten *do* (Bambusfallen der Fischer). Im Anschluss

Blick in das Langhaus der Ede auf dem Freigelände des Museums

werden in weiteren Räumen im Erdgeschoss Rituale (etwa Beerdigung) und Lebensweise der Chut und Tho sowie der Muong aus der Region rund um Hoa Binh (S. 192) dargestellt.

Auch einige skurrile Ausstellungsstücke sind zu begutachten, z. B. ein ausklappbarer Mondkalender aus zwölf Bambusstäben (ähnlich einem Fächer), mit dem die glücksbringenden Daten für Ernte, Hausbau oder Hochzeit bestimmt werden. Weiter geht es in der oberen Etage mit dem Alltagsleben der Bergvölker Thai, Tay und Nung; hier ist ein Höhepunkt das begehbare Haus der Schwarzen Thai und die Erläuterung des Schamanen-Kults.

Sehr interessant ist die Freiluft-Abteilung hinter dem Museum mit vielen begehbaren Hausmodellen, darunter ein ca. 40 m langes Langhaus der Ede, Stelzenhäuser der Tay und Yao, ein Bahnar-Gemeindehaus sowie eine der außergewöhnlichen Grabstätten der Giaray (Gia Rai).

KLEINE PAUSE

Im kleinen **Open-Air-Lokal** neben der Anlage im Freien kann man einfache vietnamesische Gerichte genießen.

222 nordwestl. A4
Nguyen Van Huyen, Cau Giay, West-See ☎ 024 37 56 21 93
www.vme.org.vn
Di–So 8.30–17.30 Uhr
40 000 VND 14

Nach Lust und Laune!

52 Nationales Historisches Museum

Das Historische Museum, etwa 1 km südöstlich des Hoan-Kiem-Sees, besteht aus zwei Gebäuden: Das erste Haus in der Trang Tien befasst sich mit Vietnams Geschichte von den Anfängen bis zum Ende der Nguyen-Dynastie 1945. Das zweite Haus, das Revolutionsmuseum, liegt über der Straße und schildert die Geschehnisse ab 1858 (Kolonialepoche) über Indochina- und Vietnamkrieg bis heute. Beachtung verdienen die Exponate zur bedeutsamen Dong-Son-Kultur (1200–200 v. Chr.), die steinernen Relikte der Champa-Kultur, Buddhastatuen und kaiserliche Stelen, viele Keramiken u. a. aus der Ly-Dynastie, Gemälde und Waffen aus der Kolonialzeit sowie Propaganda-Poster aus der Zeit des Befreiungskampfs unter Ho Chi Minh.

223 F2 1 Trang Tien und 216 Tran Quang Khai, Hoan-Kiem-Bezirk
024 38 24 13 84
www.baotanglichsu.vn
tgl. 8–12, 13.30–17 Uhr (am 1. Mo des Monats geschl.)
40 000 VND

53 Französisches Viertel

Durch das französische Viertel südlich und östlich vom Hoan-Kiem-See sollte man sich treiben lassen, entweder als Sozius eines Mofataxis oder bei einem Spaziergang. Dann aber muss man gut zu Fuß sein, erstreckt sich doch das Viertel vor allem entlang der rund 3 km langen Trang Tien, die im Osten an der Oper startet und über ihre Verlängerung, der Nguyen Thai Hoc, bis zum Literaturtempel (S. 159) im Westen führt. Seit 1874 ließen sich hier Franzosen nieder – und bis heute spürt man noch einen Hauch Kolonialflair. Nach Pariser Vorbild wurde die Alte Oper von Hanoi (S. 171) errichtet; nur einen Steinwurf entfernt befinden sich die ehemalige Gouverneursresidenz in der Ngo Quyen (erbaut 1918) und das Sofitel Legend Metropole (S. 169). Weitere Sehenswürdigkeiten trifft man im Französischen Viertel und im südlich der Trang Tien gelegenen Villenviertel an, so die Botschafter-Pagode (S. 168), das Historische Museum (s. links) und das Hoa Lo (s. unten).

Wer noch weiter schlendern möchte, kann die rund um die Zitadelle (S. 168) verlaufenden Straßen Phan Dinh Phung, Tran Phu (mit der deutschen Botschaft in der Hausnummer 29) und Dien Bien Phu erkunden.

223 E1

54 »Hanoi Hilton«/Hoa Lo

Die Franzosen nannten ihr 1896 erbautes Gefängnis »Maison Centrale«, noch heute prangt der Schriftzug über dem Eingang. Später inhaftierten und folterten hier die Nordvietnamesen US-amerikanische Soldaten (darunter auch US-Senator John McCain), die dem Ort den sarkastischen Namen »Hanoi Hilton« gaben. Nur noch ein kleiner Teil des originalen Bauwerks ist erhalten und wurde zum Museum umgestaltet, das das grausame Geschehen darstellt – natürlich aus vietnamesischer Sicht.

223 D2
1 Hoa Lo, Hoan-Kiem-Bezirk
024 38 24 63 58
tgl. 8–11.30, 12.30–17 Uhr
30 000 VND

55 Chua Quan Su (Botschafter-Pagode)

Die von den Vietnamesen viel besuchte Chua Quan Su (Botschafter-Pagode) war im 15. Jh. ein Gästehaus für die Gesandten aus anderen buddhistischen Ländern, die heutigen Gebäude stammen meist von 1942. Auf dem Gelände des buddhistischen Zentrums haben auch die Forschungs- und Lehrstätten der Vietnam Buddhist Association sowie eine Bibliothek ihren Sitz.

223 D2 73 Quan Su
Sommer tgl. 5.30–21, Winter 6–21.30 Uhr frei

56 Thang-Long-Zitadelle

Zugang in einen Teil der jahrzehntelang gesperrten Zitadelle ist möglich über das Doan-Mon-Haupttor im Westen: Seit 2010 gehört das Herzstück der »kaiserlichen Zitadelle des aufsteigenden Drachen« zum UNESCO-Weltkulturerbe. Man sollte dennoch nicht zu viel erwarten: Nur wenige historische

Doan-Mon-Tor der Thang-Long-Zitadelle

Bauwerke der Palastanlage sind erhalten. Die von Kaiser Gia Long 1802–12 in Auftrag gegebene Festung wurde 1872 von den französischen Truppen als Kaserne genutzt. Sehenswert ist außer den Eingangstoren der hübsche Pavillon der Prinzessin und der rund 200 Jahre alte Flaggenturm Cot Co im Süden.

222 C4 19C Hoang Dieu
www.hoangthanhthanglong.vn/en
Di–So 8–17 Uhr 30 000 VND

57 Ho-Chi-Minh-Museum

Wer sich für Ho Chi Minh interessiert, findet nur wenige Schritte westlich der Ein-Säulen-Pagode (S. 162) das riesige Ho-Chi-Minh-Museum mit 120 000 Ausstellungsstücken, darunter Fotografien, Filme und Dokumente sowie Kleidungsstücke und Alltagsgegenstände des Revolutionärs. Es hebt sich von den meisten anderen, eher langweiligen HCM-Museen Vietnams ab.

222 B4 19 Ngoc Ha, Ba-Dinh-Bezirk 024 38 46 37 52
Di–Do, Sa/So 8–16.30, Mo, Fr bis 12 Uhr 40 000 VND

Wohin zum ... Übernachten?

Preise für ein Doppelzimmer pro Nacht:

€	unter 1 Mio. VND (unter 40 €)
€€	1–2,4 Mio. VND (40–92 €)
€€€	über 2,4 Mio. VND (über 92 €)

AIRA Boutique Hotel €€
Das ruhig gelegene und doch zentrale Mittelklassehotel nahe der Oper lohnt sich vor allem im Sommer wegen seines riesigen Pools. Ansonsten beeindrucken die 84 Balkon-Zimmer teils mit ihrer Größe, teils mit dem seit Jahrzehnten beharrlich altmodischen, aber typisch vietnamesischen Mobiliar. Wer keine allzu hohen Ansprüche hat, kann sich hier durchaus wohlfühlen, vor allem zu dem Preis. Zum Essen sucht man aber besser ein Lokal in der Nähe.
✢ 223 D3 ✉ 38A Tran Phu
☎ 024 39 35 24 85
🌐 https://airaboutiquehanoi.com

Hanoi Capital €–€€
Kleines Juwel; das moderne und familiäre Mini-Hotel liegt in einer ruhigen und dennoch sehr zentralen Altstadtgasse nahe der Kathedrale und hat 35 gemütliche Zimmer, teils mit Balkon. Einige größere Zimmer zum fast gleichen Preis eignen sich für Familien. WLAN.
✢ 223 E2 ✉ 54–56 Au Trieu, Altstadt
☎ 024 39 38 15 90
🌐 www.impressivehotel.com

Hanoi Hotel Royal €–€€
Wahrlich königlich: »Kitsch as kitsch can« könnte das Motto dieses Hotels sein. Aber egal, von der Lage (am nördlichen Altstadtrand) über Service bis zum tollen inkludierten Frühstück stimmt hier alles, selbst der Preis. Besonders das freundliche und hilfsbereite Personal rund um Ms. Linh macht den Aufenthalt in dem kleinen Guesthouse-Hotel so angenehm.
✢ 223 E3
✉ 26 Phat Loc, Altstadt
☎ 094 861 71 79
🌐 http://hanoihotelroyal.com

InterContinental Hanoi Westlake €€€
Eine Oase auf höchstem Niveau: Das Luxushotel am West-See beherbergt seine Gäste in Villen am Wasser. Oder man logiert in eleganten Suiten mit originellen Bädern. Ein imposantes Frühstücksbuffet, drei Restaurants und die Sunset Bar sorgen fürs leibliche Wohl. Zauberhafter Pool, vergleichsweise preiswertes Spa, Yoga- und Pilates-Kurse.
✢ 222 nördl. C5
✉ 1A Nghi Tam, Tay-Ho-Bezirk
☎ 024 39 03 45 67
🌐 www.hanoicapitolhotel.vn

Pullman €€€
Nicht nur für Geschäftsleute ist das Vier-Sterne-Hotel empfehlenswert, auch wenn es etwas weiter entfernt vom Zentrum liegt. Das modern designte Haus punktet in vielen Bereichen: 240 luxuriös-schicke Zimmer, professionelles und extrem hilfsbereites Personal, tolles Frühstücksbuffet (viel Zeit einplanen!). Spa, Fitness Club und Pool gibt es selbstverständlich auch.
✢ 222 B2 ✉ 40 Cat Linh ☎ 024 37 33 06 88
🌐 www.pullman-hanoi.com

Sofitel Legend Metropole €€€
Eine Hotel-Legende: Nirgendwo kann man besser in die Kolonialzeit eintauchen als in dieser ehrwürdigen Herberge, in der sich bereits so illustre Gäste wie Charlie Chaplin, Graham Greene, Jane Fonda und Joan Baez einquartierten. In der Lobby stehen Oldtimer-Telefone, aber natürlich ist in den Zimmer Hightech vertreten. Pool, mehrere feine Restaurants und ein Schokoladenbuffet »versüßen« den Aufenthalt.
✢ 223 F2
✉ 15 Ngo Quyen, Hoan-Kiem-Bezirk
☎ 024 38 26 69 19 🌐 www.accorhotels.com

Wohin zum ... Essen und Trinken?

Preise für ein Hauptgericht ohne Getränke:

€	unter 130 000 VND (unter 5 €)
€€	130 000–250 000 VND (5–10 €)
€€€	über 250 000 VND (über 10 €

Bar Restaurant 96 €
Wer typisch und lecker essen will, nimmt in dem schönen Altstadtlokal Platz: Spezialität sind *bun-cha*-Reisnudeln mit gegrilltem Schweinefleisch am Spieß oder im Bambuskörbchen. Es gibt auch Frühstück, Vegetarisches, Currys und Pho.
223 E3 · 34 Gia Ngu, Altstadt
024 39 35 23 96 · tgl. 9–23 Uhr

Cha Ca La Vong €
Während das Stammhaus in der Altstadt als ein überteuerter, unfreundlicher Touristenschuppen mit Tischgrill daherkommt, sieht die Welt in der Filiale am Truc-Bach-See schon viel besser aus: Hier werden Fischstückchen über glühenden Kohlen gegart und mit Gemüse, Kräutern und Reis serviert (lecker und auch das einzige Gericht).
223 D5 · 107 Nguyen Truong To, Ba-Dinh-Bezirk · 024 38 23 98 75 · tgl. 8–23 Uhr

Cong Caphe €
In der Coffeeshop-Kette im Vintage-Stil könnte auch ein Film über die Ära der Opiumhöhlen gedreht werden: Man sitzt (oder liegt) auf bunten Kissen an niedrigen Tischchen, während die Ventilatoren ihre Runden drehen und zwischen »Einschusslöchern« Vietcongs von Fotos und Postern herabschauen. Als Rauschmittel gibt es erstklassigen vietnamesischen Kaffee.
223 E3 · Filialen z. B.: 35A Nguyen Huu Huan oder 27 Nha Tho
www.congcaphe.com · tgl. 8–22 Uhr

El Gaucho €€€
Wem es nach so viel Reis und exotischem Gemüse mal wieder nach saftigen argentinischen Steaks gelüstet, der ist hier richtig: In der rustikalen Steakhouse-Kette mit zwei Filialen ist auch die Bar sehr gut ausgestattet. Doch Vorsicht: Die Preise können strapazierten Reisekassen arg zusetzen!
223 F2 · 11 Trang Tien, Hoan-Kiem-Bezirk
024 38 24 72 80 · tgl. 11–ca. 22.30 Uhr
222 A5 West-See · 024 37 18 69 91
www.elgaucho.asia · tgl. 16–ca. 22.30 Uhr

Foodshop 45 €
Die Brüder Hue und Cuong sind seit Jahren für das beste indische Essen in Nordvietnam bekannt: Man probiert es am besten beim Sonnenuntergang und genießt dabei den schönen Blick aus dem mehrstöckigen Lokal (etwa von der Lounge-Bar) auf den idyllischen Truc-Bach-See. Im Alten Viertel gibt es eine beliebte Filiale (32 Hang Buom, Tel. 024 37 16 29 59).
222 C5 · 59 Truc Bach
024 37 16 29 59 · http://foodshop45.com
tgl. 10–22.30, Lounge 17–23.30 Uhr

Nola €
Die originelle kleine Cafébar, ein etwas versteckter Künstlertreff unter bunten Sonnenschirmen, verteilt sich auf drei Etagen in einem üppig grünen Hinterhof – einfach dem kleinen unauffälligen Schild und den Pfeilen durch den schmalen Gang folgen: Bei (Eis-) Kaffee und Säften, Wein und Cocktails, ein

Viele der einzigartigen Gewürze, die im La Verticale verwendet werden, kann man dort auch kaufen.

paar Snacks wie Omelettes und Frühlingsrollen tankt man neue Energie. WLAN, Poster und Künstlerisches gibt es auch.
223 E3 89 Ma May
09 34 68 84 11 tgl. 9–24 Uhr

Tung Dining €€€
Man gönnt sich ja sonst nichts: Fine Dining mit so schön vom Küchenchef Hoang Tung angerichteten Speisen, dass man sich kaum traut sie zu essen. In dem preisgekrönten Restaurant mit der offenen Küche wird Ihr Gaumen mit Fünf-Sterne-Kochkunst verwöhnt. Wer mit sehr großem Hunger herkommt, wählt am besten gleich das 20-Gänge-Menü.
223 E2 2C Quang Trung, Altstadt
085 993 39 70 www.tungdining.com
Di–So 18–23 Uhr

Wohin zum … Einkaufen?

Am besten bummelt es sich in der Altstadt: In der Hang Gai und Hang Trong gibt es Seidenweber und Schneider, in der Bao Hung, Hai Van und Hang Bong Kunsthandwerk und T-Shirts mit HCM-Konterfei, in der Hang Bac Galerien und Posterläden. Schick und teuer ist die Na Tho.

Im Dong Xuan Center (Ecke Hang Khoai/ Dong Xuan, Altes Viertel, tgl. 6–24 Uhr), einer riesigen Markthalle, bleibt kein Kaufwunsch unerfüllt – von Lackwaren über Textilien bis hin zur Karaokeanlage, hier bekommt man alles. Gleiches gilt für die Markthalle Hang Da (Cua Dong).

Wenn Geld keine Rolle spielt, gibt es echten (!) Luxus à la Louis Vuitton, Christian Dior oder Cartier im schicken Trang Tien Plaza (Ecke Hang Bai/Hang Khay, Mo–Fr 9.30–21.30, Sa, So 9.30–22 Uhr).

Seit Jahrhunderten berühmt sind die Kunsthandwerksdörfer im Delta des Roten Flusses. In einigen Dörfern kann man den Handwerkern über die Schulter schauen und Souvenirs erstehen, so z. B.: Keramiken im traditionellen Töpferdorf Bat Trang (Gia-Lam-Bezirk, an der N5); Seidenartikel in Van Phuc (ca. 10 km südwestlich von Hanoi an der N6); oder die typischen *non*-Hüte, die noch aus Bambusrahmen und Palmblättern hergestellt werden, in Chuong (Phuong Trung, ca. 30 km südwestlich von Hanoi auf der Ha Dong-Straße Richtung Huong-Tich-Pagode).

Mittlerweile stoppen die Touristenbusse und -autos an Raststätten mit gigantischen Verkaufshallen, z. B. auf dem Weg zur Ha-Long-Bucht beim Hong Ngoc Humanity Center – hier muss man verhandeln!

Wohin zum … Ausgehen?

Eine Aufführung im Thang Long Water Puppet Theatre (57B Dinh Tien Hoang, Hoan-Kiem-See, http://thanglongwaterpuppet.com, tgl. 5 Shows zw. 15–20 Uhr, So auch 9.30 und im Sommer 21 Uhr, 200 000 VND) sollte sich kein Hanoi-Besucher entgehen lassen. Bei der tausendjährigen Kunstform werden die alten Sagen und Heldengeschichten Vietnams lebendig.

Das leider nur noch unregelmäßig spielende Folklore-Ensemble Ca Tru Thang Long (146 Tu Hoa, Nghi Tam, Tel. 012 23 26 68 97) bietet einstündige *ca-tru*-Vorführungen – die klassische Kammermusik auf traditionellen Instrumenten und mit intensivem Gesang mag für westliche Ohren aber etwas »schräg« klingen.

Ob Ballett, Violinen-Konzert, Drama, vietnamesische oder moderne Klänge – nur im Rahmen einer Vorstellung kann man das Hanoi Opera House besuchen (1 Trang Tien Ecke Ly Thai To, www.facebook.com/hanoi rockcity.welive, Tickets ab 200 000 VND).

Die urige Kneipengasse Ta Hien (Altstadt) hat sich zum Hot Spot der jungen Vietnamesen und Traveller entwickelt. Am Wochenende gibt es in der Hanoi Rock City (27/52 To Ngoc Van, Tay-Ho-Bezirk, www.hanoirockcity.com, tgl. ab 22 Uhr, Eintritt 100 000 VND) Beats, die in die Beine gehen, dienstags kommen Jazz-Liebhaber auf ihre Kosten.

Größere Dschunken und Boote ankern in der traumhaft schönen Ha-Long-Bucht.

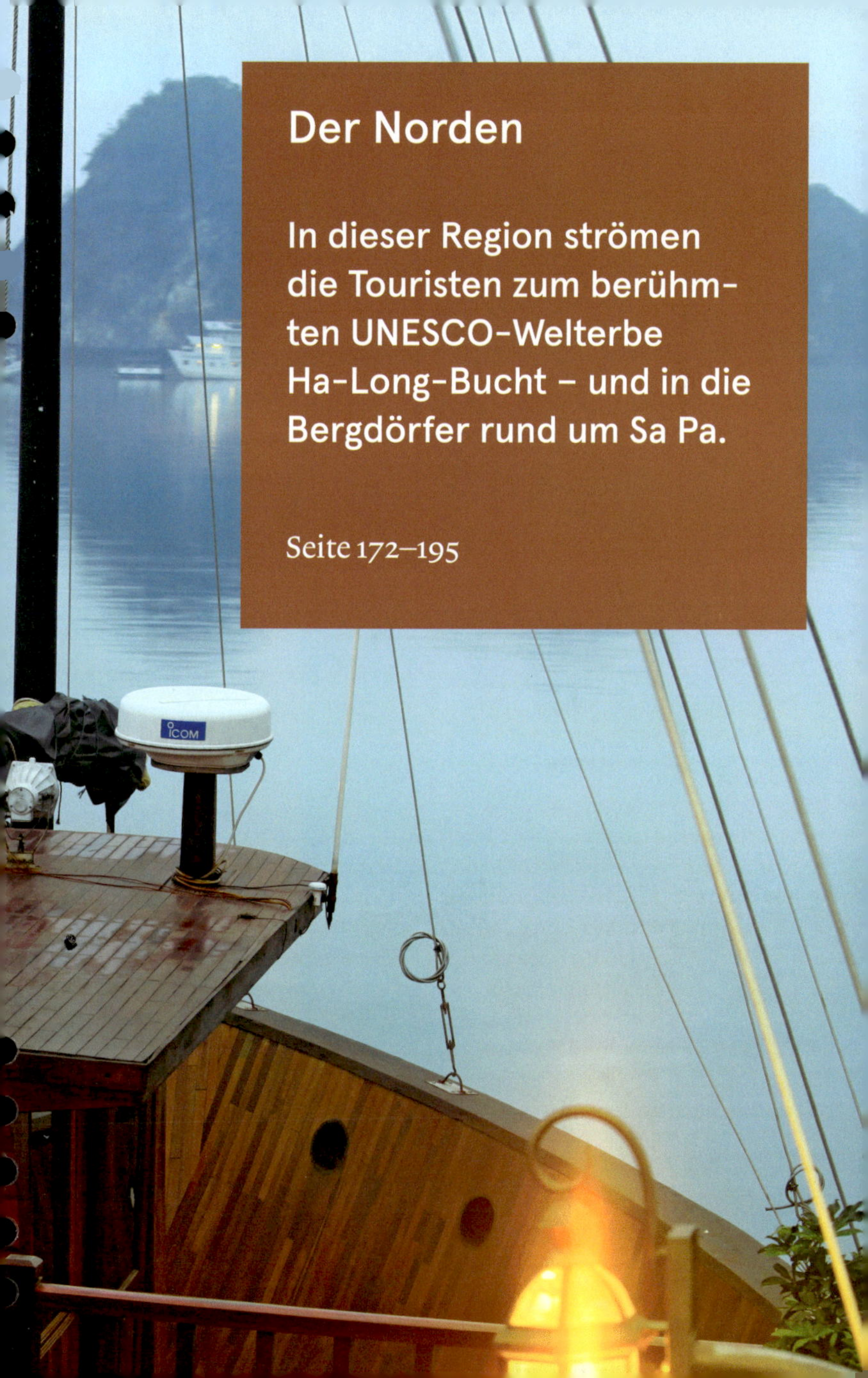

Der Norden

In dieser Region strömen die Touristen zum berühmten UNESCO-Welterbe Ha-Long-Bucht – und in die Bergdörfer rund um Sa Pa.

Seite 172–195

Erste Orientierung

Im Norden zeigt sich Vietnam von seiner vielleicht schönsten Seite – ganz sicher aber von seiner grünsten! Im zerklüfteten Bergland von Tonkin sind die Wanderer rund um Sa Pa zwischen lindgrünen Reisterrassen zu den Bergstämmen unterwegs. Und in der sagenumwobenen wie sagenhaften Ha-Long-Bucht gleiten die Dschunken durch das smaragdgrüne UNESCO-Weltnaturwunder.

Die Bergstadt Sa Pa ist einer der kältesten und nebligsten Orte Vietnams, hier kann sogar Schnee fallen! Gerade deswegen zog es schon die Franzosen in den 1920er-Jahren hierher. Die Kolonialherren hinterließen in der Sommerfrische ihre hübschen Landsitze und Villen, die heute dankbar von Touristen heimgesucht werden. Kein Wunder, schmiegt sich doch der Luftkurort in eine überwältigende Berglandschaft aus terrassierten Reisfeldern. Wie eh und je trifft man in der Region Stelzenhäuser und die Angehörigen der Bergvölker in ihren bunten Trachten an, von denen vor allem die Hmong und Dao teils noch ihre alten animistischen Traditionen bewahrt haben.

Ein, wenn nicht das Highlight jeder Vietnam-Reise ist die Ha-Long-Bucht, eine traumhafte Ur-Kulisse mit zahllosen Tropfstein-Höhlen. In einer – meist nachgebauten – Dschunke lässt sich die bizarre Szenerie aus rund 2000 Inselbergen am besten erleben. Oder man nimmt es sportlich und paddelt mit dem Kajak in die bei Flut verschlossenen Lagunen im Innern der Kalksteinriesen und stattet den schwimmenden Fischerdörfern einen Besuch ab.

TOP 10

❶ ★★ Ha-Long-Bucht

❺ ★★ Sa Pa

❻ ★★ Trockene Ha-Long-Bucht

Nicht verpassen!

58 Cat Ba

Nach Lust und Laune!

59 Chua Huong (Parfümpagode)

60 Bai Tu Long Bay

61 Hai Phong

62 Cuc Phuong National Park

63 Hoa Binh

64 Ba Be National Park

65 Bac Ha

66 Dien Bien Phu

67 Bach-Long-Glasbrücke

Mein Tag auf den Spuren der Göttin

Der Ausflug zur Göttin der Barmherzigkeit in der »Parfümpagode« bei Hanoi kann ein romantischer Tag in einer der malerischsten Berglandschaften Vietnams sein. Starten Sie in ein kleines Abenteuer mit Boot fahren, Pilgern und Wandern oder Seilbahn fahren!

8 Uhr: Raus aus dem Chaos der Hauptstadt

Sie starten früh mit dem Auto und Guide oder dem Reisebus in Hanoi. Ziel nach ca. 60 km südwestlich von Hanoi auf der N21 ist der Yen-Vi-Fluss, der sich zu Füßen der steilen und legendenumwobenen Karstberge schlängelt, bis er den Huong Tich Son, den »Berg der duftenden Spuren«, erreicht. Dieser Tages-Ausflug hat selbst in den ruhigeren Wintermonaten (außer zum trubeligen Neujahrsfest Ende Jan./Feb.) einen gewissen Reiz: wenn sich die sagenhafte Bergkulisse rund um den Wallfahrtsort in Nebel oder Regen geradezu mystisch »verschleiert« präsentiert.

9.30 Uhr: Los geht's in der Bootskarawane

Für den zweiten Teil der Anreise zur Chua Huong (S. 190) warten am Ben-Duc-Pier die meist älteren und teils ziemlich energischen Bootsführerinnen, die Sie (und häufig drei oder bis zu sieben andere Passagiere) mit kraftvollem Ruderschlag die nächste Stunde (ca. 1,5 Std.) auf dem Fluss manövrieren werden – entlang von grün überwucherten Kegelbergen, leuchtenden Reisfeldern und Seerosen.

13 Uhr: Audienz bei der Göttin

9.30 Uhr: Los geht's in der Bootskarawane

11 Uhr: Wandern oder durch die Luft »gondeln«?

9.30 Uhr

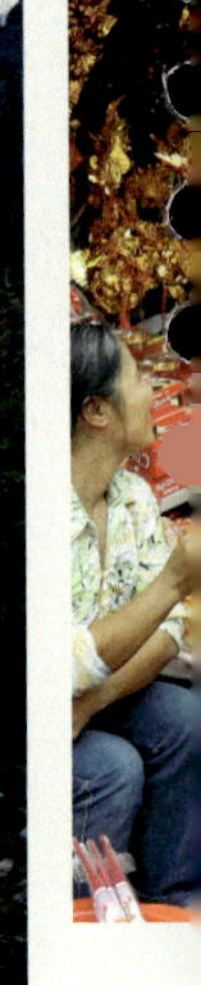

Umgeben von einer grandiosen Landschaft, werden die Besucher der Chua Huong über den Yen-Vi-River zum Fuß des Huong Tich Son gerudert – und später dann auch wieder zurück.

11 Uhr: Wandern oder durch die Luft »gondeln«?

Nach einem kurzen Mittagessen in einem der riesigen Ausflugslokale oder Imbissständen haben Sie die Wahl: Lauffaule fahren sicher mit der Seilbahn (oder wenigstens auf dem Rückweg wegen der teils etwas glitschigen Pfade). Oder Sie nehmen den steilen, manchmal sogar einsamen und stufigen Pfad, der Sie je nach Kondition innerhalb von ein bis zwei Stunden (ca. 4 km) zum Haupttempel bringt, vorbei an den vielen (außerhalb der Pilger-Saison verwaisten) Souvenirbuden. Festes Schuhwerk ist von Vorteil. Sie müssen ja nicht alle 38 Höhlen-Schreine, Pavillons und Tempelchen des Komplexes am Wegesrand besichtigen. Eine kleine Verschnaufspause bietet sich beispielsweise bei der Thien-Tru-Pagode an. Schneller geht's natürlich mit der Seilbahn (ca. 30 Min.).

13 Uhr: Audienz bei der Göttin

Romantisch versteckt sich die 59 Chua Huong (S. 190), die »Parfüm-Pagode«, seit dem 17. Jh. in der tiefen Huong-Thich-Höhle hinter einem Felsspalt. Wie durch ein geöffnetes Drachenmaul gelangt man in die Hauptgrotte, wo die Göttin ihre Gläubigen zwischen bunt

Entlang des Wegs hinauf zur Chua Huong kommt man an vielen Souvenirständen vorbei, die mit zahllosen religiösen Devotionalien aufwarten.

Am Ziel angekommen: Hinter dem Eingang zur Huong-Thich-Höhle verbirgt sich die Hauptgrotte, in der die Göttin der Barmherzigkeit auf ihre Besucher wartet.

illuminierten Tropfsteinen empfängt. Und danach geht es den langen Weg zum Ben-Duc-Pier zurück.

18 Uhr: Himmelhoch über Hanoi

Wieder in Hanoi: Im The Summit im 20. Stock des Pan Pacific Hotels sitzen Sie hoch über Lärm und Lichtermeer der Stadt. Steaks, Burger oder einheimische Klassiker munden. Soll es nur ein Absacker sein? Die Cocktails in der Skybar sind kaum zu toppen. Sie können den Tag mit einem 180-Grad-Panorama hoch über dem Westsee beenden.

Chua Huong
✉ Ha Tay (ca. 60 km südwestlich von Hanoi, über die N21)
☎ 024 33 84 98 49 ◔ tgl. 6–16.30 Uhr (empfehlenswert Okt.–Dez.; am Neujahrsfest Ende Jan./Feb. und März–April sowie an Sommerwochenenden sehr überlaufen)
ca. 130 000 VND (insgesamt); Tempel 80 000 VND, Boot ca. 50 000 VND/Pers. (hin und zurück), Seilbahn ca. 140 000 VND (hin und zurück)

The Summit €€€
✉ Thanh Nien, Hotel Pan Pacific, Bezirk Westsee, Hanoi ☎ 024 38 23 88 88
🌐 www.panpacific.com ◔ tgl. 14–24 Uhr

Veranstalter
z. B. Tam Travel in Hanoi (http://tamtravel.com.vn); der Ausflug ist in jedem Hotel und Reisebüro in Hanoi buchbar (ab ca. 45 US$/Pers.).

❶ ★★ Ha-Long-Bucht

Was?	Wahrscheinlich die schönste Bucht Vietnams
Warum?	Weil Sie die Eindrücke des Besuchs nie mehr vergessen werden
Wann?	Je nach Vorliebe: neblig-mystisch im Winter oder als Postkarten-Kulisse im Rest des Jahres
Wie lange?	2 Tage (mit Boots-Übernachtung)
Resümee	Ein Höhepunkt einer Vietnam-Reise

Man stelle sich vor: Tausende schlafende Riesen liegen im smaragdgrünen Wasser des Südchinesischen Meeres, bucklig und alle Viere von sich gestreckt. Rund 2000 Inselberge erheben sich seit Jahrmillionen als grün überwucherte Kalkstein-Ungetüme aus dem Meer, seit 1994 machen sie dies unter dem Schutz der UNESCO. Das konnte dem Rest der Welt nicht verborgen bleiben …

Die Inselberge regen die Fantasie der Betrachter seit Jahrtausenden an, rund die Hälfte der 1969 Inseln tragen offizielle Namen. Die meisten sind nach Tieren oder Körperteilen benannt, heißen Schildkröte oder Wachhund, kämpfende Hähne, Nase, Brüste oder betender Mönch. Selbst Könige wie Le Thanh Tong Mitte des 15. Jhs. rühmten in Gedichten die Schönheit der Ha-Long-Bucht (Vinh Ha Long), wo »die Berge wie Figuren auf einem Schachbrett stehen«. Der Spielfilm »L'Indochine« mit Catherine Deneuve wurde 1992 u. a. in dieser Naturkulisse gedreht.

Wo in mythischen Zeiten Drachen lebten, treffen sich heute Kreuzfahrer, Dschunken-Passagiere und Kanuten aus aller Welt. Wer nur die spektakuläre Welterbestätte erleben will, lässt die trubelige Ha-Long-City, eine wachsende Ansammlung aus Riesen-Werft, Industriehafen, rekordbrechender Seilbahn (auf den Nui Ba Deo) und allerlei Brimborium für die chinesische Besucherschar und Tagestouristen, am besten links liegen. Viele westliche Besucher übernachten nur noch auf dem Ausflugsboot oder auf der Halbinsel Tuan Chau, ca. 8 km westlich von Ha-Long-City; alternativ kann man die Bucht auch von der Insel Cat Ba (S. 189) aus erkunden.

Höhlenparadiese

Das Schönste an Ha Long sind die Höhlen: Die hoch aufragenden Karstberge öffnen sich mancherorts zu tiefen Grotten voller Stalagmiten und Stalaktiten, einige bergen gar Lagunen im Inneren (z. B. Hang Luon, Hang Dong Tien und Hang Dong Me Cung nahe Cat Ba im Süden sowie die abenteuerliche Hang Hanh im Nordosten der Bucht). Diese erkundet man am besten in einem Kajak – wohlgemerkt in Begleitung eines erfahrenen Guides, der die Gezeiten kennt und weiß, wie und wann man gefahrlos in die Lagunen fahren kann.

Die 15 derzeit zugänglichen Höhlen sind teils sehr touristisch mit Betonwegen und elektrisch-farbigem Licht erschlossen, an manchen Piers legen die Touristenboote vor allem vormittags im Viertelstunden-Rhythmus an! In der viel besuchten, im Süden der Bucht liegenden Hang Sung Sot (»Höhle der Überraschungen«), einem riesigen, 12 000 m² großen Gewölbe, verteilen sich die Touristengruppen jedoch nahezu unbemerkt auf drei Säle, der Rundweg eröffnet fast mystische Ausblicke auf die Tropfsteine im schimmernden Dunst. In der weiter nördlich gelegenen Hang Dau Go (»Grotte der Hölzernen Pfähle«), deren Halle die Höhe einer Kathedrale hat, soll der legendäre Tran Hung Dao einst die

Vor der Insel Ti Tov liegen Schiffe und Boote in der Ha-Long-Bucht.

Pfähle gesammelt und versteckt haben, mit denen er 1288 die Mongolenflotte in der Schlacht am Bach-Dang-Fluss versenkt hatte. Die benachbarte, 10 000 m² große Hang Dong Thien Cung (»Grotte des Himmlischen Palastes«) belohnt den steilen Treppenaufstieg zum Höhleneingang in 25 m Höhe durch zauberhafte, bunt beleuchtete Tropfsteine; aus ihrem Inneren bietet sich ein schöner Rundblick auf die Bucht. Gleiches gilt für Hang Bo Nau (die »Pelikan«-Höhle), ca. 3 km südöstlich vom Inselchen Trong Mai.

Im Kajak an den Kalksteinriesen, die über Jahrtausende von Wind und Wetter geschaffen wurden, vorbeigleiten.

Badeinseln

An einigen Inseln kann man anlegen und an neun kleinen (nicht immer sauberen) Stränden (sonnen-)baden, z. B. auf Ti Tov (auch: Ti Top), benannt nach dem russischen Astronauten Germane Titov, der sie 1962 gemeinsam mit Ho Chi Minh besuchte. Auf der Dao Soi Sim führen 400 teils steile Stufen auf einen Aussichtspunkt mit sagenhaftem Panoramablick über die Bucht und ankernde Schiffe.

KLEINE PAUSE

Keine Sorge, es gibt alles an Bord der **Ausflugsboote.** Und clevere Händlerinnen klappern notfalls im Ruderboot mit einem Bauchladen-Sortiment aus Souvenirs, Trinkwasser, Obst und Sonnenmilch die Touristenkähne ab.

234 C2

Tourist Service Center
Bai Chay Pier, Ha Long-City (ein weniger überlaufenes Pier für Luxusboote liegt im Ortsteil Hon Gai, ein drittes außerhalb auf der Halbinsel Tuan Chau) www.halongbay.com.vn
ab 60 € (nach oben keine Grenze; für zwei Tage), am besten mind. 50 € pro Tag (wg. Komfort und Sicherheit; zzgl. Eintrittspreise und Übernachtungsgebühren; bei Pauschaltouren sind diese Gebühren im Tourpreis enthalten). Empfehlenswerte Schiffe: »Annam Junk« (www.annamjunk.com), »Emeraude« (www.emeraude-cruises.com) oder die schwimmenden Hotels Bai Tho Junk und Victory Junk von Baitho Cruises (https://baithojunks.com). Durch die südliche etwas ruhigere La-Han-Bucht kreuzen die Luxusdschunken der Heritage Line (www.geoplan-reisen.de, s. S. 206). Kajakausflüge: www.inserimextravel.com.vn

Was?	Die Bergstämme besuchen
Warum?	Weil hier die schönsten Kurvenstrecken warten!
Wann?	Beste Reisezeit ist September bis November
Wie lange?	Mindestens 3 Tage
Resümee	Vietnam ist auch ethnisch vielseitig

Reisterrassen, Wasserfälle, Stelzenhäuser und die Bergvölker in ihren Trachten – rund um den ehemaligen französischen Luftkurort Sa Pa am Fan Si Pan, dem höchsten Gipfel Vietnams, liegt eine der schönsten Landschaften der Welt. Lohnend sind daher auch Trekkingtouren in die Umgebung mit Übernachtungen in den Homestays der Bergstämme.

Heute zählen noch rund 5 Mio. Menschen zu den 27 Volksgruppen im Norden. Sie bevölkern die Straßen, Gassen und lebendigen Märkte in und um Sa Pa, auf denen man teils noch archaisch anmutenden Traditionen wie den Glauben an Naturgeister und Schamanen oder die Begeisterung für Hahnenkämpfe begegnet. Guten Beobachtern dürften gelegentlich auftretende »Schönheitsmerkmale« auffallen: die mit einer Tinktur aus Bambusblättern, Mottenflügeln und Honig geschwärzten Zähne (vor allem bei den Muong und Lu) oder die rasierten Augenbrauen (Dao). Die typischen Stelzenhäuser werden zwar immer öfter durch feste ebenerdige Häuser aus Stein ersetzt, aber vor allem in den Dörfern der Tay und Thai findet man sie noch immer.

Kleider machen Leute

Rund um Sa Pa leben vor allem die Dao (sprich: Dzao, Rote und Schwarze Dao) und die Hmong (auch: Mong bzw. Meo; Schwarze, Weiße, Rote und »Blumen«-Hmong, die Hmong Hoa, S. 193). Die Frauen beider Volksgruppen tragen noch heute ihre farbenprächtigen Trachten und den schweren Silberschmuck. Dunkelblaue Röcke und eine turbanartige, teils karierte Kopfbedeckung charakterisieren die Hmong-Kleidung, die Roten oder Schwarzen Dao sind zu erkennen an den auffälligen roten oder schwarzen, kissenähnlichen

Rund um Sa Pa prägen Reisterrassen die Landschaft.

Turbanen oder Kopftüchern – freilich verdrängen auch hier Jeans und Kunststoffhemden die Trachten, die oft nur noch zu den Festtagen und auf Wochenmärkten getragen werden.

Kolonialzeitliches Erbe

Sa Pa verteilt sich auf 1560 m Höhe rund um einen See. Einzige Attraktion des einstigen Marktfleckens ist sein Ortsbild: ein bunter Mix aus Villen, rustikal-burgähnlichen Landhäusern und einer alten Kirche. Allesamt sind die Gebäude Zeugen der Kolonialepoche, als die Franzosen Anfang des 20. Jhs. hier ein Militärsanatorium gründeten; 1922 folgte die Bahnlinie bis ins 37 km entfernte Lao Cai.

Vor rund 15 Jahren hat der Tourismus den Bergort aus seinem Dornröschenschlaf wachgeküsst. Teils dicht an dicht stehende (Luxus-)Hotels, Gasthäuser und Massagesalons schossen wie Pilze aus dem Boden, und Kritiker nennen den Trubel in und um Sa Pa verächtlich »Ethno-Rummel«. Die Liebes-Märkte der Hmong und Dao, einst eine Art Brautschau mit »Entführungen«, sind mittlerweile nur noch als Folklore-Show zu erleben. Und auch der zum Teil überlaufene traditionelle Wochenmarkt musste sich ein neues Quartier suchen – doch genau genommen ist hier sowieso jeden Tag und überall Markttag! In den Altstadtgassen versuchen Frauen und Mädchen der Schwarzen Hmong von morgens bis spätabends ihre Waren an die Touristen zu verkaufen.

Ziele in der Umgebung

Im nur 3 km südwestlich von Sa Pa gelegenen Dorf Cat Cat im Muong-Hoa-Tal kann man Hmong-Frauen beim Weben und Sticken zuschauen, an Souvenirständen entlangflanieren, mit fliegenden Händlerinnen plauschen und eine Folklore-Show ansehen. Der etwa 20 m hohe Cat-Cat-Wasserfall vor dem Dorf ist über eine Treppe und eine kleine Hängebrücke zu erreichen. Sehenswerter ist jedoch der ca. 12 km westlich von Sa Pa gelegene Silber-Wasserfall (Thac Bac), der per Moped oder in einer schönen Wanderung zu erreichen ist. Diese kann auch mit dem »Love Waterfall« (Thac Tinh Yeu; 2,5 km westlich von Sa Pa) kombiniert werden, in dessen Becken im Sommer auch gebadet werden kann.

Überhaupt ist die Umgebung von Sa Pa ein Paradies für Wanderer (S. 201). Ein mögliches Ziel ist Ta Phin (ca. 11 km nordöstlich von Sa Pa), wo eine Kooperative Kunsthandswerksprodukte wie Mützen und Taschen herstellt, oder Ta Van, das durch das gleichnamige Flusstal zu erreichen ist (ca. 9 km südwestlich von Sa Pa).

Eine Schneiderin der Schwarzen Hmong arbeitet auf dem Markt von Sa Pa.

Bergsteiger können den 3143 m hohen Fan Si Phan in einer zwei- bis dreitägigen, anspruchsvollen Tour bezwingen. Schneller geht's mit der neuen Seilbahn, die über 6 km auf den jetzt ziemlich trubeligen Gipfel gondelt.

KLEINE PAUSE

Suppenküchen findet man in Sa Pa vor allem in der Xuan Vien nahe des Sees. In Cat Cat gibt es **Imbissstände**; vor dem Dorf liegt an der Straße das **Mountain View Café.**

---

232 C4

Sapa Tourism
2 Fan Si Pan Rd., Sa Pa
www.sapa-tourism.com
tgl. 7.30–11, 13.30–17 frei

Cat Cat (Dorf & Wasserfall)
Cat Cat tgl. ca. 8–18 Uhr
70 000 VND

Silber-Wasserfall
tgl. ca. 8–18 Uhr 10 000 VND

Love Waterfall
tgl. ca. 8–18 Uhr
45 000 VND

Fan Si Phan (Seilbahn)
https://fansipanlegend.sunworld.vn
tgl. 7.30–17.30 Uhr 600 000 VND

Kaffee- und Teepause

Wenn es im Norden mal wieder aus allen Kannen schüttet, hilft nur eine Pause auf einem Plastikschemel an einer Straßenecke: (Jasmin-) Tee, Kaffee oder auch Bier trinken und abwarten. Beim Kaffeetrinken könnte man sogar eine meditative Übung vollziehen: Schauen Sie dem *ca phe sua nong* zu, wie er braun, dick und bitter durch den silbernen Blechfilter ins Glas darunter tropft und sich mit der süßen, dicken Kondensmilch mischt. Das dauert scheinbar ewig inmitten des rasenden Drumherums, aber diese kleine Zeremonie sorgt für eine Besinnungspause im tobenden Turbokapitalismus.

❻ ★★ Trockene Ha-Long-Bucht

Was?	Eine zauberhafte Karstlandschaft
Warum?	Diese Märchenlandschaft muss man einfach kennenlernen
Wann?	Wochenende und Feiertage wegen Hochbetrieb meiden
Wie lange?	2 Tage
Resümee	Die »trockene« und grüne Variante der Ha-Long-Bucht

Wer in den Industrieort Ninh Binh kommt, 90 km südlich von Hanoi, hat sehr wahrscheinlich ein ganz anderes Ziel im Sinn: Die ihn umgebende Szenerie ist ähnlich bezaubernd wie die der Ha-Long-Bucht. Doch hier leuchtet nicht das Meer zwischen den Inselbergen, sondern Reisfelder, so weit das Auge schaut: In der sogenannten Trockenen Ha-Long-Bucht gleitet man im Ruderboot durch Höhlen oder radelt auf den Dämmen durch eine uralte Karstberg-Kulisse.

Längst hat sich herumgesprochen, dass die Szenerie rund um das Örtchen Tam Coc, 10 km westlich von Ninh Binh, ihre Reize besonders eindrucksvoll präsentiert. In den hiesigen »Drei Grotten« herrscht vor allem an Wochenenden und Feiertagen Hochbetrieb – inklusive Fliegender Händler, Ruderboot-Karawanen auf dem Fluss und Staus vor den Höhlen. Mit dem Rad gelangt man hingegen auf eigene Faust auf den Dämmen durch die Karstlandschaft zu schwimmenden Dörfern, heißen Quellen und Orten, die von Kunsthandwerk und Stickereien leben (z.B. Van Lan/Minh Hai).

In der Trockenen Ha-Long-Bucht ragen die Karstberge nicht aus dem Südchinesischen Meer, sondern aus einem Meer aus Reisfeldern auf.

Pagoden und Höhlen

Vom Pier in Tam Coc ist auch zu Fuß die malerisch am Berghang gelegene Bich-Dong-Pagode (Chua Bich Dong) zu erreichen. Der stimmungsvolle Höhlentempel empfängt den Besucher mit drei Buddhafiguren – der Vergangenheit, der Gegenwart und der Zukunft – und einer Quan Am. Hat man den Gipfel erklommen, belohnt der atemberaubende Weitblick aus der Grünen Grotte.

Auf dem Weg in die Bich-Dong-Grotte: Als tauche man in den Nebel einer anderen Welt

Bei der nicht weit entfernten Hang-Mua-Höhle am Nui Ngoa Long, dem »Berg des liegenden Drachen«, muss man die 500 Stufen einer steilen, von Drachen gesäumten Treppe erklimmen, um schließlich oben mit einer sagenhaften Aussicht dafür mehr als entschädigt zu werden (1–2 Std.).

Abstecher nach Hoa Lu

Als die vietnamesischen Könige vor 1000 Jahren Schutz vor den anhaltenden Überfällen der Chinesen suchten, verlegten sie ihre Hauptstadt zwischen die schützenden Karstberge: Es entstand Hoa Lu, die Hauptstadt des Reiches Dai Co Viet (968–1009), deren Relikte heute 12 km nordwestlich von Ninh Binh liegen. An diese kurze Epoche erinnern u. a. noch zwei Tempel mit Holzschnitzereien und einige Gräber am Nui Ma Yen, die beiden ältesten bekannten Grabmäler Vietnams.

KLEINE PAUSE

Passagiere der Drei-Grotten-Tour werden von **schwimmenden Imbissständen** mit Getränken und Snacks versorgt.

233 F1

Ninh Binh Tourist
Dinh Tien Hoang, Ninh Binh
0229 388 41 01
www.dulichninhbinh.com.vn/en

Tam Coc Pier
tgl. ca. 7–16 Uhr · 80 000 VND, Ruderboot für bis 1 ½–3 Std. und bis zu 4 Pers. ca. 400 000 VND

Chua Bich Dong
tgl. 6–18 Uhr · frei

Hang Mua
tgl. 8–ca. 16 Uhr
50 000 VND (Wasser & feste Schuhe erforderlich)

Hoa Lu
tgl. ca. 8–16 Uhr
ca. 10 000 VND

58 Cat Ba

Was?	Die größte Insel (350 km²) in der Ha-Long-Bucht
Warum?	Weil hier die seltenen »goldenen« Affen (über-)leben
Wann?	Eigentlich immer, aber weniger los ist Sept. bis Feb.
Wie lange?	2 Tage
Resümee	Der Muskelkater vom Wandern und Kajaking ist sicher

Die Insel besteht vor allem aus wild-bergiger Kulisse. Hier leben ca. 30 000 Menschen von Fischfang und Garnelenzucht, Reisanbau und dem Tourismus, der vor allem Cat Ba City im regenreichen Sommer und an Wochenenden fest im Griff hat. Ein UNESCO-Biosphärenreservat schützt Ökosysteme wie Sümpfe, Mangrovenwälder, Frischwasserseen, Wasserfälle, Höhlen, Korallenriffe und Karstberge.

Blick vom Ngu Lam über das üppige Grün des Cat Ba National Park

Etwa die Hälfte der Insel nimmt der ca. 28 000 ha große Cat Ba National Park ein, der Mangrovenwälder und Kalksteinformationen mit teils zerklüfteter Steilküste schützt. Die hiesigen Höhlen boten noch bis 1893 Piraten Unterschlupf. Heute sind sie Lebensraum für Makaken und den endemischen, vom Aussterben bedrohten Goldkopf- bzw. Cat-Ba-Languren. Teils sehr anspruchsvolle Wanderungen führen auf den Ngu Lam und zum Frosch-See Ao Ech (18 km).

Zu Tagesausflügen starten die Boote von Cat Bas Hafen aus in die Lan-Ha-Bucht mit ihren schwimmenden Fischerdörfern, Höhlen und Lagunen.

KLEINE PAUSE

An der Ufer-Promenade gibt's die **Suppenküche** der **Familie Tu Thoa** (190 Rd. 1/4, tgl. ca. 8–22 Uhr): spottbilliges Essen.

234 B2

Cat Ba National Park
☎ 098 4 91 90 26 · tgl. 7–16.30 Uhr
40 000 VND

Nach Lust und Laune!

59 Chua Huong (Parfümpagode)

Der Huong Tich Son, der »Berg der duftenden Spuren« inmitten einer prachtvollen Karstlandschaft, 60 km südwestlich von Hanoi, ist Sitz der Parfümpagode – ein berühmter Pilgerort in Nordvietnam mit mehreren kleinen Heiligtümern. Die Parfümpagode zu Ehren von Quan Am wurde im 17. Jh. in der tiefen Huong-Thich-Höhle errichtet. Sie ist bei einer Bootsfahrt auf dem Yen-Fluss zu erreichen, der durch eine herrliche Landschaft führt.

Die Tempel und Schreine ziehen vor allem zum Neujahrsfest und von März bis April sowie an Sommer-Wochenenden Abertausende Einheimischer an, eine Seilbahn bringt die Besucher zur Tempelgrotte auf dem Berg. Alternativ geht es bei einem zweistündigen, anstrengenden Aufstieg hinauf (festes Schuhwerk!). Unterwegs passiert man den Trinh-Tempel, die Thien-Tru-Pagode und die Höhlenpagoden Tien Son und Giai Oan.

233 F2 tgl. 6–16.30 Uhr
130 000 VND (inkl. 50 000 VND für die Bootsfahrt hin und zurück; falls ein ganzes Boot gechartert wird, kostet dies 300 000 VND), Seilbahn kostet extra: 140 000 VND

60 Bai Tu Long Bay

Rund 30 km nordöstlich der Ha-Long-Bucht beginnt die kleinere Bucht Bai Tu Long Bay (Vinh Bai Tu Long). Sie mag weniger spektakuläre Höhlen haben, dafür ist aber auch der Trubel auf den teils bewohnten, unter Naturschutz stehenden (Halb-)Inseln noch geringer.

Gleichwohl hat bereits ein Wandel eingesetzt, wird die Region für den Badetourismus vor allem aus China erschlossen. Zu spüren ist dies auf der 450 km² großen Insel Van Don (Cai Bau), die über eine Brücke oder mit Tragflächenbooten ab Ha-Long-City zu erreichen ist. Hier haben bereits die ersten Hotels eröffnet – vor einer herrlichen Kulisse mit buckligen Inselriesen. Die nur 11 km² große Insel Quan Lan (Canh Cuoc), 25 km südöstlich der

In der Bai-Tu-Long-Bucht gibt es noch einsame Strände.

Industriestadt Cam Pha, ist dagegen nach wie vor ein verschlafenes Eiland mit langen, einsamen Stränden und acht Dörfern, deren Bewohner vorwiegend von der Fisch- und Garnelenzucht leben. Einen Katzensprung entfernt liegt das neueste erschlossene Insel-Ziel: Co To.

234 C2

61 Hai Phong

Koloniales Flair vermitteln im französisch geprägten Stadtzentrum, dem Quartier Francais, die alten Hinterlassenschaften der Kolonialherren, die ab 1874 den sumpfigen Untergrund der Umgebung trockenlegten und 1876 den Hafen ausbauen ließen: Sehenswert sind vor allem die Villen rund um die Dien Bien Phu, das restaurierte neobarocke Theater von 1904 und die Kathedrale (beide in der Hoang Van Thu) sowie das Stadtmuseum (in der Dien Bien Phu), das Observatorium (1902), das ockergelbe Postamt und der Bahnhof.

Der im Süden der Stadt gelegene Tempel Den Nghe (18./19. Jh.) ist hingegen für seine herrlichen Holzschnitzereien, Steinstatuen und den reich verzierten Steinaltar bekannt. Das 1717 erbaute Gemeindehaus Dinh Hang Kenh (Nhan Tho) beeindruckt mit 200 Jahre alten Holzschnitzereien und Skulpturen, darunter rund 300 Drachen in allen Größen.

234 B2

Den Nghe
Le Chan Ecke Me Linh
tgl. 8–11.30, 13.30–17 Uhr frei

Dinh Hang Kenh (Nhan Tho)
Nguyen Cong Tru
tgl. 9–17 Uhr
10 000 VND

62 Cuc Phuong National Park

Beeindruckende, karstige und bis zu 600 m hoch aufragende Kegelberge prägen den ältesten Nationalpark in Vietnam (Gründung 1962). Auf 25 000 ha stehen tropische Baumgiganten mit mannshohen Brettwurzeln und bis zu 25 m Stammumfang unter Schutz, deren

Reisernte im Cuc Phuong National Park

dichtes Blätterdach das Sonnenlicht von den untersten Etagen mit ihren Schlingpflanzen und Moosen fernhält. Der Nationalpark beherbergt etwa 2000 subtropische Pflanzen- und rund 120 Säugetierarten, darunter die sehr raren Delacour-Languren, die man vor rund 20 Jahren wiederentdeckte. Ferner werden hier die ebenfalls fast ausgerotteten Vietnam-Sikahirsche (Axis-Hirsche) gezüchtet. In Randzonen und den vielen Höhlen tummeln sich noch wilde Vertreter von Kragenbären, Nebelpardern, Leoparden, Seraus und Muntjaks. Zahllose schöne Schmetterlinge lassen sich vor allem im April/Mai blicken. Und imposante Nashornvögel, Fasane und Bergadler gehören zu den mehr als 300 Arten gefiederter Bewohner.

233 E1

Cuc Phuong Eco Tourism Center
☎ 0229 3 84 80 06
www.cucphuongtourism.com und www.wgfa.de tgl. 6–22 Uhr
ca. 100 000 VND

63 Hoa Binh

Die teils bergige Provinz Hoa Binh, ca. 75 km südwestlich von Hanoi, ist die Heimat mehrerer Minderheitenvölker. Einige schöne Ausflugsziele liegen inmitten der Kegelberge: Im malerischen Mai-Chau-Tal im Südwesten leben Tay, Hmong, Weiße und Schwarze Thai, in den Nestern Ban Dam, Ban Giang und Giang Mo bewohnen die Muong noch Stelzenhäuser und bieten Touristen Homestays an.

Beliebt bei vietnamesischen Ausflüglern ist die Hochebene Moc Chau auf 800 bis 1000 m Höhe, auf der vorwiegend Weiße Thai, aber auch Dao, Thai und Muong vor allem vom Anbau von Nassreis, Gemüse und Tee, der Schweine- und Geflügelzucht und zunehmend auch vom Tourismus leben.

233 E2

64 Ba Be National Park

Zahlreiche Flüsse, Bäche und Höhlen sowie Wasserfälle gehören zu den landschaftlichen Attraktionen des Nationalparks rund um den Ho Ba Be. Der mit ca. 500 ha größte natürliche und am höchsten gelegene See in Vietnam, der in der Sprache der Tay auch die »drei Meere« (Slam Pe) genannt wird, verläuft 8 km lang über drei Täler: Viele kleine Inseln schwimmen in dem legendenumwobenen See, grün überwucherte Kalkriesen ragen fast senkrecht aus dem Wasser. Daher nennt man die Gegend auch »Ha-Long-Bucht der Berge«, die hier bis auf 1980 m Höhe ansteigen.

Dank seiner enormen Artenvielfalt steht der 10 000 ha große Nationalpark auf der Anwärterliste der UNESCO, u. a. leben in dem Areal die vom Aussterben bedrohten Schwarzen Languren.

233 E/F4 ☎ 0209 3 89 41 26
tgl. 7–18 Uhr 30 000 VND

65 Bac Ha

Der Sonntagsmarkt der Blumen-Hmong hat das Dorf ca. 100 km nordöstlich von Sa Pa berühmt gemacht. Nach wie vor präsentiert sich dieser als kunterbuntes Menschenmeer. In dem 3000-Seelen-Ort auf 900 m Höhe treiben die Bergstammangehörigen der Hmong Hoa ihren

Bunt »eingepacktes« Kind der Blumen-Hmong

Handel wie seit eh und je, mit viel Mais- bzw. Reiswein wird ein Geschäftsabschluss besiegelt. Wer den Markt besucht, sollte mit großem Andrang rechnen – manche unken, es gebe mittlerweile mehr Touristen als Blumen-Hmong. Man schlendert zwischen Pferden, Kühen, Hühnern und Wasserbüffeln umher, landwirtschaftlichem Gerät, traditioneller Kleidung und Textilien, Körben voller Chili und Bergen von Gemüse. Längst gibt es auch Souvenirs und Krimskrams, Billiguhren und Kleidung aus Kunstfasern.

233 D4

66 Dien Bien Phu

Im Indochinakrieg gegen die Franzosen wurde Dien Bien Phu dann zum Kriegsschauplatz: Hier kam es im Mai 1954 zur entscheidenden Schlacht, die letztlich auch die Kolonialzeit beendete. In den 55 Tagen der vietnamesischen Belagerung unter General Vo Nguyen Giap bis zur Kapitulation am 7. Mai 1954 fielen rund 3000 bis 10 000 Franzosen sowie 8000 bis 20 000 Vietnamesen. Heute kann man das Museum mit lebensecht wirkenden Puppen, Kriegsgerät und dem rekonstruierten Bunker des französischen Generals Christian de Castries besichtigen, außerdem ein Mahnmal, ein Friedhof der Vietminh und einige alte französische Panzer und Geschütze.

Ein Erlebnis ist auch die Reise nach Dien Bien Phu: Über die N6 und die Straße 279 geht es über Serpentinen durch eine reizvolle Berglandschaft, u. a. über den Pha-Din-Pass mit herrlichem Panorama.

232 B3

67 Bach-Long-Glasbrücke (White Dragon)

Laut Guinness Buch der Rekorde: die aktuell längste Glasbrücke der Welt! Der »Weiße Drache« schwingt sich als grazile Hängebrücke aus Glas in 150 m schwindelnder Höhe über das wilde Bergtal – atemberaubendes Panorama ist garantiert. Das 632 m lange Konstrukt ist ein architektonisches Meisterwerk aus Glas und Stahl. Stöckelschuhe sind hier verboten, und nur 450 Personen dürfen gleichzeitig auf die Brücke. Weitere Attraktionen sind eine bunt beleuchtete Höhle, Zipline und Riesen-Rutschen und -Schaukeln.

233 D2 Moc Chau (ca. 200 km westl. Hanoi), Son La
https://mocchauisland.com
tgl. 7–22 Uhr ca. 600 000 VND

Wohin zum ... Übernachten?

Preise für ein Doppelzimmer pro Nacht:
€ unter 1 Mio. VND (unter 40 €)
€€ 1–2,4 Mio. VND (40–92 €)
€€€ über 2,4 Mio. VND (über 92 €)

HAI PHONG

Avani Hai Phong Harbour View €€€
Das Luxushotel verheißt kolonialen Charme, nicht nur bei den angebotenen Oldtimerfahrten in die Stadt, sondern auch in den 127 eleganten Zimmern. Gesellige BBQ-Abende am Pool. WLAN.
✣ 234 B2 ✉ 4 Tran Phu
☎ 0225 382 78 27 🌐 www.avanihotels.com

NINH BINH/TAM COC

Nguyen Shack €
Idyllischer geht's kaum: Gäste werden im Dorf Khe Ha an einem See mitten in einem zauberhaften Talkessel beherbergt. Die fünf Hütten sind gemütlich mit Hängematte und Freiluftbad ausgestattet.
✣ 233 F1 ✉ Khe Ha, Tam Coc
☎ 09 665 50 01 28 🌐 www.nguyenshack.com

SA PA

Comlam Eco House €
Ein eigenes Bungalow mit Heißwasser-Duschbad, Heizdecke und Glasfenstern – das ist heutzutage ein »Homestay« im Bergdorf Ta Van. Aber die meisten Touristen wollen es nicht anders.
✣ 232 C4
✉ Ta Van (ca. 9 km südwestl. von Sa Pa)
☎ 086 659 95 88 🌐 bei Facebook

H'Mong Sapa €€
Das Hotel liegt weit oberhalb des Ortes. Das Bergpanorama entschädigt für den steilen Weg. Eine Heizung gibt's auf Wunsch, Hmong-Führerinnen bieten Ausflüge an. Transfer ab/nach Lao Cai ist inklusive.
✣ 232 C4 ✉ 27 Thac Bac ☎ 0214 3 77 22 28
🌐 www.hmongsapahotel.com

Sapa Horizon €–€€
Zentral, warm und freundlich: Die 18 Zimmer sind super ausgestattet mit Heizung, TV, Safe, teils auch Balkon und PC. Die Ecksuite punktet zudem mit Panoramafenstern und Balkon. Eigenes Tourbüro mit guten Guides.
✣ 232 C4 ✉ 18 Pham Xuan Huan
☎ 0214 387 26 83
🌐 www.sapahorizonhotel.com

Victoria Sapa €€€
Etwas außerhalb des Ortes wartet das luxuriöseste Haus Sa Pas mit Spa, Tennisplatz und beheiztem Indoor-Pool. Die 77 Zimmer verteilen sich um einen Garten und überzeugen mit Landhausstil und Bergpanorama.
✣ 232 C4 ✉ Xuan Vien ☎ 0214 387 15 22
🌐 www.victoriahotels-asia.com

Wohin zum ... Essen und Trinken?

Preise für ein Hauptgericht ohne Getränke:
€ unter 130 000 VND (unter 5 €)
€€ 130 000–250 000 VND (5–10 €)
€€€ über 250 000 VND (über 10 €

CAT BA

Anh Nhu €
Typisches Mini-Lokal auf der Promenade: Das kleine Familienrestaurant mit angeschlossener Pension punktet mit den Klassikern von Bratreis bis Hot Pot, serviert aber auch kulinarische Seafood-Highlights, wie mundwässernde Muscheln, gefüllten Tintenfisch und leckere Tamarinden-Garnelen.
✣ 234 B2 ✉ Road ¼ Nr. 67
☎ 09 74 77 98 80 ◑ tgl. 11–23 Uhr

Quang Anh €–€€
Das riesige schwimmende Lokal serviert frischen Fisch aus der eigenen Aquakultur: Gäste können sich aus den Zuchtbecken ihr Exemplar aussuchen. Hier essen viele Vietnamesen, die Preise sind nicht der Rede wert. Es werden Kajaks verliehen und Homestays vermittelt.
✣ 234 B2 ✉ Ben Beo Pier

☎ 036 734 19 84
🌐 www.quanganhcatba.com.vn
🕐 tgl. 10–22.30 Uhr

SA PA

Le Petit Gecko €€
Ein Klassiker: Unweit der Post werden französische und vietnamesische Speisen aufgetischt, zudem gibt's Burger, Pizza und Pasta und Kuchen. Die Cocktails, Biere und Weine werden – unüblich für Sa Pa – bis spätabends ausgeschenkt. Kochkurse, Trekkingtouren und fünf Zimmer ergänzen das Angebot.
232 C4 ✉ 7 Xuan Vien ☎ 0214 387 11 31
🌐 www.legeckosapa.com 🕐 tgl. 7–24 Uhr

The Hmong Sisters €€–€€€
Urige Kneipe mit Kamin: Zum Käsefondue und Fingerfood (scharfes Wasserbüffel-Trockenfleisch oder Entenbrust) gibt es gute Weine oder auch Glühwein, kunterbunte Cocktails oder Bier sowie Wasserpfeifen, Pool-Billiard und Livemusik.
232 C4 ✉ 31 Muong Hoa
☎ 0976 93 43 03
🌐 facebook.com/Thehmongsisterssapa
🕐 Di–So 16–ca. 23 Uhr

Wohin zum … Einkaufen?

Wer länger in Ha Long City bleibt, sollte über den **Nachtmarkt von Bai Chay** (tgl. 18 bis ca. 23 Uhr) bummeln: An den Ständen ist Handeln Pflicht. In und vor der riesigen **Markthalle von Sa Pa** (Dien Bien Phu, oberhalb des Sa-Pa-Sees, tgl. 7–18 Uhr) stöbert man zwischen Kunsthandwerk, Gemüse und Obst – eher nichts für europäische Gaumen ist die eine oder andere Spezialität wie *thit cho,* »wärmendes« Hundefleisch.

Voll wird es sonntags auf dem fotogenen Markt der Blumen-Hmong in **Bac Ha** (P185) oder samstags in **Can Cau** nahe der chinesischen Grenze. Weniger touristisch, aber nicht minder bunt geht es auch wochentags auf den vielen Märkten der Umgebung zu, etwa in **Bin Lu**, **Coc Ly** und **Tam Duong**.

Händlerinnen der Blumen-Hmong in Hac Ba

Wohin zum … Ausgehen?

Alljährlich am neunten Tag des achten Mondmonats (Sept.) ehrt in Do Son, 20 km südöstlich von Hai Phong, das **Fest des Büffelkampfs**, Dieu Tuoc Ton Than, den Wassergott und Beschützer der Fischer. Nach Ritualen folgt ein meist unblutiger Büffelkampf – der Sieger hat leider nichts von seinem Sieg, beide Büffel werden zu Ehren des Heiligen geschlachtet und verspeist.

Cat Ba und die Lan-Ha-Bucht haben sich zum Eldorado für **Sportkletterer** (S. 189) gemausert; wer auf eigene Faust ausschwärmen will, sollte eigenes Equipment dabeihaben. In die Bucht und die Lagunen fährt man am besten nur mit erfahrenen Kapitänen, die die Gezeiten gut kennen.

Gleiches gilt für **Kajak-Ausflüge**, bei denen sich die Wasserwelten und verborgenen Lagunen der Ha-Long- und Bai-Tu-Long-Bucht am besten erkunden lassen. Man sollte jedoch nie ohne Guide lospaddeln! Auch in der Trockenen Ha-Long-Bucht muss man sich nicht rudern lassen, sondern kann selbst zu Ruder oder Paddel greifen.

Die **besten Wandergebiete** in Vietnam liegen im Norden, etwa rund um Sa Pa und im Ba Be National Park. Auch wenn es in Sa Pa jede Menge hochwertiger Trekkingausrüstung zu kaufen gibt (»Fakes« wie auch in Vietnam hergestellte Markenware), sollte man die eigenen Wanderstiefel mitnehmen.

Auch am zauberhaften Cat-Cat-Wasserfall bei Sa Pa versuchen geschäftstüchtige Händlerinnen den Reisenden Souvenirs zu verkaufen.

Wanderungen

Es ist ein besonders eindrückliches Erlebnis, sich zu Fuß zu einem Pilgerort aufzumachen oder durch ein schönes Bergtal zu wandern.

Seite 196–203

Aufstieg auf die Marmorberge von Da Nang

Was?	Wanderung
Wann?	Es gibt nur wenig Schatten, daher früh aufbrechen
Länge	1,5–2 km
Dauer	2–3 Std. (inkl. einstündiger Tempelbesichtigung)
Start/Ziel	Dong Hai, Non Nuoc, ca. 10 km südöstlich von Da Nang ⇻229 D4

Der Weg ist das buddhistische Ziel. Die fünf Marmorberge, die »Berge der fünf Elemente« südlich von Da Nang (S. 135), sind ein beliebter Pilgerort, man steigt von einer Pagode und Tempelgrotte zur nächsten. Steil und schweißtreibend, je später man startet – die Wege ins Paradies sind bekanntlich mühsam, aber lohnend.

Mit diversen kurzen Abzweigungen geht es zu vier Tempeln, sechs Grotten und mindestens drei Aussichtspunkten. Unterwegs kommt man an mehrstufigen Tempeltürmen und -pavillons, Grabstupas, Lotosteichen und Buddhas in allen Größen, Posen und Darstellungsformen vorbei: Quasi über jeden Schritt und Tritt wachen aus vielen Felsnischen, kleineren Grotten und Altären am Wegesrand die Göttin der Barmherzigkeit (Quan Am), der Buddha der Vergangenheit (Sakyamuni) oder der lachende dicke Buddha (Di Lac) der Zukunft über die Pilger.

Aber Achtung: Die schmalen Treppenstufen sind oft ziemlich glitschig und nicht immer mit Geländer versehen! Daher ist diese Wanderung für kleinere Kinder eher ungeeignet – und festes Schuhwerk ist vor allem bei Regen unerlässlich.

1–2

Die meisten Besucher der Marmorberge erklimmen den von Grotten durchzogenen Thuy Son (S. 135), den Wasserberg – zuerst muss jedoch die lange, steile Eingangstreppe bezwungen werden. Wer hier schon ans Aufgeben denkt, nimmt am besten den gläsernen modernen Fahrstuhl und spart etwa die Hälfte der Treppen.

Los geht es in beiden Fällen am Parkplatz am Hang des Berges. Über zwei nicht zu verfehlende Wege gelangt man zum 100 m hohen »Gipfel« und zwei Aussichtspunkten: Vom Tor 1 im Süden geht es über 156 Felsstufen unter Tamarinden direkt zur 1825 erbauten Chua Tam Thai. Alternativ gehen Sie vom Tor 2 im Osten über 108 Stufen zur Chua Linh Ung. Links des Weges gelangt man dabei auch zur Van-Thong-Höhle mit bunten Wächterstatuen und einer verwunschenen Quan Am.

2–3

Bei der Chua Tam Thai vereinen sich die beiden Wege. Wenden Sie sich gen Nordwesten und Sie erreichen durch einen verwitterten steinernen Torbogen mit chinesischen Schriftzeichen und kleiner Quan-Am-Statue eine Grotte, in der eine weitere wunderschöne Statue der Göttin der Barmherzigkeit steht. Links von ihr folgt man dem beleuchteten, manchmal rutschigen Tunnelgang zur imposantesten Höhle: der mit bis zu 30 m hohen Wänden geradezu mystisch wirkenden Huyen-Khong-Höhle.

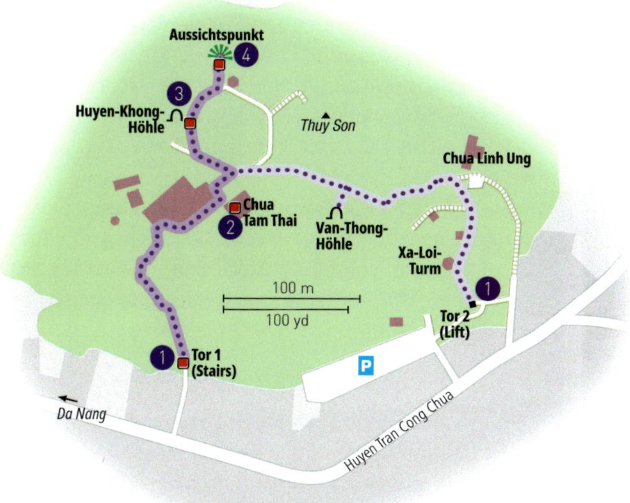

Statuen von Buddha, Mönchen oder Quan Am wachen über den Weg der Pilger.

Sobald sich die Augen an das diffuse Licht gewöhnt haben, sieht man ihn thronen: den in ca. 10 m Höhe aus der Felswand gehauenen sitzenden Buddha, den Thich Ca (Buddha der Gegenwart, Abb. S. 135). Gegen Mittag bricht das Sonnenlicht in gebündelten Strahlen durch die Löcher in der Höhlendecke. Vier clownesk-bunte, aber grimmig dreinschauende Wächterfiguren bewachen den »Erleuchteten«, an den umstehenden Altären werden auch hinduistische, konfuzianische und taoistische Gottheiten verehrt. Es tropft von den Wänden, ansonsten herrscht hier wochentags eine fast märchenhafte Stille.

3–4

Wenige Schritte weiter stehen Sie auf der oberen Plattform und können rechter Hand etwas höher über einige Felsbrocken kraxeln. Von hier genießen Sie eine fantastische Aussicht über die Stadt, die anderen nahen Marmorberge, den Monkey Mountain und die Strände bis nach Hoi An.

KLEINE PAUSE

In der Eingangsgasse zu den Marmorbergen gibt es eine Reihe von **Suppenküchen** zwischen den Souvenirständen und auf der oberen Ebene auch vergleichsweise teure Getränkestände.

Von Sa Pa zu den Roten Dao von Ta Van

Was?	Wanderung
Wann?	Wann immer es das Wetter zulässt.
Länge	5–6 km (Cat Cat & zurück) bzw. 14 km & 800 Höhenmeter (gesamte Strecke)
Dauer	3–4 bzw. 6–8 Stunden
Start	Sa Pa, westlicher Ortsausgang (Fansipan Road) ⇻232 C4
Ziel	Ta Van ⇻232 C4

In der Nähe Sa Pas können Sie die herrliche Bergkulisse bei gemütlichen Spaziergängen erkunden, stets »verfolgt« von bunt gekleideten, teils recht hartnäckigen Händlerinnen. Und wer bei den Bergvölkern in Homestays übernachten will: Die Hmong und Dao sind bestens eingestellt auf »langnasige« Besucher. Dies gilt auch für die Guides – die jungen englisch sprechenden Bergstamm-Mädchen aus der Region sind oft eine gute Alternative zu den offiziellen männlichen (manchmal etwas überheblichen) Guides aus Hanoi.

1–2

Die erste Etappe ins Touristendorf Cat Cat, dem Dorf der Schwarzen Hmong, ist einfach: Über die Serpentinenlandstraße im Westen des Markplatzes geht es ca. 3 km auf etwa 1500 m Höhe bis zu einer französischen Villa mit Türmchen (Nationalparkbüro), wo man nach ca. 30 Minuten talwärts abbiegt auf einen Treppenpfad hinab ins Dorf. Schon bald sehen Sie die ersten Holzhütten zwischen Bambusdickicht und Obstgärten. Man bezahlt den Eintritt an der Schranke, schlendert an den Souvenirständen entlang oder biegt vor dem Dorf rechts über eine kleine Treppe und Hängebrücke zum ca. 20 m hohen Cat-Cat-Wasserfall, einem schönen Ort für eine Rast und Fotopause. Wer genervt ist vom manchmal etwas aufdringlichen Verkaufs- und Ethno-Rummel, sollte beim vielfachen »Hello!« den älteren Frauen mit einem höflichen *chao chi* begegnen – Sie werden ein strahlendes Lä-

cheln ernten und das Verkaufsgebaren wird zur Nebensache (bei Jüngeren reicht ein formloseres *xin chao*).

2–3

Das Schönste aber sind die Aussichten im Muong-Hoa-Tal auf endlose Reisterrassen, die feucht in der Sonne glitzern oder lindgrün leuchten. Man kann hier nun zurückkehren nach Sa Pa oder den Weg durch das Flusstal des Ta Van bis ins gleichnamige Dorf fortsetzen: Dafür geht man den gleichen Weg etwas zurück bis zur Weggabelung und nimmt den östlichen Abzweig.

Durch malerische Landschaften mit grünen Kegelbergen gelangt man über die Dörfer Y Linh Ho, San Sa Ho und Lao Chai durchs Tal (keine Wegweiser, man fragt einfach die Bauern nach dem Weg). Sie laufen auf lehmigen Pfaden durch die Reispflanzungen, entlang von tiefen Mini-Schluchten und in Stufen ansteigenden Reisfeldern und passieren kleine, rauschende Bergbäche, an denen hölzerne Reisschälmühlen klackernd vom Wasser angetrieben werden. Am Wegesrand glotzen Wasserbüffel, auf ihren Rücken sitzen Hirtenjungen. Frauen bewachen ihre Körbe voller Indigoblätter, die Hände blau vom Färben ihrer Trachten, während die Männer glucksende Wasserpfeifen paffen. Landarbeiter dreschen den Reis in der Erntezeit im September per Hand aus. Es geht bergauf und bergab, nach insgesamt etwa 8 km überqueren Sie eine schmale Hängebrücke und kreuzen so den Song Ta Van, hinter sich in der Ferne erkennen Sie immer wieder die Häuser von Sa Pa.

3–4

In Ta Van angekommen, einem Dorf der Roten Dao auf ca. 900 Höhenmetern, trifft man wieder auf Touristen, die per Mofataxi anreisen und in den zahlreichen Homestays übernachten. Wer nicht den sofortigen Rückweg antreten will, kann es ihnen gleichtun.

Meistens wird von den Touristen ein relativ hoher »verwestlichter« bzw. vietnamisierter Komfort erwartet. Wer jedoch ein bisschen in Sa Pa herumfragt und einen kleinen Haken von der üblichen Touristenroute schlägt, kann bei Familien übernachten, die noch vom Sammeln von Cardamom oder dem Anbau von Mais oder Maniok leben, statt vom Souvenirverkauf und Tourismus. Statt Pommes frites wird noch Reis aus eigenem Anbau serviert, statt Nescafé echter vietnamesischer Kaffee oder Tee. Und bei Wasserpfeife und Reiswein trifft man noch den Dorf-Schamanen.

KLEINE PAUSE

Im Bergnest San Sa Ho auf etwa der Hälfte des Weges kann man beim **Dorf-»Supermarkt«** eine Rast machen: Hier gibt es im Stelzenhaus am Dorfeingang leichte Snacks (Spiegeleier mit Baguette), Tees, Limos und Süßigkeiten.

Grün in allen Schattierungen – die terrassierte Landschaft rund um Ta Van

Das Reisen mit öffentlichen Verkehrsmitteln in Vietnam ist manchmal ziemlich abenteuerlich – wie hier im Mekong-Delta.

Praktische Informationen

Was vor der Reise wichtig ist, wie Sie vor Ort gut zurechtkommen und viele Infos mehr erfahren Sie hier.

Seite 204–218

VOR DER REISE

Auskunft

🌐 https://vietnam.travel
Offizielle Website der Nationalen Tourismusbehörde Vietnams

Websites

http://vietnamnews.vn: täglich das Neueste aus Politik, Wirtschaft, Sport und Lifestyle
www.vietnam-dvg.com: Vietnam aus der Sicht der Deutsch-Vietnamesischen Gesellschaft e. V.
www.unser-vietnam.de: junge Vietnamesen aus Deutschland berichten kritisch und unterhaltsam über das Land ihrer Eltern und Großeltern
www.forum-vietnam.de: das nützliche Forum der deutschen Vietnam-Liebhaber
www.visithcmc.vn: Tipps für Sightseeing und Ausgehen
https://survivalphrases.com: Vietnamesisch lernen und Aussprechen leicht gemacht
www.trailsofindochina.com, www.geoplan-reisen.de, www.focusasia.group: Inspiration durch Vietnam-Reisespezialisten

Diplomatische Vertretungen

Deutsche Botschaft
✉ 27 Tran Phu, Hanoi
☎ 024 32 67 33 35, 093 634 25 98
🌐 www.hanoi.diplo.de

Österreichische Botschaft
✉ 53 Quang Trung, Hanoi
☎ 024 39 43 30 50
🌐 www.bmeia.gv.at/oeb-hanoi/

Schweizer Botschaft
✉ 44 B Ly Thuong Khiet, Hanoi
☎ 024 39 34 65 89 🌐 www.eda.admin.ch

Vietnamesische Botschaft in Deutschland
✉ Elsenstr. 3, 12435 Berlin
☎ 030 53 63 01 08, Visastelle 030 53 63 01 02
🌐 www.vietnambotschaft.org

Vietnamesische Botschaft in Österreich
✉ Felix-Mottl-Str. 20, 1190 Wien
☎ 01 368 07 55 10
🌐 https://vnembassy-vienna.mofa.gov.vn

Vietnamesische Botschaft in der Schweiz
✉ Schlösslistr. 26, 3008 Bern
☎ 031 388 78 72 🌐 www.vietnam-embassy.ch

Elektrizität

Die Netzspannung beträgt 220 Volt Wechselstrom in den Städten, auf dem Land meist noch 110 Volt. In den meisten Hotels passen europäische Stecker, es sind aber auch russische Runddorn- und US-Flachpolstecker in Gebrauch. Adapter und Taschenlampe sind daher nützliches Reisezubehör.

Feiertage

1. Jan.	Neujahr
Jan./Feb.	Vietnamesisches Neujahr (Tet)
10. März	Hung Vongs Todestag
30. April	Tag der Befreiung der Südrepublik
1. Mai	Tag der Arbeit und Solidarität
2. Sept.	Unabhängigkeitstag (1945)

Religiöse Feiertage werden meist nach dem Mondkalender terminiert. Der wichtigste Feiertag ist das Tet-Fest (Tet Nguyen Dan; S. 27). Zudem werden u. a. gefeiert: im April/Mai im Mekong-Delta das Neujahrsfest der Khmer; im Mai Buddhas Geburtstag (Phat Dan), im Juli/Aug. das Ahnengedenkfest der Vergebung (Tet Trung Nguyen); vor allem im Süden bei Christen am 24./25. Dez. Weihnachten.

Geld

Wechselkurse: 10 000 VND ≈ 0,38 € ≈ 0,37 SFr; 1 € ≈ 26 000 VND; 1 SFr ≈ 27 000 VND (Stand: Sept. 2023)
Währung: Landeswährung ist der Vietnamesische Dong (VND), auch wenn Preise für Unterkünfte und Transportmittel oft in US-Dollar angegeben sind und bezahlt werden können. Es gibt plastikähnliche Banknoten von 10 000 VND bis 500 000 VND (die sich teils sehr ähneln, etwa die 20 000- und 500 000-Dong-Scheine!). Der Euro wird in internationalen Hotels als Zahlungsmittel anerkannt. Der Umtausch von Euro ist möglich bei Banken, Hotels und in lizenzierten

Goldläden und Wechselstuben (meist mit den besten Kursen). Reisepass mitnehmen!
Geld- und Kreditkarten: werden in den meisten Hotels, Touristenlokalen und Reisebüros akzeptiert. Visa wird empfohlen, Mastercard funktioniert ebenfalls (hohe Gebühren). In allen Städten finden sich Geldautomaten (die allerdings nicht immer funktionieren). Bankkarten (Maestro-EC-Karten mit Mikrochip, VPay-System) können in Vietnam nicht verwendet werden. Ebenso werden Reiseschecks nicht mehr umgetauscht!
Sperrnummern: Unter Tel. 0049 116 116 kann man in Deutschland Bank- und Kreditkarten, Online-Banking-Zugänge, Handykarten und die elektronische Identitätsfunktion des neuen Personalausweises bei Verlust sperren lassen. Für Österreich gilt die Telefonnummer: +43 1 204 8800. Die Schweiz hat keine einheitliche Notfallnummer. Die wichtigsten sind: +41 44 659 69 00 (Swisscard); +41 44 828 31 35 (UBS Card Center); +41 58 9 58 83 83 (VISECA); +41 44 8 28 32 81 (PostFinance).

Gesundheit

Krankenversicherung: Es wird dringend angeraten, eine private (recht preiswerte) Auslands-Reisekrankenversicherung abzuschließen, die auch Beistandsleistungen und den Rücktransport im Notfall abdeckt. Die Europäische Krankenversicherungskarte gilt in Vietnam nicht!
Vorsorge: Guter Sonnenschutz und entsprechende Kleidung (Sonnenbrille, Hut), eine Creme mit hohem Lichtschutzfaktor und ausreichend Flüssigkeitszufuhr sind unerlässlich! Die Apotheken sind – außer in Saigon und Hanoi – nicht nach westlichem Standard ausgestattet. Bei Medikamenten sollte man auf das Verfallsdatum achten. Benötigte Medikamente gehören ins Reisegepäck! Wasser sollte nur abgekocht oder aus versiegelten Flaschen getrunken werden, auch zum Zähneputzen sollte man dieses verwenden.
Infektionskrankheiten: Im Vorfeld der Reise unbedingt den Impfschutz überprüfen (Tetanus, Polio, Diphtherie, Hepatitis A & B, Cholera). Cholera-Risiko besteht vor allem in Nordvietnam (Hanoi, Ninh Binh), aber auch im Mekong-Delta. Es sollte daher keine Eiscreme, Obst mit Schale oder rohes Gemüse verzehrt werden. Eiswürfel meiden (*Khong co da!* Bitte ohne Eis)! Vor dem Dengue-Fieber, ebenso gegen eine Zika-Virus- und Chikungunya-Infektion, die landesweit vor allem nach der Regenzeit durch tagaktive Mücken übertragen werden, schützt man sich nur durch konsequenten Mückenschutz (Sprays, helle, körperbedeckende Kleidung). Dies gilt auch in Gebieten mit hohem Malaria-Risiko: v. a. in der Grenzregion zu Kambodscha (insbesondere Mekong-Delta), die Stadtzentren gelten laut Auswärtigem Amt als malariafrei. Sechs Wochen vor der Abreise kann man sich in den deutschen Tropeninstituten (www.dtg.org) oder im Düsseldorfer Centrum für Reisemedizin (www.crm.de) informieren.
(Zahn-)Ärzte: SOS International Clinics (www.internationalsos.com) und Raffles Medical Clinics (www.rafflesmedicalgroup.com) gibt es in Saigon (167 Nam Ky Khoi Nghia St., Tel. 028 38 24 07 77).

In Kontakt bleiben

Telefonieren: Auslandsgespräche sind am günstigsten mit eigener vor Ort gekaufter SIM-/Prepaid-Karte (S. 208), ganz kostenfrei über WhatsApp und Messenger. Selbstwahl im Festnetz ist möglich aus den Hotels (ca. 15 000–30 000 VND/Min.) und etwas preiswerter aus Postämtern.

Internationale Vorwahlen:
Deutschland ☎ +49
Österreich ☎ +43
Schweiz ☎ +41
Vietnam ☎ +84

Mobiltelefon: Mobilphone-Netzbetreiber sind Vinaphone (www.vinaphone.com.vn) und Mobifone (www.mobifone.com.vn). Letzterer verleiht auch Mobiltelefone. Handys wählen sich automatisch über Roaming in das entsprechende Partnernetz ein. Vorsicht: Dabei fallen zusätzliche Roaminggebühren an (bis zu 1 €/Min.)!
Vietnamesische SIM-/Prepaid-Data-Karten: Die Karten werden von Simcard-Straßenhändlern oder in kleinen Läden für jede

Smartphone-Größe »passend gemacht«, etwa mit der »Happy Tourist« von Mobiphone für 10 € (ca. 8 GB, inkl. vietnamesischer Telefonnummer, Ausweis für Registrierung mitnehmen).
WLAN und Internet: Internetzugang ist fast überall kostenlos (in Hotels, Cafés, Flughäfen, teils sogar in Busbahnhöfen und einigen Fern- und Schlafbussen). Internetcafés, die meisten mit Skype-Software, gibt es selbst in abgelegenen Bergregionen; soziale Netzwerke können von der Regierung sporadisch blockiert werden (dies kann evtl. mit einem Proxy-Server umgangen werden).

Notrufe

Polizei (Touristenpolizei): ☎ 113
Feuerwehr: ☎ 114
Krankenwagen: ☎ 115

Reisedokumente

Deutsche, österreichische und Schweizer Staatsbürger brauchen für die Einreise einen mindestens noch **sechs Monate gültigen Reisepass** sowie ein **Weiter- bzw. Rückflugticket. Kinder** benötigen einen eigenen Reisepass. Will man ein Fahrzeug anmieten, benötigt man einen **internationalen Führerschein.**

Deutsche Touristen, die nicht länger als 45 Tage einreisen wollen, benötigen derzeit (Stand: Sept. 2023) **kein Visum** (dies gilt bislang nicht für Österreicher und Schweizer!). Bei längeren Aufenthalten über 45 Tagen muss ein (E-)Visum beantragt werden. Üblicherweise läuft das **Visumsverfahren** über einen Reiseveranstalter. Individualreisende ohne Reiseveranstalter beantragen das Visum direkt bei der Botschaft. Alle nötigen Infos finden sich auf www.vietnambotschaft.org. Bitte dort oder beim Auswärtigen Amt immer den aktuellen Stand frühzeitig recherchieren.

Empfehlenswert ist auch der Abschluss einer **Reiseversicherung.**

Reisezeit

Vietnam hat drei Klimazonen. Im Süden ist in der Regenzeit von Mai bis Nov. mit kurzen, aber starken Regenfällen zu rechnen (beste Reisezeit: Dez.–März/April). In Zentralvietnam besteht vor allem in den Monaten Aug.–Okt. Taifungefahr; Küstenstraßen und Bahnstrecken können gesperrt, Flüge gecancelt werden (beste Reise- und Badezeit (Jan./Febr.–Mai). Im Norden fällt die Regenzeit auf die Sommermonate Mai bis Okt., das Winterhalbjahr ist deutlich kühler als im Süden, ab Nov./Dez. ist mit Nieselregen, Nebel und Temperaturstürzen auf bis zu 10 °C zu rechnen (beste Reisezeit: Nov. bis Mai). Im Hochland ist es das ganze Jahr über kühler (20–25 °C), es kann tagelang regnen; am trockensten ist es von Dez. bis März.

Sicherheit

Vietnam gilt als vergleichsweise sicheres Reiseland. Dennoch sollten besonders an belebten Orten und in Menschenmengen die üblichen Vorsichtsmaßnahmen beachtet werden: Vorsicht vor Taschendieben auf Märkten, Flughäfen und Bahnhöfen sowie auf Bürgersteigen vor vorbeifahrenden Mofas.

In Hanoi und Saigon sind betrügerische Taxifirmen unterwegs, erhöhtes Diebstahlrisiko besteht bei Cyclofahrten (S. 210). Es wurde vermehrt von Diebstählen in Hotels berichtet, selbst aus dem Zimmersafe; auch beim Wechselgeld mit höheren Beträgen muss aufgepasst werden (v. a. in Hue bei Zitadelle- und Kaisergräber-Tickets). Geld und Wertsachen hinterlegt man daher am besten an der Rezeption (nur gegen Quittung).

Besonders im Winter hat das Meer teils starke und tückische Strömungen, vor allem vor Lang Co, Da Nang und Hue. Auf dem Land unterwegs nicht von markierten Wegen abweichen! Bis heute besteht Gefahr durch Minen und Kriegsschrott. Wer selbst ein Auto oder Moped steuert, sollte im Straßenverkehr besonders vorsichtig sein; ratsam ist ein Mietwagen mit Chauffeur (S. 212).

Trinkgeld

Trinkgeld gibt man Zimmermädchen, Kellnern, Busfahrern, Reiseleitern, Gepäckträgern, Masseuren. Taxi- und Cyclofahrer erwarten kein Trinkgeld, wer jedoch deren Dienste länger nutzt und zufrieden ist, kann natürlich einen kleinen Obolus geben. In Tempeln kann man hilfreichen Mönchen und Nonnen eine kleine Geldspende aushändigen oder in Spendenboxen stecken. In besseren Restaurants und Hotels ist eine *service charge* im Preis enthalten, in Garküchen wird kein Trinkgeld erwartet.

Zeit

Vietnam liegt sechs Stunden vor der Mitteleuropäischen Zeit (MEZ). Da es in Vietnam keine Sommerzeit gibt, beträgt der Zeitunterschied im Sommerhalbjahr fünf Stunden.

Zoll

Zollfrei bei der Einreise sind 1,5 l Alkohol (über 22 Vol.%) oder 2 l unter 20 Vol.% und 3 l Bier, 50 Zigaretten oder 100 Zigarren oder 250 g Tabak, Bargeld bis zu 5000 US$ (15 Mio. VND). Verboten sind die Einfuhr von Waffen, Munition, Drogen, Pornografie. Für Drohnen benötigt man eine Genehmigung des Verteidigungsministeriums!
Rückreise: Ohne zollamtliche Ausfuhrbescheinigung dürfen Antiquitäten nicht ausgeführt werden. Freimengen in die EU: 200 Zigaretten oder 50 Zigarren oder 500 g Tabak, 1 l Spirituosen mit mehr als (oder 2 l mit bis zu) 22 Vol.% Alkoholgehalt und 4 l Wein sowie andere Waren im Wert von bis zu 430 € (www.zoll.de).

ANREISE

... mit dem Flugzeug

Nur Vietnam Airlines fliegt nonstop von Frankfurt/M. nach Saigon und Hanoi, oft werden Kombipakete inklusive Inlandsflüge oder Flüge nach Kambodscha und Laos angeboten (www.vietnamairlines.com). Aus Deutschland fliegen außerdem z. B. diese Fluglinien nach Vietnam (Flugzeit: 11–13 Std.): Lufthansa (derzeit nur über Bangkok, Singapur usw., www.lufthansa.de), KLM (über Amsterdam, www.klm.com), British Airways (über London, www.britishairways.com), Air France (über Paris, www.airfrance.de), Thai Airways (über Bangkok, www.thaiairways.com) und Singapore Airlines (über Singapur, www.singaporeairlines.com).

Der **Saigon Tan Son Nhat International Airport** (Ho Chi Minh City) liegt ca. 6 km nördlich von Saigon (Saigon Airport Service Center, www.hochiminhcityairport.com). Ein Taxi in die Stadtmitte (1. Bezirk) kostet ca. 150 000 bis 200 000 VND. Fahrten am Taxischalter von Vinasun oder Mai Linh anmelden (S. 210). Die Shuttlebusse von Vietnam Airlines und Vietjet Air (ca. 40 000 VND) verkehren von 7 bis 18 Uhr alle 30 Min. Alternativ fährt der Stadtbus Nr. 152 (Säule 12) zum Ben Thanh Market und in die Pham Ngu Lao; Nr. 147 nach Cho Lon/Chinatown; Nr. 109 zum Park 23/9. Sie starten vor dem Ausgang rechts (ca. 20 000 VND, 6–18 bzw. 0.30 Uhr, alle 15 Min.). Ein neuer Saigoner Großflughafen wird voraussichtlich 2025 eröffnet: Long Thanh International Airport (40 km nordöstlich).

Der **Hanoi Noi Bai Airport** liegt ca. 45 km nördlich von Hanoi (www.noibaiairport.vn). Im Flughafengebäude befinden sich wie in dem Saigoner Airport Geldwechselstuben (schlechte Kurse, nur bis 22 Uhr), Geldautomaten, Hotelvermittlungen, Reisebüros, Mietwagenvertretungen, Restaurants und Läden sowie Gratis-WLAN. Inlandsflüge starten ab Domestic Terminal 1 (Shuttlebus, Electric Cars). Mit dem Taxi (S. 210) kostet die rund einstündige Fahrt in die Innenstadt ca. 350 000–500 000 VND, am preiswertesten ist Grab Taxi. Die Shuttlebusse von Vietnam Airlines und Vietjet Air (ca. 40 000 VND) verkehren von 7 bis 18 Uhr alle 30 Min. Alternativ nimmt man die Minibus-Sammeltaxis (starten, wenn sie voll sind, ca. 60 000–100 000 VND) oder City Bus Nr. 7, Nr. 17 und Nr. 86 (z. B. nach West Lake, 5–22 Uhr, alle 15 Min., ca. 10 000 VND).

... mit dem Schiff:

Von Kambodscha (Phnom Penh) geht es meist per Schiff und Bus nach Vietnam ins Mekong-Delta und auf dem Landweg weiter nach Saigon. Einreisebestimmungen rechtzeitig klären! Die MS Europa z. B. »kreuzt« zwischen Thailand/Singapur und Hongkong auch die Ha-Long-Bucht, Da Nang, Nha Trang, Saigon und die Insel Phu Quoc (www.hl-cruises.de).

... auf dem Landweg
Die meisten Grenzübergänge nach China, Laos und Kambodscha sind auch für europäische Reisende geöffnet, oft genutzt wird der kambodschanisch-vietnamesische Mekong-Grenzübergang Moc Bai–Ba Vet und Prek Chak–Xa Xia bei Ha Tien (Visum notwendig!). Organisierte Fahrten in Tourbussen, Sammeltaxis oder Mopedtaxis bringen die Reisenden über die Grenze bzw. ab Grenze ans Ziel.

UNTERWEGS IN VIETNAM

In der Stadt
... mit Stadtbussen:
Mit dem »Ho Chi Minh City Sightseeing«-Bus geht es im knallroten klimatisierten Doppeldecker einmal durch Saigon, etwa ab Central Post Office oder War Remnants Museum, und durch Hanoi (https://hopon-hopoff.vn, tgl. 8–21 Uhr, Audioguide und WiFi inklusive, 24-Std.-Tickets ca. 22 US$). Vorsicht: Es sind ebenso knallrote »Fake«-Busse unterwegs. Wesentlich billiger: Moderne, klimatisierte Stadtbusse fahren außerdem tagsüber in Hanoi und Saigon, man kann sich so z. B. vom Ben-Thanh-Markt einmal durch die Stadt treiben lassen, die Nr. 127 passiert dabei einige Sehenswürdigkeiten (tgl. 5.30 bis 20 Uhr, ca. alle 10 Min., 6000 VND, beim Fahrer passend zahlen). Einen Faltplan für Saigons Busnetz gibt es bei der Touristeninformation und am Ben-Thanh-Busbahnhof. Vorsicht vor Taschendieben!

... mit der Metro:
Seit 2021 fährt eine Metro durch Hanoi (für Touristen bisher eher uninteressant, da weit ab von den touristischen Zentren wie Hoan-Kiem-See; in Saigon ist die U-Bahn-Eröffnung für 2023/24 geplant: die Linie 1 wird den Ben-Thanh-Markt mit Than Luong verbinden, die Linie 2 den Ben-Thanh-Markt mit dem Mien-Tay-Busbahnhof.

... mit dem Cyclos *(xich lo)*:
Dreiradtaxis, auf denen der Fahrer erhöht hinter dem Fahrgast sitzt, sind prima für Stadtrundfahrten, aber leider zunehmend in Verruf geraten (viele Betrügereien, Diebstähle, Überfälle). Man kann sich auch einer sicheren Touristen-»Karawane« anschließen bzw. im Hotel vertrauenswürdige Fahrer buchen oder sich das Ziel mit dem ungefähren Preis in Vietnamesisch notieren lassen.

Unterwegs sollte man immer den Fahrer selbst ansprechen und sich nicht ansprechen lassen. Vor Hotels oder touristischen Einrichtungen warten oft Betrüger – besser geht man ein paar Meter weiter. Den Preis muss man vorher aushandeln, am besten nach Minuten oder Stunden: ca. 50 000 bis 100 000 VND/Std., Kurzstrecken ca. 20 000 VND (je nach Verhandlungsgeschick, Saison und Region). Die meisten Fahrer im 1. Bezirk Saigons und in der Altstadt Hanois verlangen von Touristen grundsätzlich 200 000 VND aufwärts pro Stunde oder sogar pro Strecke. Den ausgehandelten Preis aufschreiben und deutlich machen, ob in Dong oder Dollar gezahlt wird, am Ende passend zahlen, dabei den Wert des/der Geldschein(e) benennen und das Wechselgeld prüfen. Nachts nicht mit dem Cyclo fahren! Die Tasche und Kamera tagsüber quer umhängen und festhalten, Smartphone, teure Sonnenbrillen oder Schmuck sollte man nicht tragen!

... mit dem Taxi:
Am besten in den Hotels die empfehlenswerten Taxis bestellen lassen: z. B. Vinataxi (Saigon, Tel. 028 38 11 11 11) und Mai Linh (landesweite Hotline 10 55). Es gibt zwar jede Menge Taxameter-Taxis in den Städten, leider sind aber auch viele Betrüger und sogar »Fake-Taxis« unterwegs (statt »Vinasun« oder »Vinataxi« heißt es dann »Vinsun« oder »Vinasum«, also immer schön genau hingucken, denn: Mai Lin ist nicht Mai Linh!). Die Grundgebühr sollte ca. 15 000 bis 16 000 VND betragen, jeder weiterer Kilometer etwa 15 000 VND, eine 10-15-Minuten-Fahrt ohne großen Stau sollte nicht mehr als 50 000 VND kosten. Darauf achten, dass der Taxameter anfangs eingeschaltet wird: Wenn der Taxameter auffallend schnell und unregelmäßig rattert, den Fahrer zum Anhalten auffordern, eine angemessene Summe zahlen und schnell aussteigen! Vorsicht: Zeigt ein Taxameter beispielsweise »622 ...« an, so bedeutet dies

62 200 VND und nicht 622 000 VND. Am preiswertesten und sichersten sind die Grab Taxis, die man über Handy-App bestellt.

... mit Moped und Moped-Taxis ***(xe om):***
Zunehmender Beliebtheit erfreuen sich Ausflugsfahrten als Sozius mit einer der landesweit vertretenen Mofataxi-Agenturen. Allerdings gehört Vietnam zu den Ländern mit der höchsten Todes- und Unfallrate im Straßenverkehr; es gilt oft kein Versicherungsschutz. Der Fahrpreis muss vorher ausgehandelt werden: In Saigon und Hanoi werden ca. 10 000–15 000 VND/km fällig. Am besten man lässt sich die geltenden Richtpreise an der Rezeption aufschreiben. Es gilt Helmpflicht. Selbstfahrer benötigen einen internationalen Führerschein, allerdings ist das Fahren von Motorrädern über 50 ccm mit einem Führerschein der Klasse B nicht erlaubt (S. 212/Mietwagen), ein Leihmoped kostet ab ca. 100 000 VND/Tag, und es gilt im Straßenverkehr seit 2020 striktes Alkoholverbot: 0 Promille!

... mit dem Fahrrad:
Besonders empfehlenswert ist ein Leihfahrrad in den kleinen Städten wie Hoi An, Hue und Da Lat, es kostet kaum 1–2 € am Tag (ab ca. 30 000 VND). Die Räder sind meist recht einfach, ohne Gangschaltung oder Licht. Im Straßenverkehr gilt seit 2020 die strikte Alkoholgrenze von null Promille, auch für Radfahrer!

Von Stadt zu Stadt
Die meisten Touristen erleben das riesige Land innerhalb von zwei bis drei Wochen im Rahmen einer organisierten Tour mit Bussen und Inlandsflügen. Man kann aber auch auf eigene Faust durchs Land fahren, benötigt dafür aber mehr Zeit. Tickets für alle Verkehrsmittel können bequem gegen eine kleine Gebühr in Hotels gebucht werden, am besten einige Tage im Voraus. Das Auswärtige Amt warnt vor gefälschten Bahn-, Bus- und Bootstickets von nicht offiziellen Verkaufsstellen. Online buchen kann man Flüge, Zug und Bus per Kreditkarten bei: www.baolau.vn, mit Sitzplatzwahl, www.12go.asia/en.

... mit (Überland-)Bussen:
Fahrten mit öffentlichen Überlandbussen sind meist zeitraubend und nicht ganz ungefährlich im Vergleich zur Bahn (Nachtfahrten sollten wegen der erhöhten Unfallgefahr vermieden werden). Alle Busse fahren nach Fahrplan vom Busbahnhof in alle Richtungen, z. B. Mai Linh Express in Saigon (https://mailinhexpress.vn/en). Es gibt auch Busse mit Schlafsitzen/Liegen und Internet, die auch in die Nachbarländer verkehren; die Sitze orientieren sich aber an der Körpergröße von Vietnamesen; meist sind die Busse eisig kalt klimatisiert. Preiswerte »Open-Tour«-Touristenbusse fahren auf festen Routen mit Möglichkeit der Reiseunterbrechung in den Touristenstädten und Badeorten. Die Preise sind saisonabhängig. Preisbeispiel: Hanoi–Ho-Chi-Minh-City für ca. 775 000 VND.

... mit dem Zug:
Der »Wiedervereinigungszug« verkehrt fünfmal am Tag von Nord- nach Südvietnam und umgekehrt. Die Fahrt dauert 32–38 Std. Das klimatisierte Schlafabteil der 1. oder 2. Klasse mit Zwei-/Vier-Betten-Abteilen *(soft sleeper)* muss im Voraus gebucht werden. Preisbeispiel: Saigon–Hanoi ca. 1,2 Mio. VND (drei Mahlzeiten im Preis enthalten). Sanitäre Anlagen und Service können nicht mit europäischem Standard verglichen werden. Etwa drei Tage im Voraus buchen, auch online per Kreditkarte möglich, etwa unter https://dsvn.vn oder www.baolau.vn, mit Sitzplatzwahl, und https://12go.asia/en. Der Luxus-Expresszug des Victoria-Hotels fährt von Hanoi bis nach Sa Pa (Endstation Lao Cai; nur für Hotelgäste, www.victoriahotels.asia).

... mit dem Inlandsflug:
Vietnam Airlines fliegt mit modernen Airbus-Maschinen viele Städte sowie die Inseln Phu Quoc und Con Dao an (www.vietnamairlines.com). Preisbeispiel: Saigon–Hanoi 1,3–2,6 Mio. VND. Preiswerter sind die inländischen Billigflieger: Pacific Airlines (www.pacificairlines.com) und Viet Jet Air (www.vietjetair.com). Besonders zu Feiertagen unbedingt frühzeitig buchen.

... mit Fähren & Schiffen:
Tragflächenschiffe und Fähren verbinden das Festland mit den Inseln und Saigon mit der Halbinsel Vung Tau (S. 109); die Vung-Tau-Fähren sind ziemlich in die Jahre gekommen! Durch das Mekong-Delta im Süden fahren Speedboote und die zu Touristen-Passagierbooten umgebauten Reisbarken und Sampans (z. B. Cai Be Princess und die Mekong Eyes, www.mekongeyes.com). Über die Grenze nach Kambodscha fährt das Hotelschiff vom Victoria Hotel ab Chau Doc, nur für Hotelgäste (S. 83, www.victoria hotels.asia), preiswerter sind die Hang-Chau-Expressboote (www.hangchautourist.vn) und die Blue-Cruiser-Speedboote (www.facebook.com/bluecruiservn). Im Landeszentrum in Hue (S. 129) kann man mit »Drachenbooten« auf dem Parfümfluss zu den Kaisergräbern schippern (S. 131). In der Ha-Long-Bucht (S. 180) stechen täglich ca. 400 Touristenkähne und motorisierte Dschunken in See. Die Boote entsprechen nicht immer europäischen Sicherheitstandards. Alte Nachtfähren und -kähne meiden!

... mit dem Auto/Mietwagen:
In Vietnam sterben jährlich mehr als 20 000 Menschen im Straßenverkehr. Individualreisende sollten daher auf Mietwagen mit Chauffeur ausweichen! Preisbeispiel: 1,2 Mio. VND/Tag inkl. Fahrer und Benzin.

Selbstfahrer benötigen einen internationalen Führerschein. Es drohen ein Bußgeld oder gar Haftstrafen (bei Unfällen). Als erste internationale Mietwagenfirma ist in Vietnam Avis vertreten (www.avis.com.vn, www.avis.de); ein weiterer Anbieter ist VN Rent a Car (www.vnrentacar.com).

Es herrscht Rechtsverkehr und Alkoholverbot im Straßenverkehr. Geschwindigkeitsbeschränkungen: in Ortschaften max. 40 km/h, auf Landstraßen max. 60 km/h. Wenn überholende oder entgegenkommende Fahrzeuge (vor allem Lkws, Busse) hupen, sofort auf den Seitenstreifen ausweichen! Wegen der erhöhten Unfallgefahr sollte man keinesfalls nachts fahren! Es empfiehlt sich, nur auf bewachten Parkplätzen parken (gegen kleine Gebühr).

ÜBERNACHTEN

Preise für ein Doppelzimmer pro Nacht (ohne Frühstück):

€	unter 1 Mio. VND (unter 40 €)
€€	1–2,4 Mio. VND (40–92 €)
€€€	über 2,4 Mio. VND (über 92 €)

Hotels
Zu bestimmten Zeiten wie der Hauptsaison im Winter, an den Wochenenden und während des Tet-Fests (Ende Jan./Feb.) können sich die Zimmerpreise in den Ferien- und Strandorten verdoppeln. Mittelklasse- und gehobene Hotels sollten am besten über Veranstalter gebucht werden. So spart man häufig den vor Ort üblichen Steuer- und Serviceaufschlag von ca. 15 %.

Mini-Hotels und Gästehäuser (€)
Die meisten Individualreisenden und Backpacker wohnen in preiswerten Mini-Hotels; diese sind meist mit Bettwäsche, Handtüchern, Seife, warmer Dusche, Klimaanlage, Satelliten-TV und Internetzugang ausgestattet. Man sollte sich Zeit nehmen und einige Hotels besichtigen und vergleichen. Oft gibt es wahre Schnäppchen, je nach Saison und/oder Angebot, etwa in Saigons Pham Ngu Lao und Hanois Altstadt. Die Zimmer ohne Fenster (bzw. zum Lichthof) sind meist ruhiger als die Balkonzimmer zur Straße. Auch wenn die Zimmer nicht unbedingt täglich gereinigt werden, sind sie oft sehr sauber.

Resort-Hotels (€€–€€€)
Diese Mittelklassehotels liegen meist am Strand und haben ein eigenes Restaurant und einen Pool. Das Personal spricht nicht immer ausreichend Englisch.

Luxushotels (€€€)
Wer auf internationalen Standard wert legt, sollte Luxushotels wählen: Hier spricht das Personal ausreichend Englisch oder Französisch. Hotels der oberen Kategorie (4 Sterne) gibt es nun auch in ländlichen touristischen Regionen wie in der Trockenen Ha-Long-Bucht oder auf abgelegenen Inseln.

Französischen Flair genießt man in den restaurierten Herbergen aus der Kolonialzeit, in denen schon Graham Greene und William Somerset Maugham logierten (z. B.: Sofitel Legend Metropole in Hanoi, S. 169; Continental in Saigon, S. 43). Für Doppelzimmer, Suite, Bungalow oder Pool-Villa muss man mindestens 2,4 Mio. VND/Nacht investieren. Nach oben gibt es jedoch kaum noch Grenzen, seit die großen internationalen Hotelketten in Vietnam vertreten sind, so z. B. Six Senses (Nha Trang, S. 113; Con Dao, S. 87). Die Hotels bieten meist mehrere Restaurants und Bars, Wellness- und Fitnessbereiche, Poollandschaften, Business Center und (Wasser-)Sportangebote. Viele Hotelpools lassen sich auch als Tagesgast benutzen (ca. 120 000 VND).

Homestays (€–€€)

Die Homestays bei Gastfamilien werden immer beliebter. Die Bandbreite reicht vom »Community Homestay« mit Familienanschluss bis zu Varianten mit Pool und Personal. Bei den Bergvölkern rund um Sa Pa (S. 183) oder Hoa Binh, im Mekong-Delta oder auf einigen wenig touristischen kleinen Inseln können Urlauber in Schlafsälen unterm Dach oder auch in Einzelzimmern übernachten. Auch in Saigon und Hanoi bieten immer mehr junge Leute ihre Zweitwohnungen bzw. Zimmer für Touristen an. Homestays werden meist über örtliche Reiseagenturen im Rahmen einer Trekkingtour oder Mekong-Bootsreise vermittelt. Man wird auch über www.homestaybooking.de fündig.

ESSEN UND TRINKEN

Preise für ein Hauptgericht (ohne Getränke):

€	unter 130 000 VND (5 €)
€€	130 000–250 000 VND (5–10 €)
€€€	über 250 000 VND (über 10 €)

Essgewohnheiten & Gerichte

Die Vietnamesen essen dreimal täglich ausgiebige Mahlzeiten, meist zur gleichen Zeit und am liebsten in großen Runden mit der Familie oder Geschäftspartnern. Fleisch, Fisch und Seafood, Eierspeisen, Gemüse, Salate und Suppen – alles wird gleichzeitig serviert. Mit der Floskel *xin moi* (Bitte zugreifen!) ist das Mahl eröffnet – und jeder führt mit den Stäbchen einzelne Häppchen in seine Reisschüssel.

Zum Frühstück essen die meisten Touristen Baguettes mit Käse, Hühnchen oder Schweinefleisch, die Vietnamesen hingegen essen oft den Klassiker ihrer Küche auch schon morgens: Nudelsuppen in allen Variationen, etwa die berühmte *pho* (S. 29). Man bekommt sie in Garküchen, mit Stäbchen und Löffel! Touristen zahlen ca. 30 000–60 000 VND. Auch Bratreis-Gerichte gibt es überall und spottbillig, ebenso Omelettes und *banhbao*-Teigtaschen mit Gemüse, Hackfleisch oder Shrimps oder *banh mi*-Sandwiches aus frischen Baguettes. Beliebt sind Frühlingsrollen – frittiert *(nem ran;* im Süden *cha gio)* oder gegart in Reispapier *(goi cuon)*. Einige Lokale haben sich spezialisiert, etwa auf vietnamesisches Barbecue oder in Hanoi auf die *buncha*-Nudel-Gerichte (S. 30, ab ca. 60 000 VND). Beim Hot Pot *(lau)* werden alle Zutaten am Tisch in einem Blechtopf über dem Feuer gegart.

In den meisten Restaurants bestellt man zum Reis *(com)* Fleisch (Rind: *thit bo,* Schwein: *thit heo,* Huhn: *thit ga)* und/oder frischen Fisch *(ca)* sowie Meeresfrüchte (Garnelen: *tom,* Krabben: *cua)*. Vegetarier haben reichlich Auswahl an Gemüse *(rau),* Tofu und Reisspeisen. Zum Nachtisch schmecken Litschis *(vai),* Mangos *(xoai),* Papaya (dudu), Drachenfrucht *(thanh long)* oder frittierte Bananen *(chuoi)* und mit Reiswein flambierte Ananas sowie Kokosnussdesserts, süße Küchlein und Creme Caramel.

Außer Haus
Praktische Tipps:

Oft gibt es zu den Mahlzeiten einen Teller mit rohem Gemüse und grünen Blättern – wer einen schwachen Magen hat, sollte dies nicht anrühren. Die Fischsauce Nuoc Mam steht oft zum Würzen auf dem Tisch: Man bereitet damit in einem Tellerchen eine Tunke aus frischem Chili, Knoblauch, Zucker, Pfeffer und Limonensaft zu. Zum Abschluss sollte man niemals die Essstäbchen in den Reis stecken – dies ist ein schlechtes Omen! Die auf dem Tisch liegenden und in Plastik eingeschweißten feuchten Handtücher sowie Erdnüsse oder Chips müssen extra bezahlt werden, der Tee jedoch ist oft gratis.

Gesundheit & Hygiene
Aus hygienischen Gründen sollte man an Straßenständen nur ganz durchgegarte Speisen verzehren; also Eiscreme, ungeschältes Obst, rohen Salat und rohes Gemüse meiden. Wer Essen von Straßenhändlern essen will, sollte darauf achten, dass die Speisen vor Fliegen geschützt sind; besser sind frische *banh bao*-Küchlein zum Hungerstillen. Unbedenklich ist alles, was man selbst »schälen« kann (Obst, Erdnüsse, hartgekochte Eier). Frischen Kokosnusssaft nur mit Strohhalm trinken!

Stäbchen und Löffel sowie die Büchsenränder von Limos vor dem Gebrauch mit einer Serviette abwischen! Eiscreme sollte nur in Luxushotels gegessen werden, in Nordvietnam wegen der Cholera-Gefahr besser gar nicht. Man sollte immer genug Wasser trinken, dies aber stets nur aus versiegelten Flaschen.

(Touristen-)Restaurants
In allen Touristenorten bekommt man auch Pizza, Pasta (ab ca. 60 000 VND), Tapas, Sushi und sogar bayerische Hausmannskost. An den Strandstraßen oder in der Nähe von Stadthotels versorgen Restaurants die Urlauber mit einheimischer, internationaler und teils gehobener Küche – zu entsprechenden, teils europäischen Preisen. In Saigon und Hanoi haben inzwischen auch Gourmetrestaurants eröffnet. Touristen-Restaurants sind täglich von ca. 10 bis ca. 22 Uhr geöffnet.

Straßenrestaurants, Gar- und Suppenküchen
Entweder gibt es hier nur ein einziges Gericht, oder man wählt mit einem Fingerzeig die hinter Glas ausgelegten Gemüse und Gerichte aus – am besten gleich mehrere. Für umgerechnet 4–7 € kann man sich ordentlich satt essen. Man sollte hier aber keine allzu hohen Ansprüche an Hygiene und Service haben – zum Genuss gehört Schmatzen, Spucken und Rülpsen dazu!

Getränke
Wasser *(nuoc suoi,* »soda«, 1-l-Flasche ca. 5000–10 000 VND) trinkt man aus versiegelten Flaschen. Weitere, nicht alkoholische Getränke sind Fruchtsäfte, Zuckerrohrsaft *(nuoc mia)* und Kokosnusssaft *(nuoc dua)* sowie die etwas teureren Softdrinks. Bier *(bia,* z. B. 333, ab 30 000 VND) ist überall beliebt. Teurer sind Importbiere wie Tiger und Heineken; in einfachen *bia hoi*-Eck-Kneipen trinkt man hingegen ein sehr leichtes nur 3- bis 4-%iges einheimisches Bier für 5000 VND. Cocktails sind günstig (ab ca. 40 000 VND). Vietnamesischer Kaffee *(ca phe nong)* ist ein Exportschlager (S. 186), manchmal kommt er als angesagter *egg coffee daher* oder als (teurer gefälschter) »Katzen-Kaffee«. Überall gibt es Tee, oft gratis *(che, tra).*

EINKAUFEN

Die Palette an Kunsthandwerk und Mitbringseln aus Vietnam ist unwiderstehlich und schier unerschöpflich.

Die (Nacht-)Märkte *(cho)* bieten Lebensmittel, Alltagswaren wie Blumen, Modeschmuck, Textilien und Kunsthandwerk sowie bunten und billigen Krimskrams.

Das Angebot der klimatisierten Kaufhäuser reicht von billigen Fake-Artikeln, T-Shirts und Jacken, Rucksäcken und Koffern bis zu Lederwaren. Die Hochhaus-Shoppingpaläste locken mit Waren von Armani bis Valentino. Meist zahlt man aber Preise wie zu Hause oder – wegen der Importsteuer – mehr. Oft finden sich hier preiswerte Food Courts.

Entlang der Landstraßen und Nationalstraßen bei Hanoi und Saigon gibt es Raststätten mit Verkaufshallen nur für Touristen, die hier in Massen durchgeschleust werden. In diesen »Kunsthandwerks«-Centern findet man alles – unbedingt handeln!

Landestypische Besonderheiten
Die konischen Kegelhüte werden aus Palmblättern geflochten und mit Seidenfäden dekoriert; auch Landschaftsbilder und Sinnsprüche zieren den jahrtausendealten Sonnenschutz. Letzter Schrei sind Propa-

ganda-Poster mit »Onkel Ho«, Flipflops mit Bambusfußbett und Zimt-Riemchen aus Hoi An (S. 126) oder das maßgeschneiderte *ao dai*-Hosenkleid. Sandmalereien *(tranh cat)* sind kleine Kunstwerke, die es vor allem in Nha Trang (S. 105), in Da Lat (Phi Long Sandpainting, 113 Van Hanh, www.facebook.com/sandartvietnam) und in Saigon (z. B. Y Lan, www.tranhcatylan.com.vn) zu kaufen gibt. Ob als Verzierung von Essstäbchen oder Sitzmöbeln – Lackwaren und Perlmuttarbeiten sind landesweit sehr beliebt. Seidenraupenzucht wird seit rund 1000 Jahren betrieben, Seide ist günstig. Schneider fertigen innerhalb von ein bis zwei Tagen ganze Kleider und Anzüge an, vor allem in Hoi An.

Soziale Hilfsprojekte
Kunsthandwerk stammt oft von den Bergstämmen oder aus Behindertenwerkstätten. Die Erlöse für die Webarbeiten, Silberschmuck und sonstigen Souvenirs fließen an Projekte, mit denen Minderheiten und benachteiligte Menschen gefördert werden.

Markenpiraterie & Raubkopien
Vietnam ist berüchtigt für seine gefakten Marktenartikel und Raubkopien. So bekommt man billige Imitate von internationalen Modemarken, Kosmetika, Medikamenten, Programmen, Handys und sogar Motorrollern. In bestimmten Gassen gibt es gefälschte Meisterwerke – etwa einen Picasso für 50 US$!

Aus- & Einfuhr
Ob echt oder unecht, Antiquitäten benötigen auf jeden Fall eine Ausfuhrlizenz, andernfalls wird die Ware konfisziert. Viele Läden besorgen die nötigen Dokumente und lassen die Ware auch per Flugzeug oder Schiff nach Hause schicken. Opiumpfeifen könnten bei der Ausfuhr Probleme bereiten, da der Verkauf eigentlich nicht gestattet ist.

Schwarze Koralle, Muscheln, Elfenbein und andere Erzeugnisse aus Tieren wie Felle, Häute/Leder, Federn, Krokodil- oder Schlangenhäute, Panzer/Schildpatt, Krallen und Zähne fallen unter das Washingtoner Artenschutzgesetz, ebenso fernöstliche »Medizin« wie Schlangenliköre und selbstverständlich lebende Tiere. Spätestens beim europäischen Zoll ist man diese Waren los; es drohen hohe Strafen, ebenso bei Einfuhr von gefälschten Markenprodukten, die über den Eigenbedarf (1 Stück!) hinausgehen.

Bezahlung & Feilschen
Feilschen ist auf den Märkten in Vietnam Pflicht; üblich sind Rabatte von 30–50 %, im Saigoner Ben-Thanh-Markt kann man den Preis aber auch um bis zu 70 % drücken. Als Faustregel gilt: Man beginnt mit der Hälfte des angesagten Preises zu feilschen.

In klimatisierten Einzelhandelsläden für gehobene Markenwaren gelten die ausgeschilderten Preise, es schadet aber auch hier nicht, nach einem Mengenrabatt zu fragen. Bezahlt wird meist in bar, Ausnahmen sind die Markenfilialen, wo man mit gängigen Kreditkarten bezahlen kann.

Öffnungszeiten
Geschäfte und **Apotheken** haben tägl. bis 18 Uhr und in Großstädten und Touristenorten mitunter auch bis 20/21 Uhr geöffnet, Shoppingcenter 9–22.30 Uhr. Märkte starten morgens um ca. 6 Uhr und schließen um 17/18 Uhr, **Nachtmärkte** finden zwischen 17/18 und 22/23 Uhr statt. **Tempel** sind täglich 6/7–18 Uhr geöffnet, **Museen** haben meist eine variable Mittagspause, ebenso viele Touristenlokale.

AUSGEHEN

Das westlich geprägte Nachtleben ist auf die Großstädte und Touristenorte beschränkt. Ansonsten spielt sie sich für die Vietnamesen in Karaoke-Bars ab oder in lauten Diskotheken und Vergnügungsschiffen.

Veranstaltungsmagazine & Websites
Wöchentlich bzw. monatlich erscheinen die Gratis-Broschüren »What's on in Saigon/Hanoi« mit zahlreichen Veranstaltungstipps. Weitere Quellen sind die Magazine »The Guide« und »Asia Life« (Facebook: AsiaLIFE). Auch in den englischsprachigen Zeitungen »Saigon Times« und »Vietnam News« kann man sich über das Unterhaltungsprogramm informieren; in einigen Hotels liegen sie kostenlos aus.

Festivals

Vietnam hat zahlreiche religiöse, traditionelle, animistische und propagandistische Festivals und Feiern. Das wichtigste Fest ist Tet Nguyen Dan (S. 27). Die meisten Feiertage richten sich nach dem Mondkalender.

Musik und Theater

Das Wasserpuppentheater ist einzigartig und sollte nicht verpasst werden (S. 57, 171). Die alten Opernhäuser bzw. Stadttheater in Saigon und Hanoi bieten ein Unterhaltungsprogramm: Touristenshows bis klassische Konzerte. Ansonsten ist die traditionell-klassische Oper, etwa das Thuong Dien Festival, mit ihren schrägen atonalen Klängen eher etwas für Kenner. Die höfische Musik *nha nhac* genießt man beim Hue Festival in Hue (S. 145), die Kammermusik *ca tru* wird u. a. in Hanoi aufgeführt (S. 171). Modern und mitreißend sind die Shows der Lune Performing Arts-Truppe mit jungen Akrobaten in Saigon und Hoi An (S. 145)

Sport & Aktivitäten

Die Wege durchs Mekong-Delta bieten sich zum Radfahren im Schatten von Obstbäumen und Palmen an (S. 68). Im Norden und im Hochland kann man durch die herrliche Bergwelt wandern.

Extremsportarten wie Klettern, Deep Water Soloing und Caving sind neue Trends in Vietnam: In der Ha-Long-Bucht und an den Marmorbergen bei Da Nang kann man an Steilfelsen klettern, die Phong-Nha-Höhle wartet mit riesigen Kavernen auf echte Abenteurer. Mit dem Ruderboot oder Kajak erkundet man die Ha-Long-Bucht (S. 180) und die Trockene Ha-Long-Bucht (S. 187). Alle Strandorte bieten jede Menge Wassersportmöglichkeiten. In der Nähe von Hanoi und Saigon, in den Bergen und im Hochland (Da Lat), in Strandnähe bei Phan Thiet, auf Phu Quoc sowie bei Da Nang können Sie Golf spielen. Beim Tai Chi Chuan lässt sich entspannen oder bei der Massen-Gymnastik in den Parks mitmachen (S. 156). Kochkurse mit Marktbesuch gehören landesweit zum Angebot der Hotels. Zum Elefantenbeobachten geht es am besten ins vietnamesische Hochland (S. 108).

SPRACHFÜHRER

Vietnamesisch ist die einzige Schriftsprache in Asien mit lateinischen Buchstaben. Zur Erleichterung sind alle vietnamesischen Wörter mit einer einfachen Aussprache (in eckigen Klammern) versehen. Einige Vietnamesen sprechen Deutsch, da sie in der DDR gearbeitet oder studiert haben, im Tourismus ist Englisch verbreitet, unter einigen Älteren auch Französisch.

Immer zu gebrauchen

Ja	**Co; U, Da [go/öh/sa]**
Nein	**Khong [chong]**
Vielleicht	**Co le [go lä]**
Bitte	**Xin/Lam on [sin/lahm ön]**
Danke	**Cam on [gahm ön]**
Gern geschehen (bitte)	**Khong sao. [chong sau]**
Entschuldigung!	**Xin loi! [sin leu]**
Wie bitte?	**Lap lai/Lam on? [lablai/lahm ön]**
Ich verstehe (nicht).	**Toi (khong) hieu. [teu chong hju]**
Was ist das?	**Cai nay la cai gi? [kai nai la kai ji]**
Können Sie (Herr/Dame) mir bitte helfen?	**Ong/Ba co the giup toi duoc khong? [ong/bä ko tä jub teu duak chong]**
Ich möchte (nicht) ...	**toi (khong) muon/can ... [teu (chong) muen/gan]**
Das gefällt mir (nicht).	**Toi rat (khong) thich. [teu ra' (chong) tik']**
Haben Sie (Herr/Dame)...?	**Ong/Ba co ...? [ong/bah ko]**
Wie viel Uhr ist es?	**May gio roi? [mai sjö reu]**
Guten Tag!/Abend!	**Loi chao! [löj tschau]**
Hallo!/Grüß dich!/Tschüss!	**Chao! [tschau]**
zu einem älteren/jüngeren Herrn	**... Ong./Anh. [ong/an]**
zu einer alten/älteren/jüngeren Dame	**... Ba./Chi./Co. [bah/tschi/goh]**
Wie geht es Ihnen/dir?	**Ong co khoe khong? [ong goh kuä chong]**

Mein Name ist ...	**Ten toi la ... [tenn teula]**
Auf Wiedersehen!	**Tam biet! [dahm bi-eh']**

Unterwegs

links/rechts/ geradeaus	**Trai/Phai/Thang [trei/fei/thangh]**
nah/weit	**Gan/Xa [gan/sa]**
Bitte, wo ist ...?	**Lam on /o dau ...? [lahm ön/ö dau]**
... der Hauptbahnhof?	**... Nha ga? [nja ga]**
... der Flughafen?	**... Phi cong? [fih gung]**
... das Hotel?	**... Khach san? [chak' sahn]**
Ich möchte ... mieten.	**Toi muon thue ... [teu mu-en tü-e]**
... ein Fahrrad	**... xedap [sä dab]**
... ein Auto/Taxi	**... xe hoi/tac-xi [sä heuö/taksi]**
Wie weit?	**May khoang cach? [mai chwang gatsch]**

Unfall

Hilfe!	**Giup Do!**
Achtung!/Vorsicht!	**Chu Y! [tschu-i]/Coi Chung! [geu king]**
Rufen Sie schnell ...	**Ong lam on goi nhanh ... [ong lahm ön geu najnn]**
... einen Arzt.	**... Bac Si. [baksi]**
... Krankenwagen.	**... Xe cuu thuong. [sä guhtöong]**
... die Polizei.	**... Cong an. [gong ahn]**
Es war meine/ Ihre Schuld.	**Toi co/Ong ta loi. [teu goh/ong tah leu]**
Geben Sie mir bitte Ihren Namen und Ihre Anschrift.	**Ong lam on cho toi biet ten Ong va dia chi. [ong lahm ön tscho teu bie' tehn ong wa di-e tschi]**

Einkaufen

Wo finde ich ...?	**Toi tim o dau ...? [teu dihm ö dau]**
... eine Apotheke	**... Nha thuoc tay [nja tuok dai]**
... Fotoartikel	**... Tiem ban do chup hinh [di-em ban doh tschub hin]**
... eine Bäckerei/ Brotladen	**... Tiem banh mi [di-em banmi]**
... ein Kaufhaus/ Geschäft	**... Cua hang [guhang]**
... ein Lebensmittel-geschäft	**... Hang thuc pham kho [hang dög famcho]**
... einen Markt	**... Cho [tschö]**
Was kostet dieses ...?	**Quyen ... nay gia bao nhieu? [gwi-en ... naija baunju]**

Übernachten

Könnten Sie mir bitte ... empfehlen?	**Ong co the tim cho toi ...? [ong goh tä tihm tscho teu]**
... ein Hotel.	**... Khach san. [chak' sahn]**
... eine Pension.	**... Phong tro. [fang dscho]**
Haben Sie noch ...	**Ong co con can ... [ong goh gon gän]**
... ein Einzelzimmer?	**... Phong rieng? [fang ri-eng]**
... ein Zweibett-zimmer?	**... Phong doi? [fang deu]**
... mit Dusche/Bad?	**... voi Phong tam? [weu fang damm]**
... für eine Nacht?	**... cho mot dem? [cho mot'dehm]**
... für eine Woche?	**... cho mot tuan? [tscho mot'dun]**
Was kostet das Zimmer mit ...	**Gia tien bao nhieu mot phong voi ... [sa din bau njiu mot' phong voi]**
... Frühstück?	**... an sang? [ansang]**
... Halbpension?	**... an sang va an chi-eu? [ansang wa ant-schju]**

Arzt

Können Sie mir einen Arzt empfehlen?	**Omg co the tim, cho toi mot Ong bac si? [ong goh tä timh, tscho teu mot' ong baksi]**
Ich habe ...	**Toi co ... [Teu ko]**
... hier Schmerzen.	**... dau o' day. [dau o dai]**
... Fieber.	**... sot. [sot]**

... Durchfall.	**... tieu chay. [diu tschai]**
... Kopfschmerzen.	**... dau dau/nhu't dau. [daudau/njit'dau]**
... Zahnschmerzen.	**... dau rang/nhu't rang. [daurang/ njit'rang]**

Essen

Wo gibt es hier ...	**O dau co ... [ödau go]**
... ein gutes Restaurant?	**... nha hang ngon? [nja hang n'nong]**
... eine gemütliche Kneipe?	**... tiem bia lich su? [di-em bia lik'sö]**
Reservieren Sie uns bitte für heute Abend einen Tisch für vier Personen.	**Ong/lam on, cho chung toi mot ban bon nguoi toi nay. [ong/lahm ön tscho tschung teu mot' bahn bohn n'nöi teunai]**
Auf Ihr Wohl!	**Chuc mung Ong! [tschuk' möng ong]**
Erfreut, Sie kennenzulernen!	**Han hanh duoc gap ong! [han hann dög'gab ong]**
Das Essen ist sehr gut.	**Thuc an rat ngon. [tuk an rat'n'nong]**
Bezahlen, bitte!	**Tinh tien, lam on! [tin di-en, lahm ön]**

Zahlen

0	**khong/linh [chong/lin]**
1	**mot [mot']**
2	**hai [hai]**
3	**ba [bah]**
4	**bon [bohn]**
5	**nam [nam]**
6	**sau [sau]**
7	**bay [bei]**
8	**tam [dahm]**
9	**chin [tschin]**
10	**muoi [muö]**
11	**muoi mot [muömot]**
12	**muoi hai [muöhai]**
13	**muoi ba [muöbah]**
14	**muoi bon [muöbon]**
15	**muoi nam [muönam]**
16	**muoi sau [muösau]**
17	**muoi bay [muöbei]**
18	**muoi tam [muödahm]**
19	**muoi chin [muötschin]**
20	**hai muoi [haimuö]**
21	**hai muoi mot [haimuö mot']**
30	**ba muoi [bahmuö]**
40	**bon muoi [bohnmuö]**
50	**nam muoi [namuö]**
60	**sau muoi [saumuö]**
70	**bay muoi [beimuö]**
80	**tam muoi [dahmuö]**
90	**chin muoi [tschinmuö]**
100	**mot tram [mo'dscham]**
1000	**mot ngan [mo'dnjahn]**
10 000	**muoi ngan [muönjahn]**

Vietnamesische Spezialitäten

banh chung [bantsching]	Klebreiskuchen
bo bay mon [bobai mong]	Rindfleisch auf sieben Arten zubereitet
canh chua ca [gantschwa gah]	Fischsuppe (scharfsauer)
cha [tscha]	gegrilltes Schweinefleisch
bun cha [buntscha]	gegrillter Schweinefleischspieß
gio [jo]	Schweine-Hackfleisch in Blättern gegart
cha ca [tschaka]	gegrillter Fleischspieß
mam chung [mamtsching]	fermentierter Fisch mit Fleisch-/Gemüsefüllung
mien luon/ga [mi-en luön/ga]	Glasnudelsuppe mit Aal/Huhn
heo rung [häu röng]	Wildschwein
cho [tscho]	Hund (nur im Winter)
ech tam bot ran [äkdam bot'ram]	Froschschenkel im Teig
oc noi [ogneu]	Schnecken (mit Schweinefleisch)
ba ba [baba]	Schildkröte
men [män]	Reh
ran ho/tran [rangho/dschan]	Kobra/Python
doi [seu]	Fledermaus

Reiseatlas

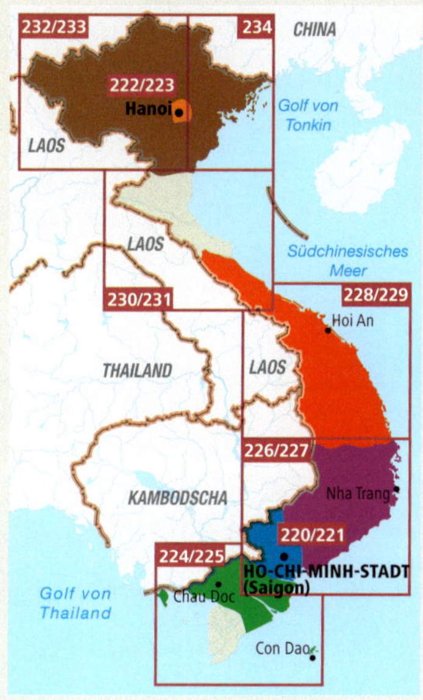

Legende

Schnellstraße vier- und mehrspurig	Internationaler Flughafen
Schnellstraße zweispurig	Regionaler Flughafen; Flugplatz
Fernstraße mit Nummer	Hafen; Autofähre
Hauptstraße mit Nummer	Burg; Kirche
Nebenstraße	Sehenswürdigkeit; Leuchtturm
Straße, nicht befestigt	Buddha-Tempel; Grabmal
Fahrweg, Piste	Badestrand; Aussichtspunkt
Fußweg	Wasserfall; Stromschnelle
Straße in Bau; Straße in Planung	Archäologische Stätte; Höhle
Straße für Kfz gesperrt	Berggipfel; Pass
Tunnel	Museum; Denkmal, Monument
Eisenbahn	2 TOP 10
Nationalparkgrenze	11 Nicht verpassen!
Marine Nationalparkgrenze	12 Nach Lust und Laune!

1 : 2 100 000

0 50 100 km

0 25 50 miles

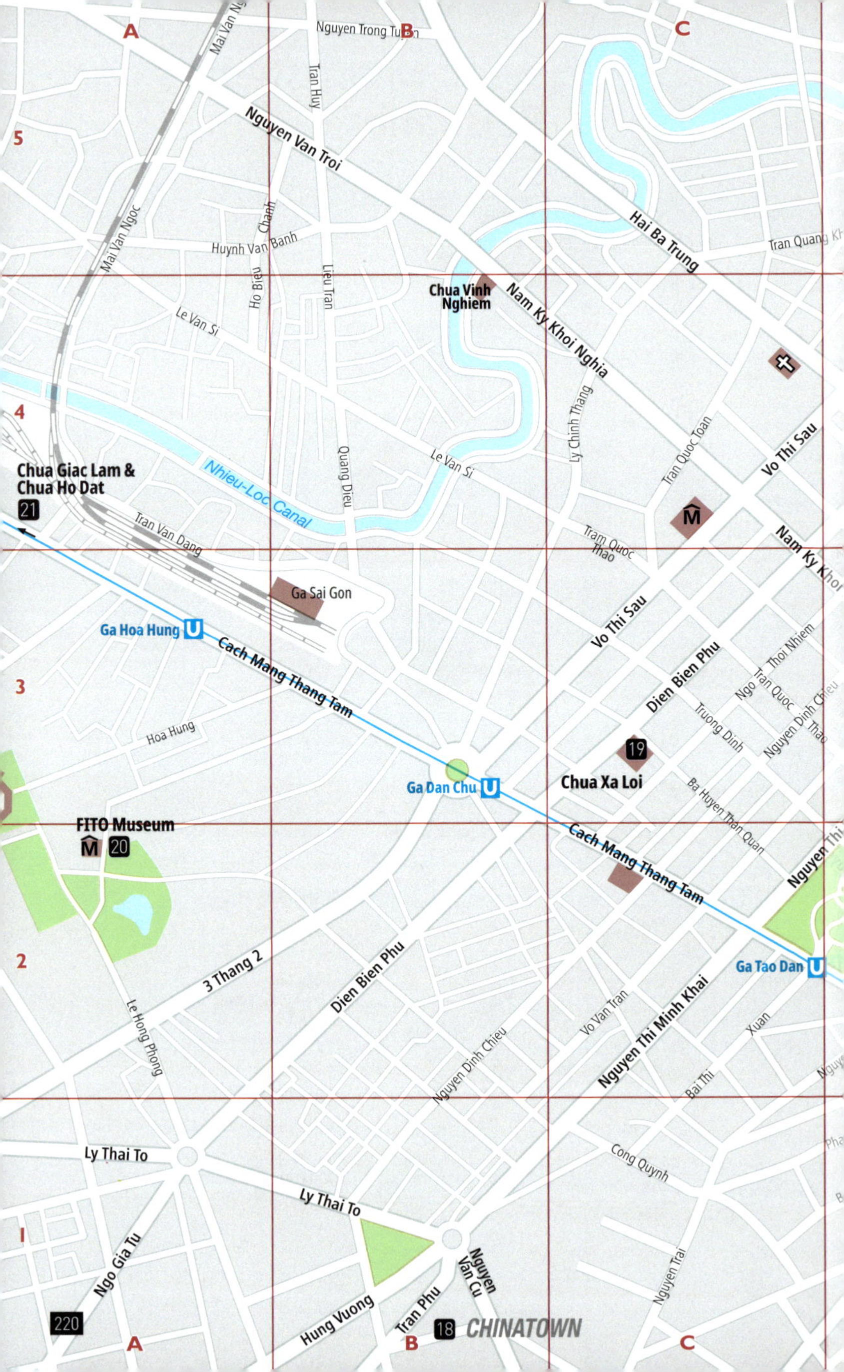

A
B
C
5
4
3
2
1
Nguyen Trong Tuyen
Mai Van Ngoc
Tran Huy
Nguyen Van Troi
Hai Ba Trung
Tran Quang Khai
Huynh Van Banh
Ho Bieu Chanh
Lieu Tran
Chua Vinh Nghiem
Nam Ky Khoi Nghia
Le Van Si
Ly Chinh Thang
Tran Quoc Toan
Vo Thi Sau
Quang Dieu
Chua Giac Lam &
Chua Ho Dat
21
Nhieu-Loc Canal
Tran Van Dang
Tram Quoc Thao
Ga Sai Gon
Ga Hoa Hung
Cach Mang Thang Tam
Dien Bien Phu
Ngo Thoi Nhiem
Tran Quoc Thao
Truong Dinh
Nguyen Dinh Chieu
Hoa Hung
19
Chua Xa Loi
Ga Dan Chu
Ba Huyen Thanh Quan
FITO Museum
20
Nguyen Thi
Ga Tao Dan
3 Thang 2
Le Hong Phong
Vo Van Tran
Nguyen Thi Minh Khai
Xuan
Bai Thi
Cong Quynh
Ly Thai To
Ngo Gia Tu
Nguyen Van Cu
Tran Phu
Hung Vuong
Nguyen Trai
18
CHINATOWN

Ho-Chi-Minh-Stadt (Saigon)
500 m
500 yd
D
E
F
5
4
3
2
1
Dinh Tien Hoang
Nguyen Van Giai Bui Huu
Dien Bien Phu
Rach Van Thanh
Chua Ngoc Hoang 11
Chua Tran Hung Dao
Le Van Tam Park
Dien Bien Phu
Nguyen Van Thu
Tran Cao Van
Mac Dinh Chi
Dinh Tien Hoang
Nguyen Dinh Chieu
Nguyen
City Stadium
Nguyen Thi Minh Khai
Khai Viet Nghe Tinh
Historisches Museum 15
Binh Khiem
Botanischer Garten
Nguyen Du
Hai Ba Trung
Pham Ngoc Thach
Pasteur
Le Duan
Nguyen Huu Canh
Dinh Tien Hoang
Ky Khoi Nghia
Ga Ba Son
Cau Ba Son
Museum für Kriegsrelikte 13
Le Duan
Pasteur
Du
Nguyen
Hai Ba Trung
Ly Tu Trong
Le Thanh Ton
Ton Duc Thang
Song Sai Gon
Wiedervereinigungs-palast 12
Nam Ky Khoi Nghia
Nguyen Thi Minh Khai
Dong Khoi
Dong Du
Van Hoa Park
Le Thanh Ton
EHEM. FRANZÖSISCHES VIERTEL
Nguyen Trung Truc
Ga Nha hat Thanh pho
2
Le Loi
Nguyen Du
Truong Dinh
Ben-Thanh-Markt 14
Pasteur
Ho Tung Mau
Nguyen Hue
Bitexco Financial Tower 16
Tran Nguyen Hai Statue
Pham Hong Thai
Ham Nghi
Nguyen Trai
Le Lai
Cong Vien 23. September
Ga Ben Thanh
Thu-Thiem-Tunnel
Le Lai
Pham Ngu Lao
De Tham
Bui Vien
Nguyen Thai Hoc
Art Museum
Calmette
Pho Duc Chinh
Ben-Nghe Canal
17
Ho-Chi-Minh-Museum
Song Sai Gon
Tran Hung Dao
Ben Chuong
Nguyen Tat Thanh
Ben Ven Don

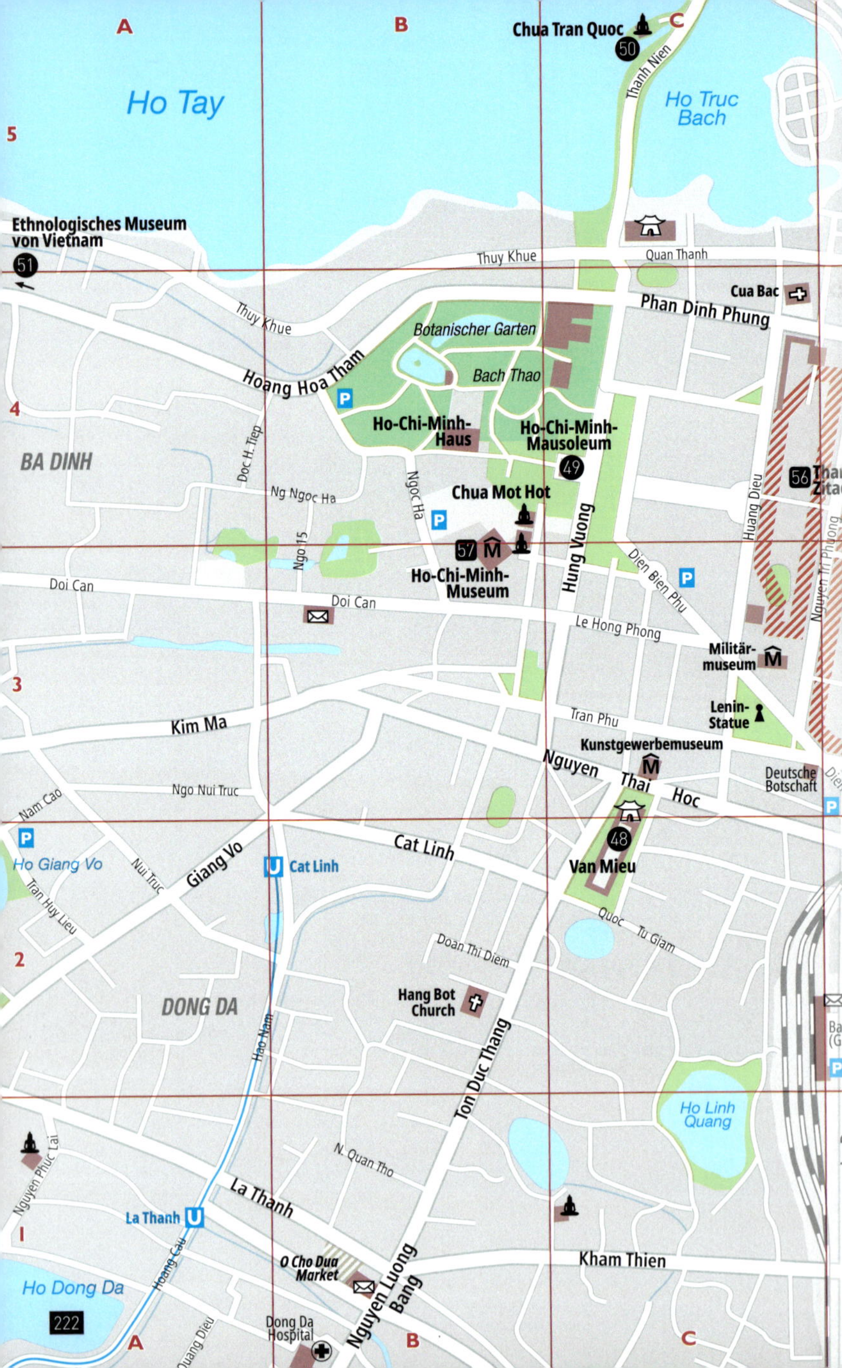
A
B
C
Chua Tran Quoc
50
Thanh Nien
Ho Tay
Ho Truc Bach
5
Ethnologisches Museum von Vietnam
51
Thuy Khue
Quan Thanh
Cua Bac
Phan Dinh Phung
Thuy Khue
Botanischer Garten
Bach Thao
Hoang Hoa Tham
4
Ho-Chi-Minh-Haus
Ho-Chi-Minh-Mausoleum
49
BA DINH
Doc H. Tiep
Ngoc Ha
Ng Ngoc Ha
Chua Mot Hot
56
Huang Dieu
Hung Vuong
57
Ngo 15
Ho-Chi-Minh-Museum
Dien Bien Phu
Doi Can
Doi Can
Le Hong Phong
Nguyen Tri Phuong
Militär-museum
3
Lenin-Statue
Tran Phu
Kim Ma
Kunstgewerbemuseum
Nguyen Thai Hoc
Deutsche Botschaft
Ngo Nui Truc
Nam Cao
Cat Linh
48
Van Mieu
Ho Giang Vo
Nui Truc
Giang Vo
Cat Linh
Tran Huy Lieu
Quoc Tu Giam
2
Doan Thi Diem
Hang Bot Church
DONG DA
Hao Nam
Ton Duc Thang
Ho Linh Quang
Nguyen Phuc Lai
N. Quan Tho
La Thanh
La Thanh
1
O Cho Dua Market
Kham Thien
Ho Dong Da
Hoang Cau
Nguyen Luong Bang
Dong Da Hospital
Quang Dieu
A
B
C

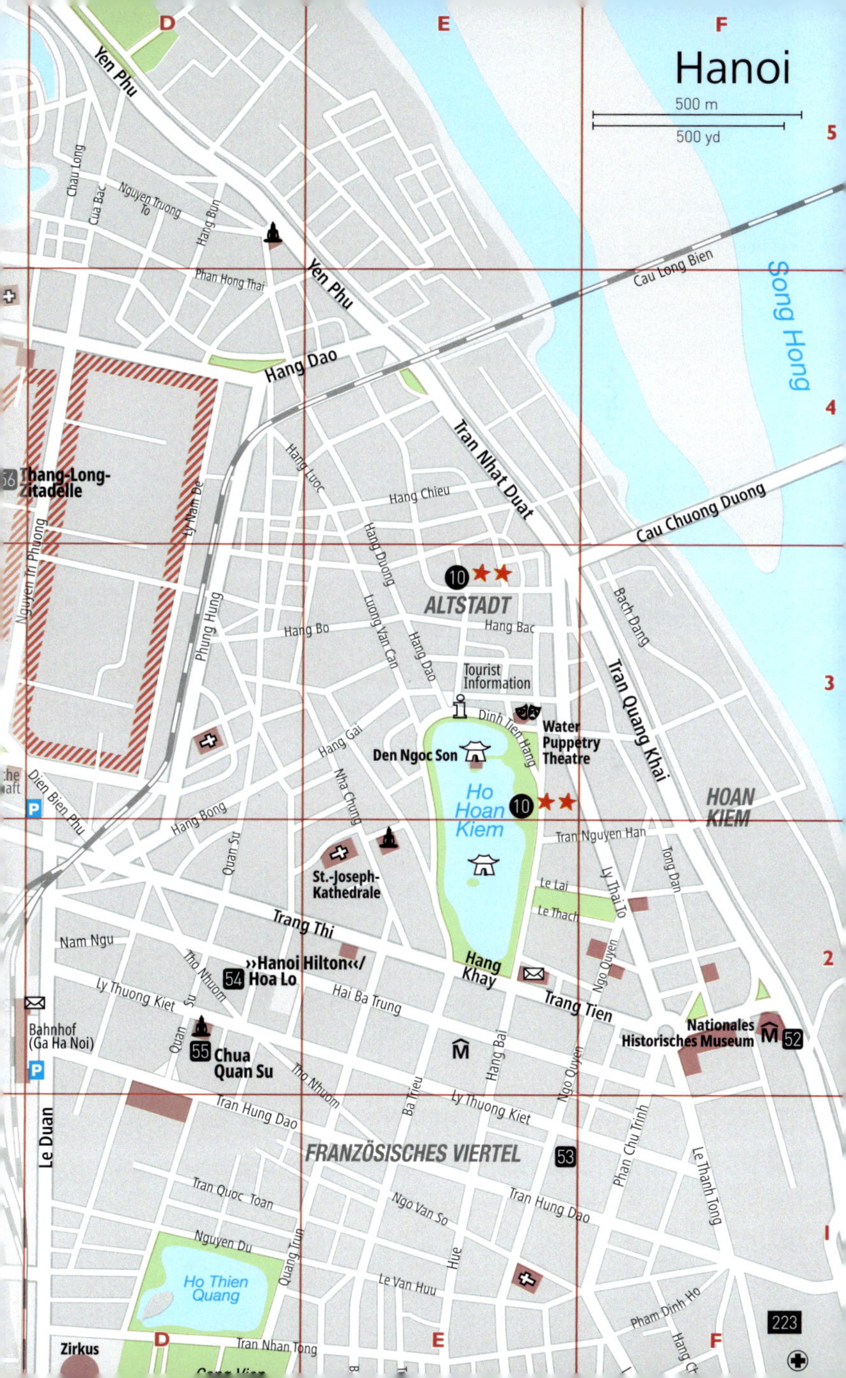

Hanoi
500 m
500 yd
D
E
F
5
4
3
2
1
Yen Phu
Chau Long
Cua Bac
Nguyen Truong To
Hang Bun
Phan Hong Thai
Cau Long Bien
Song Hong
Hang Dao
Tran Nhat Duat
Hang Luoc
Hang Chieu
Thang-Long-Zitadelle
Ly Nam De
Nguyen Tri Phuong
Cau Chuong Duong
Hang Duong
10
ALTSTADT
Phung Hung
Hang Bo
Luong Van Can
Hang Dao
Hang Bac
Bach Dang
Tran Quang Khai
Tourist Information
Dinh Tien Hoang
Water Puppetry Theatre
Hang Gai
Den Ngoc Son
Ho Hoan Kiem
10
HOAN KIEM
Dien Bien Phu
Nha Chung
Hang Bong
Tran Nguyen Han
Quan Su
St.-Joseph-Kathedrale
Tong Dan
Ly Thai To
Le Lai
Le Thach
Trang Thi
Nam Ngu
Tho Nhuom
»Hanoi Hilton«/
54 Hoa Lo
Hang Khay
Ngo Quyen
Ly Thuong Kiet
Hai Ba Trung
Trang Tien
Nationales Historisches Museum
52
Bahnhof (Ga Ha Noi)
Quan Su
55 Chua Quan Su
Hang Bai
Tho Nhuom
Tran Hung Dao
Ba Trieu
Ly Thuong Kiet
Ngo Quyen
Phan Chu Trinh
Le Duan
FRANZÖSISCHES VIERTEL
53
Le Thanh Tong
Tran Quoc Toan
Ngo Van So
Tran Hung Dao
Nguyen Du
Quang Trung
Hue
Ho Thien Quang
Le Van Huu
Pham Dinh Ho
Zirkus
Tran Nhan Tong

A
B
C
5
4
3
2
1
PHNOM PENH
Kang Cheung
Sangkea Satob
Phum Choam
Ta Sal
Kraviek
Banteay Khmaer
Khsem Khsan
Preaek Rhnov
Preaek Anhchan
Kompong Popil
Koueang Reay
Kanhchriech
Kranhung
Svaay Antor
PREY VENG
Theay
Mukh Da
Chantrei
KAMBODSCHA
Prey Chhor
Kompong Trabaek
Kompong Soeng
Ba Phnum
Boeng Pring
Neak Leung
Kokir Thum
Traeuy Sla
TAKMAU
Phum Thum
Choeung Ek
(Killing Fields)
Chaom Chau
KOMPONG SPEU
Voa Sa
Svay Tavong
Phnum Sruoch
Kadoeng
Souphi
Reaksmei Sameakki
Tadak Pong
Pou Boeng
Phnum Chivit
971 m
Chambak
Kirirom National Park
Kirirom
Outasek
Ou
Traeng Trayueng
Svay Rumpea
Prey Nhuek
Preaek Ambel
Phnom Chiso
Dang Peaeng
Chamkar Luong
Pich Nil Pass
Yeah Mao
Basedth
Ou Saray
Popeel
Lumchang
Bassac
Preaek Sdei
Mekong
Svay Pluoh
Preaek Sambuor
Phnum Chrey Mong
803 m
Phnum Preah
838 m
Stueng Chhay
Ta Saom
TAKEO
Angkor Borei
Tram Kak
Trapeang Reang
Treang
An Phu
Thuong Phuoc
Hong Ngu
Hong Viet
Vinh Hu
Phnom Bokor National Park
Ta Ney
Trapeang Kea
Trapeang Bei
Chhuk
Angkor Chey
Smaong
Tani
Tan Chau
27
CHAU DOC
An Long
Tram Chim
Sameakki
Popokvil
Prey Thnang
Dang Tong
Preak Batchoam
Banteay Meas
Xuan Hoa
Chum
Nui Sam
Cho Vam
Phu My
Thanh Binh
Veal Renh
Bat Kokir
Preaek Tnaot
KAMPOT
Kaoh Touch
Boeng Tuk
Wat Kiriseila
Vongsa
Kompong Trach
Nha Bang
Cai Dau
Cho Moi
CAO LANH
Ream National Park
Ou Krasar
Preaek Kroes
Ba Chuc
Tan Hhanh Hoa
Chi Lang
Kep
(Krong Kep)
30
Rach Tram
An Chau
LONG XUYEN
Lap Vo
Tuc Dup
Tri Ton
Ganh Dau
Bai Bung
Phu Quoc National Park
Ha Tien
Kien Luong
Tri Binh
Nui Sap
Thot Not
Cua Can
Duong Dong
Dua Cape
Son Hoa
Trung Son
Quy Lan
CT2
Ba Hon
Heo
Hon Chong
Giong Ke
Hon Dat
Phu Quoc
7
Ham Ninh
Ba Lua
Bai Trai
Chua Hang Grotto
Bai Tre
Ba Hon Grotto
Phu Hoa
Tan Hiep
Co Do
O Mon
CAN THO
An Thoi
Bai Khem
Nghe
RACH GIA
Hoa An
Cai Rang
An Thoi Islands
Tre
Rach Soi
Giong Rieng
Anh Tay
Anh Dong
Cai Ban
Rai
Xeo Quao
Thu Ba
Ap Nam
An Hoa
Vi Thanh
Nam Du
Tre
Ong
Trung
Thuan An
Go Quao
Kinh Lang
Nang Mau
Nam Du Islands
U Minh Thuong National Park
Ap 5
Long My
Thu Muoi Mot
Thanh Tung
Ngan Dua
Vinh Thuan
Tan Cong
Phuoc Long
Phu Loc
U Minh
Dap Da
Golf von Thailand
Thoi Binh
Thanh Long
Binh Thanh
Hoa Binh
U Minh Ha National Park
Xom So
Ho Phong
Gia Rai
Xiem Can Khmer Pagoda
Ap Da Bac
CA MAU
Ap Cai Keo
Tran Van Thoi
An Trach
Song Doc
Song Ong Doc
Song Ganh Hao
Dam Doi
Ganh Hao
Chuoi Island
Cai Nuoc
Buong Island
Cai Doi Vam
Xom Cai Keo
Dam Do
Ong Trang Cape
Nam Can
Mai Vinh
Mui Ca Mau National Park
Sam Pan Floating Market
Ca Mau Cape
Hon Khoai

HO-CHI-MINH-STADT
(SAIGON)
BIEN HOA
THU DAU MOT
MY THO
BEN TRE
TRA VINH
VINH LONG
SOC TRANG
BAC LIEU
VUNG TAU
TAN AN
LONG KHANH (XUAN LOC)
SVAY RIENG
Tay Ninh
Mekong-Delta
Bien Dong
Con Dao National Park
Con Son
Con Dao Museum
Con Dao
Can Gio Biosphere Reserve
Thanh Phu Nature Reserve
Cat Tien National Park
Binh Chau-Phuoc Buu Nature Reserve
Dau Tieng Reservoir
Tri An Reservoir
Cu-Chi-Tunnel
Dong Tam Snake Farm
Chua Vien Minh
My Thuan Bridge
Headquarters Cao Dai Religion
Chot Mat Tower
Binh Chau Hot Springs
Dambri Waterfall
D
E
F
5
4
3
2
1
227

KAMBODSCHA
HO-CHI-MINH-STADT (SAIGON)
Stung Treng
Banlung
Lumphat
Ou Sien Lair
Lumphat Wildlife Sanctuary
Sre Mat
Kamang Chong
Kaoh Mayeul Leu
Chu Prong
Chu Se
Le Thanh
Don Bien Phong
Ia Pia
Plei Neo
Nhon Hoa
732 m
Ke Toch
Kac Tbeng
Phum Hat Baoh
Phum Svay Rieng
Phum Bos Chek
O Chum
Bos Poy
Pakap
Ba Kham
Kes Chong Nay
Lung Khung
Kung Pou
Banchung
Phum Ta Aong Pok
Ta Ang
Tan Lac
Pech
Chu Ty
Lang Bang
Khsach Nun
Srae Kor
Tonle San
Krabei Chrum
Rumpe Lech
Preang Krom
Sre Angkrong
Tonle Srepok
Ou Pong Moan
Sangkum Andet
Prek Kandie
Sre Pong
Dong Huoch
Khlang Mil
Mereuch
Thon 2
Tap doan
Ea Sup
Dak Lak
473 m
Buon Don Elephant
Ban Don
Yok Don National Park
Quang Phu
BUON MA THUOT
Sre Koki
O Krieng
Sre Roluos
O Kak
Sre Tnaot
Prek Krieng
Sokh Sant
Klang Khval
Phnom Can Gue Pongue 427 m
Phnom Gun Shall 426 m
Chbar
Chas Yang
Phnum Prech Wildlife Sanctuary
Sre Shov
Chang Hap
Wat Tasar Moi Roi
Sandan
Wat Phnom Sambok
Mesam
Pu Chri
Tramkach
Don Dak Namla
Ea Ting
Trinh Nu Waterfall
Dray Nur Waterfall
Srae Ampun
Rung
Phnom Namler
Dak Mil
Bon Dak Sor
Nam Kao Nature Reserve
Bon Yok Djou
Preap
Prek Te
Tanglang
Sen Monorom
Monorom
Bou Sraa
Ou Ruessei
Sambor
Sak
Bang Yay
Pu Ngai
Pu Toy
Wildlife Sanctuary
Dak Dam
Dak Song
Bos Leav
Svay Chreah
Sre Andaol
O Phlah
Phum Phnom Krang
Bu Gia Map Nature Park
Tuy Duc
Nam Jer Bri 1578 m
Kanhchor
Samraong
Snuol Wildlife Sanctuary
Chhaneng
Bu Jarh
Doi 2
Quang Son
Chhlong (Chlong)
Prek Chhlong
Khsuem
Mil
Snuol
Rohor
Leu
Soc Bu Tam
Thien Hung
Bu Blim
Buon Mlo Nhe
Buon Trun
Kien Duc
Gia Nghia
Bon Phi Mour
Khiem Duc
Ta Dung Nature Reserve
Memot
Ta Not
Khcheay
Loc Ninh
Loc Hiep
Da Kia
Mo
Bom Bo
Thon 5
Nui Ba Ra Nature Reserve
Bu. Bolon
Duc Phong
Quang Hoa
Boun Trao 1469 m
Thon 1
Dar
Ka Tum
Xa Mat
An Quy
Phuoc Binh
Bu Nho
Vinh Linh
Dambri Waterfall
Loc Thang
Bobla Water
An Loc (Binh Long)
Dong Xoai (Dong Phu)
Bu Bih
Dong Nai
Da Teh
BAO LOC
Thon 2
Di Linh
Tan Chau
Dau Tieng Reservoir
Minh Hung
Tan Bien
Tan Trung
Nha Bich
Buon Dar
Cat Tien National Park
Ta Lai
Da M'Ri
Thon 4
Bnom Mhai
Ma Da Gui
1642 m
Ap 4
Minh Hoa
Chon Thanh
Tan Loi
Hoa Thanh
Tay Ninh
Headquarters Dai Religion
Ben Cau
Bau Tong
Cau Cay
Ly Lich
Tan Phu
Duc Linh
Duc Phu
Phuoc Vinh
Dau Tieng
Bau Don
Binh My
Tri An Reservoir
Dinh Quan
Dong Kho
Nui Ong 1302 m
Nui Ong Nature Reserve
Thanh Tuyen
My Phuoc
Vinh An
Duc Tai
Lac Tanh
Go Dau
Uyen Hung
Cay Gao
Cay Xang
Trang Bang
Prey Angkonh
Cu-Chi-Tunnel
Cu Chi
THU DAU MOT
BIEN HOA
Dau Giay
LONG KHANH (XUAN LOC)
Suoi Kiet
PHAN T
Gia Ray
Phu Sung
Thuan Nam
Hau Nghia
Hoc Mon
Song Ray
Tan Minh
Tan Nghia
Duc Hoa
Nhang Tay
Moc Hoa
Ap Chinh Hoa
Long Thanh
Thanh Hoa
An Lac
Phu Hoa
Binh Chau Hot Springs
Ngai Giao
Thu Thua
Nha Be
Hoa Binh
La Gi
Van Ke
Ben Luc
Can
Binh Phuoc
Phu My
Phuoc Buu
Hiep Hoa
Tan
CT1
CT2
1A
14
14C
19
20
22
22B
28
51
55
56
76
76A
78
78A
302
307
308
681
721
742
749
765
786
7
13
62
15-21
2
8
11
12
13
14
22
37
38
224
225
226
228
A
B
C
2
3
4
5

QUY NHON
229
Dieu Tri
Tuy Phong
Cu Mong Pass
Nui Am 1122 m
Van Canh
Binh Thanh
Song Cau
Lanh Van
La Hai
N. Hon Ong 758 m
Chi Thanh
Xuan Hoa
Phuoc Hoa
Ban A Ma Hyal
Thuy Hoa
Phu Lam
Nhan
My Hoa
Ngan Dien
Van Hoa
Phu Sen
Phuoc Nong
Hon Chao 742 m
Deo Ca Hon Nua Nature Reserve
Dai Lanh
Ninh Ma
Tu Bong Hot Spring
Van Gia
Hai Trieu
Dam Mon 2
Hon Gom
Hon Ong
Lac An
Doc Let Beach
Ninh Hoa
Ninh Tinh
Hon Khoi
Ban Thang Cape
Hon Chong Rock
NHA TRANG
Hon Tre
Hon Mun Marine Protected Area
Tan Thanh
Cam Ranh
CAM RANH
Nui Chua National Park
Nui Chua 1040 m
Da Vach Cape
Vinh Hy
Khanh Hai
Ninh Chu Beach
39
PHAN RANG-THAP CHAM
Ca Na Cape
N. Da Bac 643 m
Lien Huong
Cau Island
La Can Cape
Vinh Hao
Chu Se
Plei Dek
A Tang
Phu Thien
A Yun Pa
Kong Chro
Ho Dong
Plei Bloum
Ea Drang
Dak Lak Highland
Buon Dro
Buon Ho
Quyet Tien
Ea Knop
M'Drak
Krong Trai Nature Reserve
Cung Son
Buon Chung
Hai Rieng
Song Hinh Lake
Ban Hai
Chu Mu 2016 m
Lac Hoa
M'Dung
Ban Ngam
Phuong Hoang Pass
Ba Ho Stream
Chu Tong 1709 m
Buon Phan
N. Hon Ba 1361 m
Khanh Vinh
Dien Khanh
N. Hon Ba 1574 m
Lich Son Pagoda
To Hap
N. Marrai 1636 m
Bi Doup 2287 m
Bi Doup Nui Ba Nature Reserve
Chu Yang Sin National Park
Chu Yang Sin 2423 m
Lam Vien Plateau
Chua Linh Son Pagoda
DA LAT
Nam Ban
D'Ran Pass
D'Ran
Dinh Van
Thanh My
Tan Son
Lang Ong
Po Klong Garai
Do Vinh
Po Ro Me
Pon Gour Waterfall
Lien Nghia
Di Linh
Di Linh Highland
Ka Long Song Mao Nature Reserve
Vinh Hao Hot Spring
Cho Lau
Phan Ri
Hong Trung
Hong Lam
White Dunes
Suoi Noc Beach
Ham Thuan Bac
Mui Ne
Ne Cape
Mui Ne Beach
Phan Thiet Bay
Ta Ku Nature Reserve
Ke Ga Cape
Bien Dong
Phu Quy
D
E
F
5
4
3
2
1

LAOS
A
B
C
231
47
Vinh Moc
Tunnel von Vinh Moc (1966-1973)
Ho Xa
Xom Bang
Ben Quan
Thuy Ba Ha
Gio Linh
Cua Viet
Ben Moc
Con Tien
46 DMZ
Cam Lo
Dong Ha
My Thuy
Quang Tri
Hai Lang
Ap Lanh Thuy
Tam Giang Lagoon
My Chanh
Sia
Thuan An
4
Vinh Thanh
HUE
Thien Mu
Hoa Tay
Tu Ha
Phu Bai
Canh Duong Beach
Chan
Bao Vinh
Dam Cau Hai
Phu Loc
Phu Gia Pass
Deo Hai Van 496 m
Khe Tre
45
DA NANG
CT1
Bach Ma National Park
Song Ta Trach
Binh Dien
Dong Ngai 1774 m
Phong Dien Nature Reserve
Da Krong Nature Reserve
Da Krong Bridge
Da Nor
Li Ton
Khe Sanh
Khe Sanh Combat Base
Da Krong
Doc Kinh
Dong Voi Mep 1738 m
Thon Rieng
Ban Xe Pu
Phou Laak 932 m
Phou Salia 1268 m
Ban Rum
Ban Na
Salo Tai
Vilabouri (Vilabury)
Ban Nammi
Ban Bamlan
Ban Chahua
Xephon (Xepon)
Ban Lapit
Ban Axing-Na
Ban Bang
Keng Sapi
Dong Phou Vieng NPA
Ban Nangde
Ban Plong-Tai
Ban Tat Hai
Ban Palang
Ban Bloy
Ban Loko
Ban Amai
Ban Lahen
Ban Tanko
Thon Ke
Ta Ay
Ban Ankalang
Phou Ong 1221 m
Ban Vangko
Quang Loc
Xe Xap NPA
A Ro
1218 m
Bo Lo Young
Phu Hoa
Thuong Duc
Ai Nghia
My Son
Prao
Ban Tanbeng-Noi
Phou Nak 1890 m
Tumlan (Toumlan)
Ban Pasom
Ban Oung
Taoun
Ban Taleo
Taloung
Ban Nadou Nyai
Ban Nabon Tai
Talouy Kang
Ban Adeut
Ban Kalachan
LAOS
Ban Pe
Ban Songkhon
Atouat Plateau
Ban Tang-Noyy 2193 m
Thanh My
A Brahon
Zia Rong
Pa Rong
Can Don
A Ro
Song Thanh Nature Reserve
Kham Duc
Gia Ngan Tren
Hon Soc Se
1864 m
Xe Don
SARAVAN
Ban Kaleum
Tangpalang
Dak Ngan
Ban Xu-Ang
Ban Naxai-Noi
Phou Katae 1588 m
Ban Beng
Ban Lavang
Ban Hangphou-Noy (Ban Hangphou Noi)
Ban Kapu
Ban Laongam
Ban Xetkhot
Ban Thateng
Ban Phon
SEKONG (XEKONG)
Sn.M. Dakchung
Ban Nongviat
Dak Klan
Thon Mimg
Ban Daktiam
Ban Dong
Ban Thongsala
Ban Kapheu
Ban Mo
Tad Hia
Tad Fek
Ban Kasang-Kang
Ban Dakyout-Gnai
Ban Dakbong
Lao Mung
Ngok Lum Heo 2116 m
Ban Dakkai-Neua
Ban Houayhe
Bolaven
Ban Lak
Ban Khoumkham
Ban Nonghin
Ban Kong Na Gnai
Dong Amphan
Dak Dru Dak
Ngok Linh 2598 m
Ban Itou
Paksong (Pakxong)
Ban Namhing
Ban Sok
Dak Glei
Dong Hua Sao NPA
Ban Taot
Ban Hinlap
Houay Ho Reservoir
Vangtat
Dak Wak
Phou Pongkham 1239 m
Ban Houayton
Ban Namkong
Xakhe (Touay)
Duc Lang
Ban Lak 30
Plateau
NPA
Ph. Tongho 1324 m
Dak Nay
Ngok Umon 1748 m
Dak Chu
ATTAPEU
Xaysettha (Thouay)
Ho Ring
Dak Tram
Ban Kele
Ban Nathongsomlong
Sanamxay (Ban Mai)
Xaisi
Ban Boungvay
Ban Houaykeo
Plei Kan
Dak To
Ban Nongphan
Vat Luang Muang Mai
Sanosathon
1268 m
Ta Ka
Ban Pakbo
Ban Taong
Xe Pian
Ban Phomoun
Ban Pakha
Dak Ha
Xe Pian NPA
Ban Phonsaat
Vonglakhone
Ban Phianong
Dak De
Kon Ho R
Phou Khiaonin
Nam Kong
LAOS
Prek Liang
Plei Bar Gok
Sa Thay
1518 m
Ban San Kao
Plei Grap
Kon Tum
KON
Virachey National Park
Ya Ly Power Station
Thon 1
Ban Phonsaat
Nheang Sum
Phum Boeng Nging Kang
Phum Khan Mak Feuan
Phum Keul
Savanbay
Cu Di Coi 1528 m
Plei Mrong Yo
Ban Nasenphan
Siem Pang
Santepheap
KAMBODSCHA
Ta Veaeng Leu
Plateau
Ia Khuoi
Phu Ho
Ban Nakassang (Nakasang)
Kanchan Toek
Tonle Kong
Voen Sai (Virachey)
Ta Veaeng Kraom
Tipou
Lang Nu
PLEI KU
Lang Dang
Ia Kha
Bungngam
Phum Bah Ke Toch
Plei A Pech
Lang Bang
Kaoh Tbeng
Kalai
Bos Poy
Pakap
Ba Kham
Tan Lac
Chu Ty
226
O Chum
Phum Hat Baoh
Phum
Kes Chong Nay
Chu Prong
228

D
E
F
5
4
3
2
1
Chan May Dong Cape
Lang Co
Lang Co
44
Ban Dao Son Tra Nature Reserve
Kim Lien
Son Tra
41
Bai Nam Bay
Cu Lao Cham
Khuong My 2
Ha Quang
Cu Lao Cham Nature Reserve
3
Hoi An
40
My Son
CT1
Nam Phuoc
Tra Doa 2
La Pass
Ha Lam
Vinh Giang
Thon 10
Chien Dan
TAM KY
Khuong My Cham Tower
Diem Pho 1
616
Tien Ky
Thon 1
Site of Major US Chu Lai Military Base
Nam Tram Cape
Ly Son
Phu Ninh Lake
Phu Hoa
Nui Thanh
1A
Binh Thuan
Tra My
Huong Lam 4
Chau O
Thon 3
Tra Xuan
Ba Lang An Cape
Nhan Hoa Hot Spring
Tra Giap
Tra Lac
Son Tinh
43
An Hai
My Lai Massacre Mar. 16. 1968
Thon 1
Xom Gioc
Tra Neu
QUANG NGAI
Ngok Linh Nature Reserve
623
CT1
Di Lang
Tamao
Cho Chua
Song Ve
Ngok Kring 2066 m
Son Tay
Minh Long
Mo Duc
Ngoc Rik
Tan Phong
Dak Chum
676
Ta Mong
Song Re
Vi Pron
Lang Trui
Dong Chun
Ba To
Duc Pho
Phuroc Dien
Dak Pia
24
Bu Kon Klung
Con Rieng
Sa Huynh Beach
Go Vanh
Bu Kon Chat
Chau Me
Nuoc Giap
An Lao
Kon By
N. Lang Ram 1085 m
Tam Quan
Nature Preserve Area Kon Cha Rang
Kon Plong
CT1
Van Hoa
Ho Ram
Bong Son
My Duc
Lo Dieu
24
Kon Ka Kinh National Park
KON TUM
Krong
An Tuong
Kon Drang Ye
Plei To Ven
Chu Tomoch 1250 m
Nghia Dien
Phu My
Chanh Truc
K' Bang
Hoi Van Hot Spring
Bu. Kon Plek
Lang Dap
669
An Quang
Phu Hoa
Mang Yang
De Kop
An Loi
An Khe Citadel
Thuong Son
Ngo May
Chanh Oai
Xom Moi
An Thanh
Thoc Loc
Trung Luong
Plei Dok Kong
Krong Ktu
19
Dap Da
An Khe
Kong Bra Ram 1006 m
Phu Phong
Binh Dinh
Phuong Mai Peninsula
Plei Klane Kla
Plei Pham Gua
Kong Chro
Dieu Tri
QUY NHON
227
662
Nui Am

LAOS
THAILAND
THANH HOA
VINH
Cua Lo
THAKHEK
Nakhon Phanom
Sakon Nakhon
Mahaxay Kao
Xe Bangfai
Xeno (Seno)
Sao Vang
Nam Neun
Ban Phadeng
Ban Xamtai (Xam Tai)
Ban Nakhoun
Ban Kohing
Ban Mon
Ban Nonglao
Nuog Piet
Ban Kengbon
Ban Soplan
Ban Boumbay
Kham
Ban Pakho
Pieng Pen
Ban Chieng
Pieng Lau
1322 m
Ban Nonghet (Nong Het)
Ky Son
Muong Xen
Xieng Lam
Kim Hong
Muong Cam
Pu Huong Nature Reserve
Xieng Thu
Xop Pu
Tuong Duong
Na Ca
Ban Pung
Phou Lai Lang
2711 m
Ban Namtong
Phou Samsum
2620 m
Phou Muang Nga
2406 m
Huoi Nhao
Cha Lap
Khe Bo
Ban Cam
Con Cuong
Pu Mat National Park
Thai Son
Cao Veou
1340 m
Anh Son
Sai Phou Louang
2051 m
1050 m
Ban Mok
Ban Thasi
Phou Lep
1761 m
Nam Mouan
Sai Phou Talabat
1817 m
1697 m
Ban Songkhon
Ban Sopkhon
Ban Phathao
Ban Nam-On
Ban Houaykhiao
Nam Kading
Ban Nakhaolom
Vieng Thong
Ban Pahok
Ban Tongli
Ban Namkang
Ban Pounglouang
Paksa
Pak Kading
Phou Louang
1468 m
NPA
Ban Nadi
Ban Nahoua
Keo Neua Pass
Jaiporn
Wat Phu Tok
Nong Bo
Mekong
Ban Nakhua
Ban Pakha
Lak Sao (Lak Xao)
Ban Lak 5
Nahin (Khoun Kham)
Ban Poung
Nong Chan
Dong Bang
Namthone (Ban Vieng Kham)
Ban Phon Ngieng
Seka
Ban Phaeng
Ban Thasa-At
Ban Bok
Tham Khong Lo
Ban Men
Nong Bua Daeng
Kham Ta Kla
Ban Vangmon
Phou Hinboun NPA
Ban Phong
Lao Nai
Ban Hinboun (Ban Song Hong)
Ban Thalang
Nam Theun Dam
Ban Nakay-Nua
Wanon Niwat
Khao Paeng
Ban Hat
Chaiburi
Si Songkhram
Ban Choutxong
Gnommalat
Akat Amnuai
Tha Uthen
Ban Song Khone
Mahaxay May
Na Wa
Ban Phon Sawan
Phonsoung
Phu Phan National Park
Phanna Nikhom
Na Phiang Mai
Tham Pha Nang
Ban Phakhen
Wat Narai Cheng Weng
Kusuman
Ban Panam Mai (Ban Panam)
Kham Kha
Nong Han Reservoir
Ban Dong-Tai
Ban Nabo
Pla Pak
Nong Bok
Renu Nakhon
Ban Veun-Neua
Ban Kbounxe
Bak
Tao Ngoi
Khok Si Suphan
Kham Phoem
Tong Khop
That Phanom
Ban Nadaeng
Ang Kep Nam Nam Phung
Muang
Na Kae
Ban Pong
Kok Kok
Ban Kenghet
Ban Nakham
Sang Kho
Dong Luang
Kaeng Kabao
Ban Naxai
Na Khu
Na Yo
Kan Luang Dong
Non Ngam
Xaibuli
Khao Wong
Wat Savanhoum
Ban Na
Ban Inthao
Ban Chom Can
Ban Loc
Pieng Pun
Cua Dat
Thuong Xuan
Lac
Tho Xuan
Dien Binh
Bai Da
Quang Xuong
Na Sai
Na Chang
Tong Ay
Chau Thon
Ke Gi
Yen Cat
Ben En National Park
Ban Ban
Quy Chau
Lang Cong
Nong Cong
Lang Lung
Tinh Gia
Sung Man
Ban Dan
Doi 9
Quy Hop
Lang Ya
Thai Hoa
Xuan Tho
Ban Hieng
Thuong Khanh
Doi 3
Cau Giat
Cua Trap
Cape Lach
Tan Noa
Ke On
Tan Ky
Quang Long
Yen Ly
Dien Chau
Song Ca
Trang Thinh
Yen Thanh
An Duong Vuong
Do Luong
Thanh Chuong
Nam Dan
Hoi Phong
Doi 6
Xuan An
Pho Chau
Duc Tho
Hong Linh
Nuoc Sot
Tay Son
Duc Yen
Nghen
Quang Te
Thach Ngoc
Vu Quang National Park
Huong Khe
Phou Laoko
2288 m
Ban Giang
Truong Son Range
Nakai-Nam Theun NPA
Ban Namdua
Thanh Long
Xom Hung
Ban Navang
Ban Thaphaiban
Phou Yiatyo
2046 m
Phou Ko
1312 m
Mu Gia
Liem
Ban Bo
Ban Nongchan
Xiangdao
Ban Naden
Ban Senphan
Ban Vangkhol
Ban Napo (Bualapha)
Nongthat
Ban Khok
Ban Kengtapa
Xe Noy
Ban Nanyon
Ban Houaymathao
Ban Nakhe Khok
Ban Cha
Houayngua Tai
Phou Xang He NPA
Ban Phongsavang
Ban Nachan
Donghen (Atsaphangthong)
Ban Kommadan
Ban Lampoy
A
B
C
5
4
3
2
1

D
E
F
234
5
4
3
2
1
Phat Diem (Kim Son)
Thinh Long
Hau Loc
Ham Rong Bridge
Co Tien Pagoda
Sam Son Beach
Sam Son
Bac Thanh
Cape Bang
Sung Man
Me
Bien Son
Golf von
Tonkin
Lach Quen
Vuong Temple
Mat
Hoi Phong
Linh
Ca Temple
Cua Sot
En
Ha Tinh
Nam Dien
Yen Lac Pagoda
Ky Phong
Ke Go Lake
Bich Chau Cave
Hai Phong
Dai Cac
Ho Ho
Ke Go Nature Reserve
Ky Anh
Ngang Pass
Vinh Quang
Cape Doc
Porte d'Annam
Xom Roi
Cape Rong
Song Giang
Dong Le
Truong Xuan
Minh Hoa
Liem Phu
Ba Don
Cua Gianh
Thanh Trach
Tay Gat
Phong Nha
Trung Thuan
Cha Noi
Hoan Lao
Son Trach
Phuong Ha
Phong Nha Ke-Bang National Park
Dong Hoi
Hin Namno
Phu Qui
Quan Hau
Ban Ban
Hong Thuy
Napoung
NPA
Ban Tret
Lang Mo
Xuan Mai
Ban Alao
Ban Thuu
Tang Ky
Thai Lai
Ban Hinlap
LAOS
Xom Bang
Ho Xa
Vinh Moc
Tunnel von Vinh Moc (1966-1973)
Phou Laak
932 m
Phou Salia
Ban Rum
Ben Quan
Thuy Ba Ha
Ban Chalet
Vilabouri (Vilabury)
1268 m
Gio Linh
Salo Tai
Ban Na
Ben Moc
Thon Rieng
Con Tien
Cua Viet
Ban Nammi
Ban Bamlan
Ban Xe Pu
DMZ
Cam Lo
Dong Ha
Dong Voi Mep
My Thuy
Ban Chahua
Doc Kinh
Quang Tri
Ban Vangkhouay
1738 m
Da Krong
Ap Lanh Thuy
Tam Giang Lagoon
228
Hai Lang
Xephon
Khe Sanh Combat Base
Da Krong

CHINA
LAOS
Pingbian
Hekou
Lao Cai
Sa Pa
Lai Chau (Tam Duong)
Muong Lay
Muong Nhe Nature Reserve
Phou Daen Din NPA
PHONGSALY
Dien Bien Phu
Muong Thanh
Uva Hot Springs
Muong Phang 2172 m
Pha Din Pass
Tuan Giao
Thuan Chau
Hot Mineral Spring
Son La
Son La Prison
Hat Lot (Mai Son)
Nam Don Nature Reserve
Hoang Lien National Park
Phu Si Lung 2421 m
Phu Kho Luong 2950 m
Phoung Chang 2835 m
Lang Cung 2867 m
Muang Khua (Muang Khoua)
Muang Ngoi (Muang Ngoi Kao)
Tham Luang
Nong Khiao (Nong Kiao)
Nam Bak
Pak Mong
Tham Thong Khamuan Nga
Vieng Kham
Ban Pak Xeng
Nam Et NPA
Phou Loei NPA
Vieng Thong
Sam Neua (Xam Neua)
Tad Saleuy
Hintang Archeological Park (Sao Hintang)
Phou Leuy 2062 m
Phou Nampa 1828 m
Phum Phasiphu 1525 m
Phou Pha 1586 m
Phou Samsao
Song Ma
Nam Ou
LUANG PRABANG

A
B
C
Pho hua
Cua lua
Xin uy
Pohe
Lung lin
Tinh Tay
Oang tung
2002 m
Ni uy
Pa hira
Yencheng
Lua trang xeng
Lu leng
Long An
Hu Giang
Bainan
Nen Pu
Quay Chau
Hoa Tung
Pa den
Xiangdu
Thien dang
Xeo chien
Na Chung
Pac Bo Cave
5
Lac
1697 m
Duy Lua
Ha Quang
Dao Uy
Ban Gioc Waterfall
Chieu Uy
Sandieling Waterfall
Xia lay
Lung min
Quanming
Xuan
Cu than
Phu Chua
Longmen
Man Coc
Hung Quoc
Khuoi Re
Detian Waterfall
Daxin
Bang Ca
203
205
Quang Uyen
Lung Sung
Nuoc Hai
Jinlong
Shanglin
Lanxu
Zuozhou
Ta Giang
34
Cao Bang
Ha Lang
Taiping
Xinhuo
Tualu
Fushui
Nguyen Binh
Na Roac
Baoxu
Quli
Phia Den
3
4A
Phuc Hoa
CHINA
Wude
Dong Khe
Guilong Pagoda
Ra
279
Pho Moi
Keo Quy
Shuikouguan
Xiangshui
Dongluo
Ba Be National Park
Na Phac
Shanggin
Banmaishi Pagoda
Chongzuo
Dongmen
Keo Ca
Ban Saj
Tianxi
Luobai
4
228
Na Phung
Longzhou
Quningcun
Pan Xa
That Khe
Tingliang
Tingyingcun
Bac Kan
Phou Thong
Yen Lac
229
Banli
Zaimiao
Shang
Khau Pin
Naxiao
Xiashi
Ninhming
Baijiang
256
PINGXIANG
Haiyuan
Nakan
Khuoi Dum
Na Can
Na Sam
322
Bangun
WanKai
Pac Giom
Kin Hy Nature Reserve
Na Lau
279
Na Hoang
233
Dong Dang
Zhilang
Huangchai
Binh Gia
Van Quan
Cao Loc
Khau Dang
Lang Son
Pho Ngau
Hsuchin
Cho Moi
Bac Son
Bac Son Mountain Range
CT7
Phuong Hoang Cave
Bo Dai
279
236
Chi Ma
Shiwan Da
Du
Dinh Ca
Huu Lien Nature Reserve
Dong Chua
Loc Binh
Na Duong
Beilun
Chua Hang
1B
Dong Mo
Dong Mo
Trai Cau
L. Giang
4B
31
Dongxin
3
THAI NGUYEN
1A
Chi Lang
Ban Com
Na Tang
Song Cong
Vinh Yen
Huu Lung
Dinh Lap
Mong Cai
279
Binh Lieu
CT6
Cau Go
Song Ho Cam
Non Ta
Song Pho Cu
18C
18
Quang Ha
3
Pho Yen
Bo Ha
Kep
Bien Giua
Cai Chien
Vinh Thuc
CT1
Lang Da
Yen
BAC GIANG
Bac Dai
31
Chu
An Chau
Na Hin
Ba Che
Tien Yen
Dam Ha
Duc Thang
CT5
Yen Tu Nature Reserve
Tay Yen Tu Nature Reserve
Yen
Con Son Pagoda
329
18
Van Don
Vanh Hoa
Sau Nam
Bai Tu Long National Park
BAC NINH
Yen Tu Pagoda
Long San
Thanh Lan
18
Sao Do
Dong Coc
Son Duong
Ha Gian
HANOI
Pha Lai
Mao Khe
Nan De
Cai Rong
CT6
Bai Tu Long Bay
Dong Trieu
326
60
10
Uong Bi
HA LONG
Nhu Quynh
Nam Sach
Cua Ong
Dai
CT3
Quang Yen
18
CAM PHA
Tra Ban
Co To
48
49
50
Ban Yen Nhan
5
Hong Ha
Ha Dong
HAI DUONG
CT6
Ha-Long-Bucht
51
52–57
Yen My
HAI PHONG
1
Van Canh
Quan Lan
2
CT4
Gia Loc
An Lao
61
Cat Hai
Gia Luan
Bai
Khoai Chau
Thuong Mai
Kim Thi
Thanh Mien
Kien An
Cat Ba
Phu Xuyen
Vinh Bao
Tien Lang
Do Son
58
Cat Ba
Cat Ba National Park
Ha Mai
Te Tieu
Hung Yen
Chua Huong
Phou Cuu
Do Son Beach
Thanh Ha
10
Long Chau Islands
Que
Hung Ha
Dong Hung
Phu Ly
Diem Dien
Ne
Binh My
Cua Tra Ly
1A
Vu Thu
THAI BINH
Pho Ca
Dong Chau Beach
CT1
Minh Chau
Gia Vien
Goi
NAM DINH
Tien Hai
Tien Hai Nature Reserve
Thien Ton
Co Le
Trockene Ha-Long-Bucht
Ngo Dong
NINH BINH
Den Island
21
1
Tam Diep
6
Lieu De
Tien Phong
Xuan Thuy National Park
Yen Dinh
Phat Diem Church
Con
Kien Son
Hong Trung
Phat Diem (Kim Son)
Thinh Long
234
231
CT1
10
THANH HOA
Hau Loc
Ham Rong Bridge

Register

DuMont Bildarchiv, Ostfildern: Axel Krause: 86, 204/205; Martin Sasse: 5, 6 (Nr. 1, 3, 4, 5, 7, 8, 9, 10), 9, 10 o., 12/13, 14, 16, 17, 19, 25, 37 o., 45 o., 48, 49, 55 r.; 57, 58, 59, 63, 64/65, 73, 74, 75 u., 77, 81, 83, 84, 90/91, 98, 99, 100, 101, 105 u.; 116/117; 123, 126, 128, 129, 130 o., 133, 135, 136, 144, 146/147, 157, 159, 161, 172/173, 181, 184, 185, 182; 188, 196/197

Getty Images, München: 500Px Plus 96/97 o.; Christophe Boisvieux 178; Danita Delimont 52; Greg Elms 165; hemis.fr./Michel Gotin 124; Hoang Giang Hai 187, 6 (6); Jamie Marshall 200; lethang photography 134; Moment/Ger Bosma 111; Moment/Pam Susemiehl 70; Photodisc/John Burke 152; Wolfgang Kaehler 141; Yojiro Oda 168

Glow Images, München: Imagebroker 189

Huber-Images, Garmisch-Partenkirchen: Gräfenhain 75 o.

laif, Köln: Christian Berg 37 u.; Frank Heuer 151 l.; Gamma-Rapho/Bruno de Hogues 190; Gamma-Rapho/Nathalie Cuvelier 31; Hans-Bernhard Huber 38/39 o.; hemis.fr/Jean-Paul Azam 51 u.; HOA-QUI/Bruno Perousse 166; Luceo/Kevin German 140; Madame Figaro/Garault 170; Markus Kirchgessner 152/153 u.; Martin Sasse 38, 145, 178/179; REA/Francois Perri 160; Redux/Pacifica/Justin Guariglia 163; Robert Haidinger 153

Lookphotos, München: age fotostock 51 o.; Arnt Haug 69 u.; Elan Fleisher 121 l.

Martina Miethig, Berlin: 29, 203

Mauritius Images, Mittenwald: age fotostock/Frederic Soreau 69 o.; age fotostock/Marco Brivio 39; age fotostock/Philippe Body 191; age fotostock/Stuart Pearce 45 u.; Alamy 6 (2), 42, 80, 139; Alamy/Adrian Baker 32/33; Alamy/Andrew Woodley 177 u.; Alamy/Bildapoteket Per Petersson 179; Alamy/Boaz Rottem 151 r.; Alamy/Della Huff 122/123 u.; Alamy/Ian Simpson 95 r. und 96; Alamy/Martin Berry 152/153 o.; Alamy/Megapress 143; Alamy/Nando Machado 155; Alamy/NaturaLight 20 u. l.; Alamy/Sergio Azenha 61; Alamy/Vito Arcomano Photography 122; hemis.fr/Bertrand Gardel 125; imagebroker/FLPA/Terry Whittaker 20 u. r.; imagebroker/Gerhard Zwerger-Schoner 102; imagebroker/Guenter Fischer 177 o.; imagebroker/Stefan Auth 164; John Warburton-Lee 193; John Warburton-Lee 70/71; Rene Mattes 71 und 78; robert-harding/Yadid Levy 41; Westend61/Latent 10 u.

picture-alliance: AP Photo 24; AP Photo/Dana Stone 22; Christoph Mohr 158; Christoph Mohr 38/39 u., 40; dpa 27; dpa-Zentralbild 122/123 o.; imagebroker 137; Sergi Reboredo 195; Westend61 115

Shutterstock.com, Amsterdam (NL): ArthurGrin 87; bayaba9153 95 l.; Chris Howey 130 u.; CravenA 85; crazyjip 96/97 u.; Efired; huntergol hp 103 o.; Hwall 20 o.; J0726 154; Melinda Nagy 186; NamLong Nguyen 26; NiChKr 121 r.; Quang nguyen vinh 112; saiko3p 103 u.; SARAH NGUYEN 107; Scout901 109; Tang Trung Kein 142; Vietnam Stock Images 56

Stock.adobe.com, Dublin (IRE): Oleg Zhukov 97

Visum: Panos/M. Henley 55 l.

Titelbild oben und unten: Westend61/Getty Images; Son Ha/Getty Images
Umschlag hinten: Jethuynh/Getty Images

IMPRESSUM

3., aktualisierte Auflage 2024

Text: Martina Miethig (www.GeckoStories.com)
Redaktion: Eszter Kalmár (www.lektorat-kalmar.de)

Kartografie: KOMPASS-Karten GmbH, A-6020 Innsbruck; MAIRDUMONT, D-73751 Ostfildern
3D-Illustration: jangled nerves, Stuttgart

Printed in China

Trotz aller Sorgfalt von Autoren, Autorinnen und Redaktion sind Fehler und Änderungen nach Drucklegung leider nicht auszuschließen. Dafür kann der Verlag keine Haftung übernehmen. Berichtigungen, Kritik und Verbesserungsvorschläge sind uns jederzeit willkommen, bitte informieren Sie uns unter:

Baedeker Redaktion
Postfach 3162
D-73751 Ostfildern
Tel. 0711 45 02-262
smart@baedeker.com
www.baedeker.com

Meine Notizen